关愚谦人生三部曲之二

[德] 关愚谦／著

情

关愚谦题

德国情话

人民东方出版传媒
东方出版社

人生的旅程，结束了一段，又会开始新的征途

这是埃及报纸上有关我当年乘飞机"逃离"
祖国的报道

年近不惑又一无所有的我

善良热情的韦伯先生和我的合影

身上御寒的皮大衣，还是当年下放青海西宁时买的

初到汉堡时租住的单人卧室，在这里我完成了"十八年变迁"一书

单人房间的阳台正对着一个花园

我是一个身处异国的流浪者

德国大学经常请我去做介绍中国的报告，这是
当时的一份海报

刘茂才教授向学生介绍我这个新上任的助教老师

在课堂上纠正学生的错误

进了大学，人也变得精神了

这是课堂上的情景

大家的学习积极性很高，后来他们中间出了很多了不起的人物。最左边那个举着手的学生名字叫做那斯，后来成为德国著名报纸《时代周报》的主笔

跟汉堡大学里的同学们组成了一个"国际乐团"

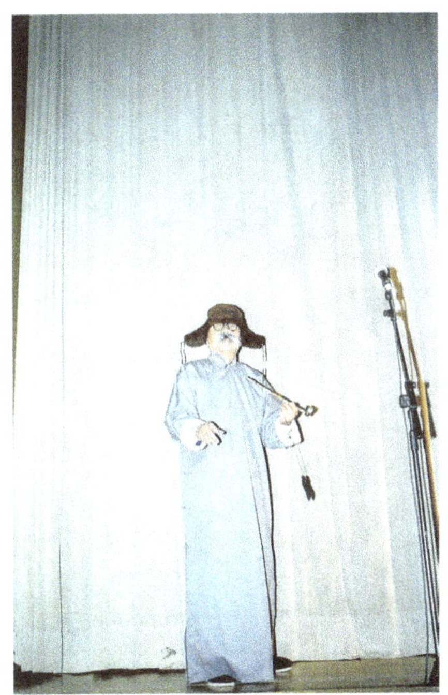

在汉堡的华人联谊会上我即兴登台表演

我组织了汉堡大学东方部学生会合唱团并担任指挥，他们跟着我学唱中国歌曲。这是在大学的晚会上，大家高歌《在那遥远的地方》

我认识她的时候，她才二十岁

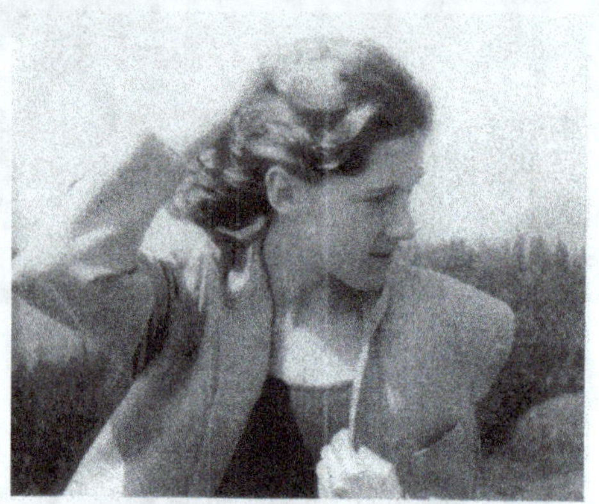

这美丽的倩影从此留在我的生命里

那个时候她的追求者众多，却独独看中了我

我们的和谐相处令旁人羡慕

我很相信命运，1977年偶然的机会，让我们实现了结婚的心愿

婚礼后的喜悦

在德国举行的婚礼来了学生和朋友共二百多人，济济一堂被传为佳话

珮春去南京拜师学习中医

音乐是我们和谐生活的重要纽带

家里培植的昙花，真的在一个黄昏开了花。它给
我们带来了和谐和喜悦

1977年我们到印度尼西亚度蜜月

这是在巴厘岛的火山口

在旅途的火车上，这张照片中的珮春格外迷人

我坐在香港的渔船上

1980年我们来到巴黎

这个优雅的城市让我们流连忘返

珮春在塞纳河畔留下了美丽的笑容

这是银河街24号我们幽静舒适的小客厅

我家成了中文系的活动大本营，客厅欢声笑语不断，我旁边就是刘茂才教授

这是我们自己装饰的餐厅

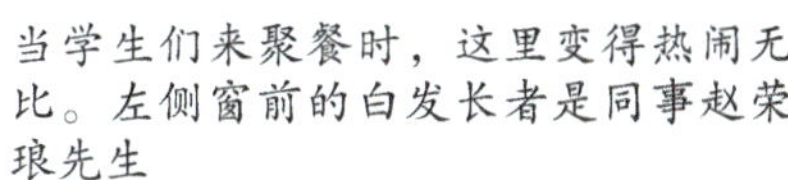

当学生们来聚餐时，这里变得热闹无比。左侧窗前的白发长者是同事赵荣琅先生

学生们常常来到我家里聚会，挤满整个屋子

天气好的时候聚会就在家中花园的草坪上举行

炎热的天气里，中文系师生一起郊游纳凉

和我的博士导师、著名汉学家傅吾康教授在一起

与上海的著名越剧演员们在一起

我们都是中国戏剧的爱好者

和珮春到德国朋友家里做客

亲爱的母亲辞世当天万里传音，我从梦中惊醒，痛不欲生，凭着心中的思念熬夜画成了这幅肖像

1979年，中国社科院秘书长杜干全（前左）和诗人冯至（前右），在刘茂才教授（后中）爱泼斯坦（后左）及我的陪同下，参观汉堡大学中国语言文化系的图书馆

陪同杜干全秘书长一行参观汉堡大学校园，是他为我争取到回国批准的

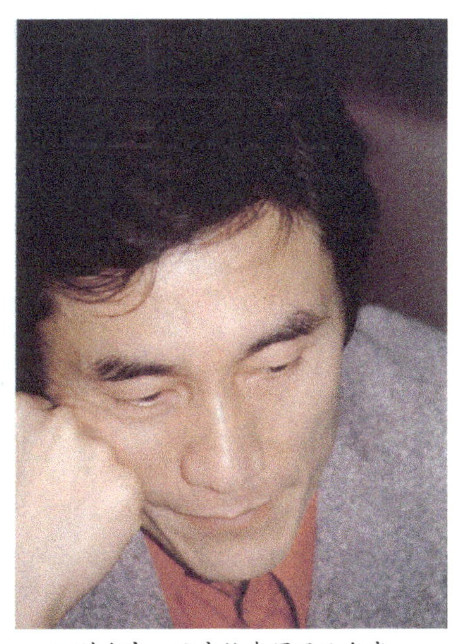

回到北京，父亲给我写了几个字："低下头想想，应该如何做人。"

1980年首届欧洲华人学会（ACSE）理事会选出的领导成员

香港著名的爱国企业家霍英东先生不仅在经济上支持华人学会，还亲自参加了多次
年会

1981年第一次回国时的全家合影

家里来了洋媳妇，竟然会说流利的普通话，大家都特别高兴

关家门有个洋媳妇

首次回国时去天津母亲的娘家探亲，与舅舅和舅母一起合影

姐弟三人再聚首，都已是历经沧桑

安息吧，亲爱的母亲

在父亲关锡斌（又名管易文）家，左边是我的姐姐关敏谦

我们来到美丽的无锡

在三峡的船上眺望美丽的山色

行走在上海的弄堂里，当时街景与我少年
时相仿，如今已经全然不同

与少数民族同胞合影

当年一无所有的流浪者，如今已经是桃李满天下的大学老师了，虽然表面上衣冠楚楚，但思乡思亲之情时常令我泪满裳

儿子关新在美国加州大学读书期间来德探望

在天津的觉悟社纪念馆里留下自己的签名。父亲关锡斌年青时是觉悟社的成员、周恩来的好朋友

在瑞士的湖畔

在西班牙拜访一位农民

在无锡的花树下远望

经历过沧桑之后，我终于褪去青少年时期的冲动毛躁，步入沉稳内敛的人生阶段

我伏在香港买回的"三英战吕布"书桌上工作，第一本自传《浪：一个为自由而浪迹天涯者的自述》就是在这上面写出来的。背后的书法是黄永玉所题

和小新、前妻的姐姐在一起，她就是"文革"中冒险收留和抚养小新长大的善良姨母

可爱的孙女安雅和海蒂

少小离家老大回，乡音无改鬓毛衰。我重访一甲子前读书的上海市西中学，感慨万千

在以老校长赵传家名字命名的传家楼前。老校长倡导"好学力行"，深受师生敬爱，是一位著名的教育家。他对我的教诲，令我终身难忘

我们居住了近四十年的银河街24号，三楼窗口站着美丽的红衣女主人珮春，正在等我回家吃饭

我们就是驾驶着这样的奔驰大跑车周游欧洲，写出一篇篇文章

我们两人的部分作品

这把珍贵的小提琴，我从少年拉到了
老年。这是母亲送给我的宝贵礼物，
由19世纪德国制琴名家手工打造

年逾八旬不觉老，我也能用电脑写作

采访蒋纬国先生

采访德国老总理施密特

与朱镕基老总理一起

在柏林受到习近平主席的接见

年轻时的我们携手在阿尔斯特湖畔散步，陶醉在阳光和鲜花中

现在我们依然并肩漫步在林间

夫妻携手访问江南

生命像要鲜花一样怒放、像火焰一样燃烧

羞雁飞跃九重天，万里千山不等闲。
只缘故人浑不解，孤杖扶藜落洋涧。
百啭千旋随意移，朝思暮忆雁生地。
泪雨交错心如洗，他邦方知胞足谊。

千里迢迢离故乡，路茫茫，泪满裳。
失魂落魄到异邦，明月夜，悲断肠。
生死漂泊远招手，风雪月，写篇章。
雪泥鸿爪雁展翅，留痕迹，情意长。

目　录

contents

序言——德国的中国女婿

说来连我自己都不相信，我和愚谦从认识到现在已有四十三个春秋了。第一次见面是1970年，是在一个朋友的生日晚会上认识的。那时我才二十岁。中国对我来说是那么的陌生，从电视里看到的中国，都是穿着黑、蓝制服或者绿军装的人群，手上拿着一本红色的毛泽东语录在街上游行，呼喊着毛泽东万岁。

可是眼前的这个中国人，穿的衣服和我们这里的男孩子没什么两样，扑面而来一股帅气。他的一举一动让我感到很亲切和有感染力。我很快就喜欢上了他，愿意和他常在一起。我的父母知道了，大不愿意。

我是在第二次世界大战后出生长大的，父母都是经过残酷的战争、经受过逃难的一代人。他们虽然和许多亲戚朋友失去了联络，但是他们毕竟还是在自己的国土里生活着。而愚谦孤身一人来到一个完全陌生的国家，十三年无家人的音信，一切从零开始，其艰难和心中的痛苦可想而知。

按照一般规律，两个来自完全不同文化背景和完全不同生活规律的一对，能够和谐相处、互相了解是很不容易的。但是我们却从来没有这样的问题，因为我们一直有很多更重要的事情去做、去解决。

愚谦是在"文革"时期离开中国的，他来到德国时，身无分文，也无任何证件，没有一个熟人，一个德文字都不会。一个年龄近四十的中国人在异国如何维持生活，如何掌握德文，如何完成学业，如何获得正式证件，一切的一切都和他的"生"与"死"联系在一起。我们没有一点时间花在因为很小的生活差异闹别扭、问谁是谁非上面。我们生活在一起时，我经常为他担忧，怕他想不开。幸亏他有一个开朗的性格。反而来安慰我说，只允许悲伤十分钟。我们的关系是那么的和谐，互相关怀。例如，他的家庭观念比我的深，当我有时冷落我的父母，甚至希望二十一岁时离开家，自由飞翔，他则劝我多为父母着想，应该多陪伴他们，使我很感动。

到后来，连从最初完全不能接受一个从红色中国跑出来的我的父母，都怕这个中国准女婿跑了，离开他们。

通过他的开朗性格和苦干，我开始对这个谜一般的国家发生了极大的兴趣，并在入大学时选汉学为自己的主科。愚谦则沉醉于德国的文化，从哲学、文学，到音乐、绘画，甚至对建筑艺术发生了兴趣，什么都想知道。两人相互做学生、当老师，我们的生活怎能不融洽？感情就更深了。

愚谦最起初到德国来，德国政府只是同意他暂时居留，另找别的出路。没想到，他在中国时所获得的教育和文化知识帮助了他，他在中国时积累的工作经验辅助了他，他的刻苦学习精神支持了他，使他在短期内就掌握了德文，说服了周围的人。他们帮他打开了一条通往德国大学学术界的道路。

到现在，如果他不对人说，谁也不会相信他这一生是经过那么多坎坷，爬过悬崖、翻过峭壁、越过险滩过来的。谁也不会相信，这个好像从外星球来的中国人，竟然是赤手空拳奋斗过来的。又有多少人知道，他会在深夜被梦中可怕的遭遇所惊醒，满身出着冷汗。又有谁知道，他的最亲爱的母亲辞世时，他心中感应到万里之外的母亲的道别话语："再……见……了……！愚……谦……！"他痛哭流涕了很久，面对着家乡的方向长跪不起，希望能向母亲赔罪。

在德国，凡是认识他的人都知道他是个乐观主义者，成天无忧无虑，爱说爱笑。也许我是唯一的一个了解到他的内心充满了多少疑惑和悲哀的人。一幕幕情景，使他难以忘怀。

愚谦是一个既顾家又顾国，还终日为世界担忧的"疯子"。只要他一有空余时间，不是读书看报，就是写文章。因而他有几个职业，大学教学生，业余当记者，晚上编杂志。有的时候，早上六点钟，我还没睁开眼，他就和我讨论国际大事。等到我完全清醒了，他又呼呼大睡起来。我们的家，不但周末永远是宾客满门，而且常客不断。来自中国的客人们住三年，住两年，住一年，住半年，住几个月，填补了他怀念祖国的空虚。这就是关愚谦。

现在他已经是八十开外的人了，还是关心世界大事。他每天看报，还在报上画黄道绿道和写注解。一见到美国又要"为正义"出兵去管他国闲事了，他就会破口大骂，连我现在都会学他用上海话骂人了，什么"阿缺西"、"小出老"。这就是关愚谦。

一个已经"八零后"的人，还每天趴在书桌上七八个小时，用电脑写书、写文章。连我都怀疑，他哪里来的那么多精力。幸亏他有一个特点，每天早饭前，坚持做健身锻炼，全身自我拍打按摩，然后打两套二十四式的太极拳，雷打不动，已经有二十多年了。所以他的精神十足，精力充沛，他说，这都要感谢被"充军"青海的那几年，吃尽了苦头，锻炼了筋骨。这就是关愚谦。

我常常对人这么说，我们两人此生如此相濡以沫，希望下辈子还在一起。

海珮春

关愚谦先生是前辈，我一直尊称他关老爷，关天培后人嘛。我们又是上海西区名校市西中学的校友，好像是我出生的 1947 年，他就入读市西了。即使到了今天，在他身上仍然有着清晰的上海"老克拉"味道和线条，但毕竟浪迹天涯半个世纪有多，已经很难算是上海人了。我们这两年的一大争议，就是谁的上海话更加标准，显然他占不到上风。

算一算，今年八十二岁的关老爷出生在 1931 年，那是"国破山河在"的特殊时刻。像他那个年代的中国人，甚至我们这些比他小一二十岁的中国人，都无法逃脱坎坷国运和时代巨浪摆布。关老爷上一部自传体著作取名为《浪》，或许就有这个意思吧。

尤其是 1966 年 6 月"文化大革命"正式开局，我们不管什么年龄都只能随波逐流，许多人就连苟且求存都难。那年的 9 月 3 日，也就是中国人民抗战胜利二十一周年的那一天，傅雷夫妇在上海自缢身亡。那时我住南京西路电视台旁边五层高的旧楼，"文革"第二年夏天接连有人从顶层跳下，邻里熟人中自杀的有诗人闻捷夫妇。

关愚谦先生走的却是求生之路，不仅方法奇特，而且成功出走。这需要丰富的想象力，极大的胆量，还有十分的运气。"文革"十年期间许多人比他悲壮，但都没有他幸运。他的这本"情话"，记录的正是从出走他国到重归祖国的另一段人生。

这些年我从香港回到中国内地教书、做新闻，不止一次听到八〇后、九〇后的孩子抱怨他们是中国最不幸的一代，很是羡慕我们这些"爷爷"、"奶奶"经历丰富、人生多彩。怎么对他们说呢，只是一句"你们身在福中不知福"有用吗？或许就推荐他们看看关先生的书吧。

一年多前，尚在作最后支撑的河北卫视《读书》节目做了一期关先生夫妇的专题，主要推荐关夫人海珮春的新书《德国媳妇中国家》，同时也介绍了关先生已经出版的书籍。两个多小时的录制，听他们说那前后几十年的故事，现场的好几位年轻朋友都忍不住流下眼泪。

那期节目收视率特别高。历史在我们每个人身上留下了不可磨灭的印记，而他关愚谦，则要把自己的人生记录下来，还给历史，留给世人，留给后人。实际上，每一个经历过那个时代的中国人，都应该这么做。

关老爷现在是德国公民，前不久在柏林坐他的车子逛街，觉得他的驾驶风格就像十足的德国绅士。但他从里到外仍然是中国人；即使日后可能终老德国，仍然是十足中国人。而他的这本《情——德国情话》，记录的只不过是他在异乡对着家乡中国发出的喃喃情话。

他同中国朋友一起时，谈的是中国；他同德国朋友一起时，谈的还是中国。我甚至相信，他同夫人珮春两人之间谈得最多的，应该也是中国。近期中国发生的一些事情，让他有点困惑，更有点焦虑。我劝他不如"老老实实安度晚年"，别放着好日子却不懂得享受，国家大事还是让"在其位"的人去操心吧。但我也知道他不会，也不可能，因为他毕竟是那个时代出品的中国人。

不过，他的书，包括本书，今天能够在中国出版，能够被许许多多读者所喜欢，也正表明中国还是在发展、在前进、在提升。前面还是会有许多坎坷，国家只要不倒退就好。这也许是我们的共同愿望，尽管卑微。

曹景行

自序——不思量，自难忘

当年我以自己的生平经历为素材写了一本自传《浪》，花了近二十年的工夫，送去出版的时候却因内容涉及的话题太敏感或是不合时宜，被删的删，砍的砍。直到 2012 年，在北京的东方出版社为《浪》出了新版本，才又恢复了它的本来面貌。

这是我的第二本回忆录，其中的内容延续着上一本的故事，是我从埃及飞到德国之后的人生经历。当年我只想快点从暗无天日的埃及监狱生活中摆脱出来，却没有想到自己从此扎根德国，书写了新的人生篇章。在德国的日子里，我的人生被重新塑造，见识了另一片天空，经历了更多人间真情。

说到这里，可能有人会愤愤不平了：你关愚谦偷用人家护照叛逃祖国，侥幸在德国活下来，你就开始给德国唱颂歌了？难道你在祖国就没有享受到各种真情吗？凭良心说，我住在德国超过了四十年，你说我非常满意吗？非也。毕竟文化背景不一样，许多德国男人的那种傲慢、冷漠、不可一世的性格，我不但不能接受，甚至讨厌。但是，整个社会的气氛和人人有条不紊地遵守各种规定和法律，让你对这个社会有一种信任感。在中国，从上到下，我对这个社会有一种不信任感。见什么风，说什么话，吹捧、阿谀、奉承，当面笑得跟见了亲人似的，你根本不知，他说的话是真是假。

就拿中国舆论的"报喜不报忧"来说吧！记得我刚到德国，1970年就买了一部最好的半导体收音机。目的是为了收听国内中央台的广播。那时，电台发出来的消息是，中国的形势一片大好，社会欣欣向荣，经济蒸蒸日上，人民安居乐业。根据在"大跃进"时期的经验，我知道里面会有些水分，但怎知会假到那种程度，当时是"文革"时期打砸抢、各种派系对立最严重、干部和知识分子遭受各种迫害的时刻。解放以后的中国，只要你说党和政府的好话，即使你撒弥天大谎，也无人敢指责你，因为你这是热爱和忠诚于党与国家的表现。

近年来，国内推出了许多新政策，对人开始变得宽松和包容些了，这正是老百姓梦寐以求的。对我们搞写作的人来说，更是如此。辛苦写成的作品就像是一个刚过门的小媳妇，最怕的是上面的"婆婆"太多。不管是谁，只要有一个发了话，表示不满，这作品就给"枪毙"了。曾有一个上海编辑朋友亲口对我说："老关，为了不犯错误，不被炒鱿鱼，我们的任务主要集中在政治上把关。只要在你的书里有一句话不合乎我的口味，也即是上面的口味，我不但把它删掉，而且把周围的好肉一起挖掉，这样才能保住我的饭碗。"他这句话说得很轻松，我听得毛发竖立，冷汗直冒。因而我的这本书《情——德国情话》，初稿完成以后一直不敢拿出去，生怕给"一起挖掉"。直到我的前一本书《浪》在东方出版社再版，在情节和内容上完全尊重作者的意见，一字未减，我深受感动，也多了些信心。

我自从为了"自由"逃至欧洲以后，当时的二十世纪七十年代，哪有什么电脑、手机、互联网，十三年来，家国音讯皆无，我的一切必须从零开始。这本《情》是我在"资本主义大染缸"的随心所欲和挣扎奋斗的真实写照。我"十年生死两茫茫"，这本书是不可能合乎所有读者的口味，更不会适合"婆婆"们的观念。因而，我一度为了使自己耳目清净，下定决心，不写了，两耳不闻窗外事，得乐且乐。

当我把这句话说给一个了解我的朋友听了，他哈哈大笑说："你！你两耳不闻窗外事？你一天不闻天下事，就会发疯。你是个典型的'先天下之忧而忧'的神经病怪人，成天趴在桌子上发表你的宏论。"

他这句话对我是最大的"揭露"，直点中我的要害。我的确太关心"家事、国事、天下事"了。说到"家事"，我现在的家庭虽小，但过于繁琐零碎，什么报税、保险、医疗、房费，一切都通过银行进出，我都搞不定，都交给老婆了；至于"国事"，不要说管，连看一眼都不可能；"天下事"嘛！都由各国政治家们把持着，我能操上什么心啊！

还有，我初到西方时，跟祖国隔着千山万水，说来也奇怪，我会想到两千多年前的庄子。《庄子》里曾写过一句话："夫哀莫大于心死，而人死亦次之。"这是对我最鲜明的写照。我那时心情的悲哀已濒临绝境，意志消沉得无以复加。我已经把自己形容为麻木不仁的行尸走肉，还没有死去的人自在。我理解庄子写这个句子的含义是：最悲哀的莫过于人没有自己的思想或失去思想的自由，这比人死了还悲哀。

没想到的是，来到德国虽然生活拮据，但行动和思想如鱼得水，无论从职业上、人缘上、经济上都一帆风顺，活得挺自由自在。我把我的经历写下来，转念一想，这种"歌颂资本主义"的书，不是正好触动了一些"根正苗红"的革命党人的神经，成了绝对不能在国内"污染心灵"的"大毒草"嘛！

其实，我在德国的生活并不那么一帆风顺。我的话说得轻松，但诸君仔细想想，天上怎么会掉那么多馅饼？一个一无所有的失魂落魄的小伙子来到德国，是怎么赤手空拳打拼出自己的一片天地的，还是值得回味。而且，说句实话，并不是所有的国人到西方来，都会像我这样"一帆风顺"，得到了好结果的。也有人消沉落魄，天天发牢骚、骂大街，有人没毕业就回国，甚至还有极个别的人跳楼自杀，魂断异邦。人和人的命运和机缘不太一样。性格决定命运。我就写我自己吧。

曾有一个外甥问我："为什么你得天独厚？身为一个土生土长的中国人，竟然在德国住得蛮潇洒的？"我的亲哥哥关迪谦在德国住过半年，说过一句话："愚谦，你这辈子就给我在欧洲待着吧！中国不适合你。"我起初以为他在批评讽刺我，但我后来翻来覆去地想，他说得很在理，主要是与我的乐观开放性格和中学时代所受的教育有关。

在我的前一部人生回忆录《浪》里，我以最乐观主义的心态去写我在国内的前半生，可读起来还是凄凄惨惨戚戚的。主要是我的性格太浪漫随性、太锋芒毕露、太无组织无纪律了。我在中学时代，受到上海西方文化的影响太深，活泼好动，急切地想要了解一切新鲜事物。再加上我这个人从小就喜爱西方音乐，热爱文学，到了新中国进入社会主义，无产阶级的纯洁思想里怎能容纳我这个"小资"口味极重的人，我于是成为永远"改造"不好的"臭老九"，永远是被批判、被教育的对象，永远是"老政治运动员"。

来到德国，凡是我在国内所受到批判的缺点，几乎都变成了优点。生活中我爱动爱跳、爱说爱笑、爱吹拉弹唱，教学上我爱标新立异，爱出新花招、新主意。例如，学生学中文，我给他们用他们学过的词汇编话剧《一个卖豆腐的孩子》。我教中国近代史时，教他们唱反映中国近代史各个阶段的中国名曲：如《月儿弯弯照九州》、《黄河颂》、《松花江上》、《义勇军进行曲》、《在那遥远的地方》、《长城谣》，等等。我还给他们讲解歌词的内容。曾经有个日本留学生把我告到系主任刘茂才教授那里，说我"反日"，还好，被刘教授驳了回去。

所以，诸位读者，你们读我这本书时，首先要有思想准备，就是我有的时候会自我欣赏。比如，在大学教书，我从不懂端架子，和大学生们一起唱歌跳舞，给他们带来新的教学方法和新的生活气息；和印尼华侨、中国香港来的年轻朋友们在一起，我总爱说笑，给他们带来一些新的乐趣；和大学里的德国同事们在一起，无论你研究东方哲学、西方历史或俄罗斯文学，我有我自己的观点，自成一套，和他们所学的大相径庭，争吵起来也会有火药味儿，大家反而觉得很过瘾。

总之，我在德国没有政敌，更无情敌。看谁不太顺眼，就少接触，甚至不接触。眼不见，心不烦。在大学的同事之间，谁都不问你的私事和私生活。更没有人会把你的言论"上纲上线"，背后告黑状，把你搞得身败名裂。

但我并非只有快乐。来到西方，让我最痛苦的是无法抑制的思乡之情，十三年见不到家人音讯，让我牵肠挂肚。其次，当一些不了解中国的西方媒体或个人把中国骂得一钱不值，大大刺伤了我作为中国人的自尊心，我就要驳斥。我的原则是，中国政府的政策可以批评，甚至谴责，但是决不允许你泛泛地把整个中国和全部中国人都骂进去，那我非和你争到底不可。这就是我的"可爱"、对某些人"可恨"之处。我虽是一介草民，无权无势，却总怀忧国之念。即使我曾受过伤害，即使我曾一度失望，然而我与这片土地血脉相连。因为我的这种坚持，个别的西方媒体说我"亲共"，还有在国外长住的个别中国同胞污蔑我是国内派出来的高级间谍，拿着中共的经费在德国"潜伏"。这完全是以小人之心来度君子之腹，卑鄙无耻之极！

对于过往，我永远持一个观念，中国共产党在建国后某些时期特别是"文化大革命"时期走了弯路，但是，共产党并不属于一个人的，它是一个集体的组织。不知有多少先进的共产党人，为了把国家和同胞从民族危难和内外压迫的深渊中解救出来，抛头颅，洒热血，前仆后继，牺牲了自己的生命。我们中国人现在的优越生活不能忘记这些掘井人。但是，我们中国这两千年的皇权统治，影响着世世代代的统治者的思想，包括执政的中国共产党。为了中国的前进，我们需要对1949年革命胜利后，六十多年的治国经验进行很好的整理和分析，前车之覆，后车之鉴。与此同时，也应该把中国和欧洲两千多年来的文明好好地进行整理，取其精华，去其糟粕，拿出一个新的理念来。一直死板地重复马列主义、毛泽东思想的老调，中国是没有前途的。

近些年，我观察到一种不好的趋势：有些"愤青"和中国个别媒体，开始大拍胸脯，认为中国过去太软弱，现在应该强硬起来。我认为这完全是无稽之谈。这半个多世纪，中国一直都是挺着胸膛站在世界面前。在上世纪五十年代初期，百废待兴的艰难时刻，中国人民驱走西方外国势力，建设新的家园，从未软过。在六十年代，周总理的对外政策做得有理有礼有节，没有跟苏联走还是有道理的。七十年代，美国总统尼克松主动到中国来，和毛泽东握手，赢得了全世界的尊敬。

目前中国强大起来了。你不显肌肉，人家就已惧你三分。这不是中国去显摆的理由。以我之愚见，我们还应该韬光养晦，以谦和待人。这是古训。比如说这两年与中国闹得不可开交的日本。日本不是铁板一块，愿意和中国做朋友的日本人远远多于那些右翼极端分子。我有不少来自日本的朋友，根据我的观察，他们中没有一个愿意和中国为敌，他们都接受日本的文化来自古代中国这一说法，对中国传统文化深深仰慕。韩国也是如此。西方盟国把自己联合在基督教这艘巨轮上，为什么我们东亚三国，明明文化同宗，还要受着西方的挑拨，互相为敌呢？东方的文化是个协和的文化，它完全不同于西方的武力征服和对抗，为何我们不能联合更多的同伴，将这宽容开放的文化传播发扬，为世界的和平而努力呢？

唉！狗改不了吃屎！我又谈起国事天下事来了！

是为序。

第一章　初到德国印象

1   自我放逐到异邦

1969 年的一天，黄昏时分，火车驶进了明斯特市的火车站。一个中年人提着一个有些晃荡的旅行箱，随着人流下了车，在站台上不知所措地等待着。他身穿一身极不合身的劣质西装，领带系得歪歪扭扭，形容憔悴，目光茫然，眼神漫无目的地在四周的建筑上扫过，隐约流露出一丝恐慌。

这个人就是我——关愚谦，三十八岁，是一个土生土长的中国人，这个年龄，本来应该在北京自己的家中与父母妻儿团聚，共享天伦之乐，现在却站在遥远的异国车站里，不知道自己应该去往何方。而我之前的经历和遭遇，也不由自主地在我的脑海中回放……

余幼好此奇服兮，年既老而不衰。带长铗之陆离兮，冠切云之崔嵬。被明月兮佩宝璐。世混浊而莫余知兮，吾方高驰而不顾。（我自幼喜穿奇服，年老爱好未减。佩带长长宝剑，戴高帽如山峰，挂珍珠饰美玉。时世混浊无知己啊，我将远去不返顾。）

屈原《楚辞·九章》里的这首《涉江》词，是当时屈原被放逐江南时所做。他做官做久了，看破红尘，其实内心，他很留恋世俗，只是对时世混浊充满不满，深恨世上没有一个人能了解自己。在我被"发配"青海的路上，汽车颠簸着翻越苍茫山峦，在浩渺的青海湖岸上奔腾之时，我曾一度含泪地默诵过它，深有感触。当我真正流浪到"番邦"德国汉堡后，对这句话的理解，更加深沉。

我虽从未当过官，但我的心情和他的差不多：活到三十多岁，功名成就都谈不上，还被他人在政治运动中利用，百般戏弄。我大学毕业进了财政部，满腔热情要把工作做好，却因为爱说爱动，被顶头上司当做了眼中钉，从工作态度、生活做派一直批判到政治觉悟，最后被贴了个"中右分子"的标签送到青海去改造；在遥远的青海饥寒交迫地苦苦挣扎了四年，在死亡线上滚了几滚，这才获准回到北京；回到北京，没过几年安稳日子，"文化大革命"就开始了，有口无心、想法单纯的我积极响应党的号召去"造反"，没想到又一次当了炮灰和靶子。

政治风浪席卷全国，夫妻反目，父子成仇。和平的神州大地变成一片血腥的战场，你斗我，我斗你，少年砸古迹，学生揍老师，中华文化被否定，学校全关门。今天还是一个战壕的战友，明天成了相见分外眼红的仇人。我被扣上"资产阶级代言人"的帽子。可笑的是，我们这个家，上下三辈，都与"资产"无缘。对未来深深绝望的我，铤而走险，盗取了一本日本友人的护照，混上了飞机，决意从此浪迹天涯。①

我乘坐的飞机停在开罗，埃及警方以我盗窃他人护照为由，把我投入了开罗哈那特尔监狱，长达一年多之久。这期间，美国中央情报局表示"欢迎"我去，也许他们相信金钱万能，可以收买世上一切人，偏偏遇到我这么一个性格倔强、祖国观念极深的中国人。我这一生，虽然玩世不恭，但是遇到这样的重大原则问题：为了个人利益而出卖国家，连累亲人，败坏门庭，永生永世被人咒骂为汉奸，这种事，我绝不干。我那时已是一个三十而立的人，自认为知书达理，绝对不会那么糊涂。哪怕把我送回中国枪毙，或者把牢底坐穿，我也坚决不动去美国或者苏联的念头。

监狱如同地狱，禁锢如同毒药，腐蚀着我的身心。1969 年春末，在开罗监狱已经熬了一年的我，再也难以忍受，我最后用绝食的办法要挟埃方，要么把我放出监牢，让我自己寻找出路，要么把我送回中国。驻埃及的国际红十字会，终于帮助我脱离"地狱"，把我送到联邦德国暂住。

一年多的牢狱生活，把我变成了一个疑神疑鬼的人。坐在飞往德国的飞机机舱里，我仍心有余悸。我不停地向四周打量，心中认定会有人在暗中跟踪我；空中小姐的嘘寒问暖，被我视为是女特工套近乎的伎俩；我甚至怀疑她们送来的食物中有蒙汗药，宁可忍饥挨饿就是不肯碰。

面对我将要去向的国家，我同样充满了不安。我的记忆中，还保留

---

① 这个惊险的故事，我已写了一本回忆小说《浪：一个为自由而浪迹天涯者的自述》（北京东方出版社 2012 年出版），繁体字版本叫做《浪迹天涯》（香港三联书店 2012 年出版）。

着从书中读到的有关纳粹德国的可怕描述。这是一片陌生的土地，它是否欢迎我这个不名一文的落魄逃难者呢？

飞机降落在法兰克福机场。我被边防警察拦住了。当时的我，犹如笼中困兽，差点发狂。后来才知道，因为我没有健康防疫证明书。工作人员很热心地为我解释，然后给我补打了一针疫苗。联合国难民署的一位工作人员，按照之前的约定，将我送上了去往明斯特的火车。

火车到站了，我似乎也来到了生命旅途中的新一站。我不知道前面等待的是祸是福。回想起离开监狱的那天，留着两撇胡子的英俊埃及警官对我说："我今天能见到您很荣幸，因为您是我们埃及报上的名人，大小报上多次登过有关您的消息和照片。今天，您可以自由飞翔了。早上我带您随便转转，看看市容，参观金字塔，下午送您上去欧洲的飞机。我真的很羡慕您。"

"羡慕我？一个沦落街头的流浪汉？"我对这突如其来的恭维哭笑不得。

"但是，又有多少人能有机会去欧洲啊？"

是的，虽然心中极度恐慌，但至少站在这里的时候，我猜想也许是上帝怜悯我，没有让我在被遗忘和被唾骂中死去，而是让我自我放逐，来到了我从小就向往的地方——欧罗巴！尽管它被唾骂为腐朽的资本主义，但我们整天提的"赶超英国"之类的口号还是承认了人家的长处。我从书本上读到的一切，现在变为眼前的现实。回忆旅途中所见的一切，所见所闻都强烈地冲击着我的心灵，似乎在向我预示着我的未来。

而我此刻的等待，就好像等待命运之神降临，向我宣判这一切。

2 "刘姥姥进了大观园"

　　站台上的旅客散得差不多了，一个六十开外的高个子老人出现在我面前。他用带德语口音的英语自我介绍说，他叫韦伯，是一个外国人接待所的负责人。他说，从现在起，我就住在他的接待所里，直到找到第三个愿意接受我的国家为止。

　　他看起来和善热情，一边领着我往外走，一边问我各种问题。他和法兰克福的那个人一样，刚一见面，就问我同样的问题：为什么离开中国到欧洲来呀，欧洲也不见得就理想啊。真奇怪，他们对我这个"政治嫌疑人物"来德国一点不感兴趣，使我的自尊心受到了伤害。人还真是矛盾的生物，有人对我感兴趣，我却认为他们不怀好意想利用我，尽量躲避他们；人家态度冷淡些，我又觉得自己被人抛弃了。我以前可不是这么纠结摇摆的人，现在怎么如此扭扭捏捏起来了！

　　走出火车站，望着周围的建筑物，似曾相识之感油然而生。这种奇妙的感觉令我奇怪。在记忆里搜索了一会，我恍然大悟，它们太像青岛了。还记得我幼年的时候，曾经跟父母兄姐在青岛度过了一段难忘的时光，对那些洋溢着浓郁德国特色的街道和房屋留下了深刻的印象。

　　不过不同的是，这里的人比青岛少，车却有很多。宽阔干净的马路上小轿车几乎首尾相接，快速驶过，让我看得头晕目眩。更奇怪的是，行人穿马路只看红绿灯，根本不看车，明明马路上没有车，行人还是等着绿灯亮时才通过。这让我觉得既新鲜又不解。

　　"韦伯先生，这么多轿车都是国家的吧？"我问。

　　韦伯先生笑着回答说，当然都是私人的。

　　我心中立即惊呼起来：私人怎么可以有这么多汽车？怪不得说资本主义社会的人过着奢靡的生活啊！

　　我像刘姥姥进了大观园似的，一路紧跟着韦伯先生，最后走到一个很大的停车场，这里停满了五颜六色的汽车，少说也有一百辆，我又一惊：在北京，只有在召开全国人民代表大会时，才会看到人民大会堂前有汽车阵，可那也没有这么多呀！并且，颜色也没有这么漂亮，更没有这么多样式。

韦伯先生的汽车外形像个可爱的甲壳虫，与国内总是拉着窗帘的黑色红旗大轿车相比，显得可爱又亲切。他替我打开了副驾驶座一侧的门，先让我坐进去，然后关上车门，绕车半周回到驾驶位上。

这种绅士派头我中学时在美国电影里看到过，而且一般都是男士向女士献殷勤时才出现的场面。在中国，只有首长才能享受这样的待遇。该不会是他有什么图谋吧？不然为什么对我这么礼待？会不会是有人指使他这么做？先骗取我的信任然后套取情报？他的上司是哪个单位的？我发现自己太爱胡思乱想了，于是在心中告诫自己：不能再随随便便猜测别人的意图。不管别人对我有兴趣还是没兴趣，我都要不亢不卑，绝对不能丢中国人的脸。

韦伯先生坐在驾驶座上，并没有启动发动机，而是慢腾腾地从口袋里摸出一个小皮口袋，接着又变戏法似的摸出一个烟斗，慢条斯理地往里面装烟丝。

"这是我的习惯，先抽上几口烟，然后再开车。不管后面的车怎么着急按喇叭，我决不会心动，和他们比速度。我不是富人，为了买这部车，我积攒了好几年的钱。我在阿根廷住了几十年，躲过了希特勒的法西斯统治。现在老了，回到德国度晚年，好不容易找到这份工作，钱虽赚得不多，但我属于国家公务员，退休以后，可以拿到终身退休金。我们夫妻两人，有两个女儿和一个外孙，大女儿有病，她和外孙都由我们抚养，我们负担也很重啊。"韦伯先生边装烟丝边跟我交谈，我很惊讶于他竟然将自己的家庭情况毫无掩饰地告诉我这个初次见面、还有"政治问题"的人。

这是一位非常坦诚、非常直爽的老人，我凭直觉判断，他是好人。

"我虽然拿的是德国护照，但在南美待的时间太长，我的性格脾气已经是南美人了，直进直出的，喜欢女孩子是我的个性。"韦伯先生说完这一句大笑起来："关先生，听说你们的社会主义中国没有私人汽车，是吗？"

"是的，所有的汽车都是国家的。"

"其实没有私人汽车也好。在德国，私人汽车越来越多，空气污染很厉害，中国有那么多人口，要是每家每户都有小汽车，那还了得！"

　　说实话，在我的知识范畴里，还没有空气污染这一概念，这还是第一次听到。我当时只觉得，开汽车坐汽车是多有脸面的一件事，竟然还有人嫌弃它？

　　韦伯先生只吸了三四口烟，就启动了汽车的马达。这时，天已经暗了下来。汽车东转西弯，我们来到一个大宅院前，院子里矗立着一栋带着漂亮屋檐的二层楼房。韦伯先生告诉我，过去这里是一个富人的住宅，现在被国家租下来改成外国人接待所。韦伯先生说："我在这里工作多年了，您是唯一一个来自亚洲的人。有意思的是，那些从东欧来的人，都不会说英语，有的会说俄语，但我不懂。没想到，接待您，比接待东欧人还容易得多。"

　　"我也会说俄语，我过去在中国做过俄文翻译。"我生怕他看扁中国人，立刻炫耀般回答道。

　　"真奇怪，到我这里来的人，几乎都是受过高等教育的人。不过，现在住在这里的人很少，还住着一位捷克工程师和一个非常漂亮的波兰女大学生，她的英文不错。"韦伯先生说到这里，口气变得愉快起来。

　　"您这个单位叫什么名字？"我本来比较谨慎，见他这么直率，就好奇地问。

　　"我这里只是一个接待站，主要是接待那些从社会主义国家通过各种渠道出来的人。他们一般都是在这里住上一阵，或转道他国，或等办在德国的居留手续，一找到适当工作，就离开这里。我是一个不关心政治的人，我只关心照顾好大家的生活。"

　　我本来想，这个接待所那么大，应该安排了不少工作人员才对，至少要有几个站岗放哨的吧！谁知，韦伯先生拿出钥匙，打开大楼门，直接把我引到二楼一个房间，这过程中没见到一个人。

　　这个房间宽敞整洁，有一张铺着厚厚弹簧床垫的大床，这在中国只有大旅馆才能见到，还有一个书桌，一个沙发，角落里还有一个能直接放出热水的洗脸池，对面墙上还有两扇宽大的玻璃窗。

　　"这是给您的大门钥匙，我每天早上九点来办公，办公室在楼下会客室旁边，这房间的对面是给您一个人用的盥洗室。您今晚好好睡一觉，明天见。"

　　"除您以外，这座大楼还有别的工作人员吗？"我怀疑地问。

　　"没有，就我一个。每周二有一个钟点工来打扫一次，换洗床单。

有事找我就行了。明天见。"韦伯先生说完就离开了，留下了我对着这一切惊愕不已。

————————

我记得，我最后一个澡还是在埃及监狱里洗的，于是我打开我临离开罗上飞机前埃及警官退还给我的大箱子。里面原本有什么我都记不得了，但至少该有几件更换的衣服吧！

最先进入我眼帘的竟然是小提琴盒，打开一看，小提琴完好无损地躺在里面。埃及人还蛮诚实，没有把它盗走或者扔掉。我把它拿出来左亲右亲，眼泪忍不住要夺眶而出，这可是我亲爱的母亲送给我的唯一纪念物啊！

洗完澡，我紧绷的神经终于彻底放松下来，简单收拾了一下箱子，就躺到了温暖舒适的床上。这一年多来，我还从来没有过如此安稳、宁静的环境，反而久久不能入眠。我的大脑里反复回响一句话：我真的自由啦？！

不过，这么一幢双层楼房，过去还是富贵人家的宅子，用来收容我这样有复杂政治背景的人，却没有一个看守人员，这怎么可能？我又爬起来，穿上衣服，小心翼翼地、偷偷地打开房门。夜深人静，外面黑漆漆一片，一点声息都没有，果然不见一个人影。我将信将疑地在走廊里走了几步，没有人。再来回走了几遍，还是没有人。我不死心，干脆故意加重了脚步，还到楼梯口站了一会儿，听到的也只是自己的脚步声和呼吸声。

我放宽了心，回到房间躺在床上，思绪又开始天马行空起来。

愚谦啊！愚谦！你这个野小子！从小就调皮捣蛋，不安分守己。家庭的管教、儒学的约束、基督教的洗礼、毛泽东思想的改造，都未能把你打造好。现在你来到这里，你到底想干什么？你不是曾幻想过，当一个空中的飞燕，自由飘荡吗？现在你确实飞出来了，但你一无所有，赤手空拳，语言不通，栖息在临时的居所里，但你并不属于这个社会啊！你什么都没有，什么都不是，你的未来，有什么光明可言呐！

我的思路又骤然急转直下：天下从没有不要钱的午餐，自由，会那么轻易地到来吗？我又开始怀疑起来：美国人、苏联人已经打过我的主意了，后面等待我的会是什么？德国人难道对我这块"肥肉"就没有任何打算？不要忘了，德国也是资本主义世界的一员，更不要忘了，这块土地上可是产生过盖世太保和党卫军啊。苏武在匈奴持节牧羊十九年，是坚贞不屈的民族英雄，我算什么？叛徒？卖国贼？我就算死都不跟外国人合作，但偷拿护照、潜逃到外国已经是一个彻头彻尾的大罪，足以让我死好几次。我以后能做什么呢？

忽然一种孤独和恐惧感笼罩着我。白天我还庆幸自己逃出了埃及的"地狱"重返人间，但现在我发现自己处在一个更大的炼狱中。一想到我的母亲妻儿，就好像几十把匕首轮流刺进我的胸腔，让我痛不欲生。我侥幸地在这个地方苟延残喘，他们怎么办？为什么我会沦落到这个地步？过去的一幕幕反复在我脑海中闪过，童年的逃难时光，青年时代的教育，我到底做错了什么？在青海痛苦地熬了那些年，各种苦都吃了一遍，差点病死那里；我想要说的话都不能说，想要做的事都做不到，不想说的话、不想做的事情却要一遍遍地重复着，直到麻木。我的生命，就在这样的煎熬中变得灰暗，蒙满了尘土，让我无法看见，无法呼吸，丧失了希望，丧失了快乐。

我发现，我中学时期的美国梦其实从没有醒过。那种梦在我心中，是有着无拘无束、富足平和的生活，人们在其中享受生命，享受人生。1949年上海解放后，我满心欢喜地以为自由、民主、平等的梦在中国会实现。可是，从抗美援朝开始，强加在我们身上的政治运动，一个接着一个，人们已失去了客观标准，也不可以有自我判断，一切都要以一个人的意志为唯一意志，一个人的思想为唯一思想。我开始把我的自由浪漫的本性、天马行空的性格加以压抑，我的生活被扭曲、行为被扭曲、心态被扭曲、思想被扭曲。更可怕的是，我们大多数人，都觉得它是理所应当的。反之，当我下意识地反对这种被扭曲时，我还会自我挞伐，认为自己是一个没有被改造好的资产阶级知识分子。

多少年来，我从思想上的被禁锢到身心的被禁锢，已经快成为一个植物人了。我多次想摆脱它，在青海甚至浮起过逃亡的念头，但是，它是如此的短暂，就像放出的焰火烟花，一闪就偃息了，那丝光明立即消失在无边无际的黑暗中。我只能将它视为不切实际的幻想。从青海调回到北京，进入中国人民保卫世界和平委员会——"和大"——这个外事单位工作，成日和外国打交道，让我沾沾自喜起来，我又做起另一个梦，希望有朝一日，能到西方去，实现我触摸另一种生活的愿望。

　　我现在终于认识到，我之所以最后选择离家出走，并不只是单位要我写检查并批斗我那么简单，而是一种争取自由的最后挣扎，也是一场重生和死亡的搏斗。在搏斗中，我虽然活下来了，但是，我却跌落到开罗魔鬼的深渊，受到了人身的禁锢。一年多的禁锢生活，更让我失去了自我，丧失了自尊。我的头脑和行为将要被监狱里的犯人们所同化，在我心灵中唯一剩下的只是求生欲，几乎和一个野兽没有什么差别，只要活下去，我甚至可以为了一包纸烟、一顿饱食去向他人求乞，最后唯一剩下的理性，就是不要因我而再给家人带来更大的不幸。

3　善良的韦伯先生

一夜辗转反侧，直到我的脑细胞实在太累了才昏昏沉沉地睡去。第二天一早醒来，迷迷糊糊的我以为自己还在监狱里。可是我嗅到了清新空气的味道，还听到了小鸟悦耳的叽叽喳喳声。监狱是听不到鸟的叫声的。我慢慢地睁开眼睛，环视一下周围，记起了这两天来发生的一切。我开始完全清醒了，猛地从床上蹿起，打开窗户。楼下竟然是一个美丽的花园。四月的天气在德国还是早春季节，花园里的绿叶还刚刚吐出新芽，春花还在含苞欲放，但已经能闻出春天的气息。我贪婪地呼吸着新鲜的空气，干枯的心开始苏醒过来：我还活着，这就很好了。

九点过后，我来到韦伯先生极为简单的办公室，这里收拾得干干净净，一尘不染，看起来跟这位老人一样令人舒坦。他从办公桌的抽屉里拿出五十马克给我，说是我这一星期的零用钱和饭钱，并建议我到城里去逛逛。接着，他又拿出明斯特市的市区图，指指点点跟我讲了乘车路线。

"我一个人吗？您不跟我一起去吗？"我有点不相信地追问了一句。

"当然了。我是在上班时间，不能陪您。祝您玩得愉快！"韦伯先生冲我挥了挥手。

我高兴地走出他的办公室，怎么也止不住心里的激动。德国的确不再是纳粹德国了，我对它的戒备和偏见突然消失了。当我在走出接待所的那一刻，我忽然伸出双臂，仰天长啸："我是一个自由人啦！"

看着韦伯先生给我的五十马克纸币，我心里很好奇这五十马克究竟是多少钱？正好，看见路对面有一个香烟店，我想，买一包烟就可知道马克的价值了。这也是在埃及监狱养成的习惯，没想到这习惯还能给我带来灵感。

"Guten Tag！"女店主面带笑容对着我说了一句。我不懂德语，但看情况，估计是问好的意思。

摊子上摆着花花绿绿的杂志，香烟则摆在柜台后面的架子上。我看了又看，没有一个牌子是我熟悉的。我一时拿不定主意，买哪种牌子的香烟，傻傻地站在那里。

"Was kann ich Ihnen hilfen？（我能帮助您什么吗?）"女店主发问了，我又没有听懂。

"我要买一包香烟，有英国牌子的吗?"我用英文问道，还用手比画了一个抽烟的姿势。英国香烟我比较熟悉。过去，中国市面上的外国烟主要是英国产的，如三炮台（Three Castles）、三五牌（three Five）。显然她不会说英语，但还是明白了我要什么，于是拿出一盒蓝色包装的Rothmanns牌香烟递给了我，我就把手中的五十马克全部递了过去。她看了看，看似很为难的样子，对我叽咕了半天，连说带比划，我一句也没听懂。不过我猜测，她大概是找不开钱。接着，她又摆了摆手，示意我等一会儿，就转身进入后屋，不一会儿，她拿出一叠纸币和钢镚儿，递给了我。乖乖，五十马克还真值钱！我想起我在上海读中学时，上海人形容别人有钱，叫"ma－ke－ma－ke"，与"马克马克"发音极为相似，我现在也"马克马克"了。我捧着钱高高兴兴地离开了烟店。

按照韦伯先生的指点，我很快就找到了市中心。走进一家百货大楼，我一下子愣住了。这里的商品琳琅满目，无所不有，令我眼花缭乱。我的思绪又"切换"回中国，买布要布票，买肥皂要肥皂票，买肉要肉票，买油要油票，而且还限量供应。平时买菜买粮都要排长长的队，最经常听到的一句回答是："没有。"而这里的物资如此丰富多样，我心中简直妒忌得要冒火。

给我印象最深的是三楼有一个卖工具的部门。钻、锯、钳、刀、钉、锥、锤，各种各样，十分齐全。我很喜欢做手工活，对各种工具非常感兴趣，但在国内，一般很少见到这样全的适合家用自己动手的工具。再看看标价，我再次确信，五十马克确实是一笔不少的钱，要是用来买工具，足可以开一个小型修理站了。

走在明斯特的大街上，我没有见到穿着笔挺制服、携带武器的军官或者士兵，没有一个，只有各色行人坦然地各奔自己的目的地而去。军国主义德国的痕迹是无处可寻了，我觉得自己开始喜欢德国，住在这里好像很不错，我想。

偶尔向路边一瞥，我看到了一家小面包店，几个精致可爱的小白面包陈列在橱窗里，看上去很诱人。我已不记得，这样的小白面包，有多少年没吃过了。好像还是我小时候在上海，经常会遇到许多外国人开的各种面包点心店，记忆里曾经吃到过。小孩子家，有新鲜的吃食总是非常开心，也会留下异常深刻的记忆。战争中的上海，也是一个国际大都市，能够接触到许多国家的风物特产，再后来就见不到了。如今再见，竟然是这么多年以后的德国，真不可思议。我当即走了进去，买了两个，只花了一芬尼，这说明，这五十马克不但够我一星期花的，还绰绰有余。走在马路上，我边走边啃，真没想到，这面包那么香甜可口，混合着小时候的味道记忆，很快就吃光了。我干脆又折返回去，自己又买了够两天吃的大小面包，有白的、灰的和黑的。

又一个漂亮的小店吸引了我的注意，走近一看，原来是个小书店。我是书迷，当然非进去不可。可惜店里陈列的基本都是德文书，我拿起又放下，最后发现了一本厚厚的英文书《德国指南》，如获至宝，就毫不犹豫地把它买了下来，它几乎花去了我的五十马克的三分之一。工具和面包那么便宜，书怎么会这么贵啊？我不理解，但"书比粮食贵"的特点开始给我留下印象。

回到招待所，我抱起那本《指南》书，立即开读。这书买得真值，内容包罗万象，涉及德国的方方面面，德国的历史、文化、党派议会制度，经济政策的实施，战后的民族自我反省，还有风光和交通。这本书让我对德国有了一个初步印象，加深了我对她的好感。我读得爱不释手，连门也不出了。

韦伯先生两天没有见到我了，有点放心不下。第三天早上，他很有礼貌地敲了敲我的房间门。我当时正在专心地阅读《指南》，兴致来了还在书页边缘空白处写评语。听到敲门声，我先愣了半天，才反应过来去开门。

"关先生，您真了不起！"韦伯先生进来后，见我在读《指南》，很高兴地对我说。

"为什么？"

"在我这里住过许多外国人，我很少看见一个人像您，一来就这么关心德国的。有空请您到我家来，我有一些英文书，可以借给您看。"

"真的吗？什么时候？"我高兴地问。

"下一个周末，我和太太商量一下，再告诉您。"

自从我住进招待所后，韦伯先生对我一直非常照顾。他有时约我去散步，有时约我一起饮咖啡。到了他约我到他家去的那一天，我非常紧张，很想趁这个机会送一份礼物表示一下谢意，却不知道送什么好。把自己为数不多的财产翻了个遍之后，我偶然间打开箱子，看见了我在国内机场买的两件丝绸衬衫，这不是很好的礼物吗？代表着中国古老精致工艺的丝绸制品，想必能让韦伯先生开心吧。

韦伯先生接到这个礼物，高兴得不得了。他不知在我面前重复了多少次，说这是他有生以来第一次拥有丝绸衬衫。他的妻子韦伯太太也是一个非常善良的人，像母亲一样对我关心备至，问长问短，当我把我的简单经历和在开罗的经过毫无保留地告诉他们时，他们对我更是同情之意溢于言表，韦伯夫人听得都掉下泪来。

"韦伯先生，您还记得吗？我初来的时候，您让我出去散步，我问您，让我一个人出去？您当时不能理解，觉得这问题问得很奇怪，现在您知道了吧！我当时对自由已经失去了概念。"

"比德，你到开罗，是非法入境，你到德国，是正常入境，性质完全不一样。而且，我们这里是一个民主国家。"韦伯先生耐心地解释着，让我心中对埃及政府的行为有了一份新的理解。

"韦伯先生，我想和您谈一件事。"我忽然一本正经地问他。

"什么事？"他也严肃起来。

"我想在德国留下来。"

"好极了。我也希望你在德国留下来。美国的政治风气太厉害，最好别去那里。不过……"韦伯先生突然顿了一下。

"我从来也没有计划去美国啊！不过什么？"

"可是据我所知，美国人想要你。"

"噢！是吗？美国人到现在还打我的主意？"我又绷起了警惕的神经。

"先不理它。只要你自己不愿去美国，没有人敢来强迫你。你想留在德国做什么呢？"

"先读大学，把德文学好。我在埃及的时候，就发过誓，哪个国家第一个接受我，我就学她的语言。"

"学完了呢？"

"就留在大学教书，向学生传授我们中国的文化，就像欧洲的传教士把欧洲的文化带到东方一样。"说完这番话以后，我自己都惊讶，怎么会不假思索就说出这样的话来。

"好主意。我在阿根廷的时候，也教过德文，这对自己也是安慰。不过……"

"不过怎么样？"

"德国不是移民国家，你到德国来只是过渡性质的。"

"那我该怎么办呢？"

"最好你能联系好一个接收你的机构，如果有机构愿意接收你，谁都不能赶你走了，因为这里是一个自由的国家。"

当天晚上，我一回家，就写了一封英文信给联合国驻德高级难民委员会，表示我想留在德国的想法。没过两天，就接到了回信。

亲爱的关先生：

您 1969 年 3 月 30 日的信收悉。虽然我们还不曾相识，但请您相信，我们并没有忘记您的事，因为它的确是一件棘手的事。

当我们向德国方面申请您入境时，所得到的答复是：居留只是暂时的。最后的解决办法是另找第三个国家，这才为您取得了德国的入境证明书。

恐怕我给您的这个消息将会令您失望，但我还是坦率地告诉您，您无法留在德国，我希望您还是尽快申请到其他国家的入境许可。

我将及时向您通报事情新的进展。

费绪·迪斯考

（联合国官员）

1969 年 4 月 3 日

信封内还附有几页去美国的申请表。

韦伯先生也觉得很奇怪，明摆着他们希望我到美国去，为什么信里不直接点出来？

"美国当然是个好地方，"韦伯先生说，"那里比德国还自由，但是，不一定适合你，因为你去那里，就会被变成一个政治人物。他们越想要你，越说明里面有问题。美国什么都想插一手，我在阿根廷的时候，见得多了。你不要着急，等等再说，先别填申请表。"韦伯先生提醒我。

"我也是这么想的。"我说，"美国与中国为敌，自然需要中国的情报。我逃到开罗后，中国方面一再要埃及政府遣返我，说不定给美国一个错觉，以为我是中国的重要人物，会掌握许多机密资料。其实，我只不过是一个单位的小职员，又有什么国家机密可掌握呢?"

"比德，政治就是政治。当我在阿根廷生活的时候，就拼命不和政治打交道。政治这个东西太肮脏了。千万不要被卷进去。"

"如果我顽抗到底不去美国,他们会不会恼羞成怒,软的不行来硬的?"

"我看不会。德国是个民主国家，不会让美国乱来。不过……"

"不行，不行，我死也不能去美国，不然这一辈子也洗不干净。您能想办法帮我在德国留下来吗?"

韦伯先生沉默下来，想了一会儿摇摇头说:"我只是一个小小的公务员，没有什么影响力。西德是个民主国家，美国也不会随便乱来的。就看你自己了。"

第二天早上，韦伯先生为我打听出来，明斯特大学有个中文系，系主任是翁格尔教授（Professor Unger），一个从东德逃到西德来的人。韦伯先生说:"我觉得你有足够的条件在大学里传授中国的文化，你有丰富的知识，有语言的底子，为什么不去试一试?"

经韦伯先生这么一提，我越想越觉得自己有条件，并且天真地认为，那个教授既然是从东德出来的，我们好歹也算是社会主义兄弟，他应该会设法拉"兄弟"一把吧。

为了找大学中文系的地址，我几乎把明斯特的内城都走遍了，险些怀疑那个中文系是不是我的幻觉。后来我才知道，在欧洲，一些大学建校很早，有的已有一二百年历史了。那时的大学规模小，系科也很少，随着发展的需要，才一点一点扩大起来，故而没有一个集中的校园，各系科都分散在城市不同的角落。攥着一张德文的明斯特地图，按照韦伯先生用粗红笔划出的一条曲里拐弯的"线路"，我像一个目不识丁的寻宝者，终于满头大汗地在明斯特城的一个角落里，把那个寄托着我无限美好希望的中文系找到了。

在这个又老又狭窄的大学中文系教学楼里，坐着一位年纪比我大不了多少，但看着满腹经纶的中文系系主任翁格尔教授。他的英文不太熟练，但对我的拜访很感兴趣并直率地告诉我，他也是多年前从社会主义的东德跑出来的。他表示，明斯特大学中文系很小，申请一个新编制几乎不可能，就把我介绍到邻城波鸿大学中文系的格林教授（Professor Grimm）那里去。

4　波鸿大学的"造反派"

波鸿这个德国鲁尔区的工业城市离明斯特不远，坐一个小时的火车就到了。我很快找到了要找的人。格林教授已年过五十，说着一口流利的中国话。他从小随父母在中国住过多年，父亲在中国行医，对中国有深厚的感情。他见到我特别高兴，表示极愿意协助我在德国留下来，但要我耐心等待机会。当他知道我在德国没有一个熟人时，就说："我们波鸿大学有一个中国来的博士生，河南人，叫程天牧，你可以跟他认识一下。"

我一听说在波鸿有中国人，当然高兴得不得了。按着格林教授给我的地址，我来到一个大学生宿舍，敲了门，一个个子不高、年纪大概三十出头的中国人，从他住的房间走出来，用惊奇的目光看着我这位不速之客。

"您找谁?"他劈头就用德文问道。

我因这意料之外的一问愣住了，他似乎明白过来，这才用中文说："你是中国人?"

"是的! 你是程天牧先生吗?"我有点紧张地问。

"我是。你是……"

"我是格林教授介绍来的。我姓关，刚从中国来。"

"台湾? 大陆?"

"北京。"

他本来吃惊又略带紧张的眉头舒展开来，立刻让身说："请进，请进。我这里太小太乱，你多多包涵。"说话间，他赶紧收拾一下桌子上椅子上摊的书和衣服，又忙着烧开水沏茶，完完全全的中国人作风。

在离中国万里外的欧洲，我能和一个有同样黑眼睛、黑头发、共同语言的同胞说话，感到特别亲切! 他那带有河南口音的普通话，如果我在北京听到，也许会觉得别扭，而在这里，听上去是那么亲切悦耳! 我有一年多没说中国话了，今天得痛痛快快地过过瘾。他那间屋子布置得很有中国一般老百姓过日子的特色，拥挤窄小，杂乱无章，让我仿佛又回到了中国。

“我是从中国逃跑出来的。”我开门见山地自报家门。

“什么？”他手里的茶壶差点掉到地上，“从中国逃出来？这怎么可能？”

“正因为想活，才冒命一试，一言难尽啊。”

“到德国来多长时间了？”他紧接着问。

“两个星期。”

他的眉头又紧缩起来，眼睛里透出不信任的神态。我心里想，他一定是通过正规途径来到德国的，很可能就是国家公派出来的，现在突然面对一个逃出来的家伙，他当然紧张。

“聊聊国内最近文化大革命的形势好吗？我们在国外消息很闭塞。”他突然问。

我想他这是要试探我的政治倾向，毕竟自古跟“逃”字沾边的人，多半有政治上的立场问题。我其实并不想谈政治，我是来叙乡谊的。但既然他这样问起，我只好开门见山了。不然会更增加他的怀疑。我向他开诚布公地简单介绍了一下自己，并亮了自己的观点，然后说：“我拥护毛主席发动的无产阶级文化大革命，但我反对群众斗群众，我就是红卫兵派系斗争的牺牲品。我们应该把斗争的大方向指向党内走资本主义道路的当权派身上，指向那些吃香喝辣、坐在轿车里永远拉着黑窗帘的官老爷身上。”我一口气说完，脸被憋得通红。

随着我的叙述，他紧张的脸一点点松了开来，等我说完，他绽开笑容说：“走！到食堂吃饭去，看看这里的造反派精神！”他也不征求我的意见，穿上外套，拉着我风风火火出了房间。

一进大学食堂，我傻了眼。我好像又回到了北京，墙上、桌子上全是大字报和印刷品，但都是德文的。

“你看，咱们中国的文化大革命已经影响到欧洲来了。大学生也开始罢课，给教授贴大字报，到街上去游行。毛主席的画像已经被印在红旗上，在他们的心目中，毛主席是一个伟大的世界革命领袖。作为中国人，我感到自豪！”

“你呢？也参加了？”我问。

“我当然也参加进去了。我是造反派。”他神情颇为自豪。

迎面走来两个德国学生，他们是程天牧的朋友。当他们知道我刚从中国来，就把我当成了“同志”，问东问西。先是程天牧做翻译，后来大家索性用英文和我直接对起话来。学生越围越多，都想知道中国的近况。

真奇怪，我其实是一个"文化大革命"的逃兵，现在在这里反像一个凯旋回来的英雄在大众面前讲演，什么叫三结合？大联合？为什么要砸四旧？四旧到底是什么东西？为什么要向反动的学术权威斗争？为什么要斗争走资本主义道路的当权派？什么叫做两条道路的斗争，什么叫做"二月逆流"？我开始有板有眼地向他们解说起来。当然最生动的则是向他们介绍北京大学两派斗争和清华大学贴大字报闹革命的故事，身为当事人和目击者的我讲得有声有色、眉飞色舞、手舞足蹈，大家听得津津有味，最后全场拍手叫好。天牧也一脸得意的样子，似乎是以有我这样的朋友而骄傲。和这些新朋友们说得兴起，我这一年来那些对"文化大革命"的反思和怀疑在这种时刻被这些盲目崇拜的学生冲击得无影无踪。

天牧竟然也有一辆汽车，虽然是一辆看起来破破烂烂的大众汽车。他告诉我在德国买车不难，质量也好，有了车，出行非常方便。吃过饭后，他开车送我回汉堡。

回到住处，我久久不能入睡，仔细想想白天自己在波鸿大学的表现，已经退去的造反狂热，好像又被激活了。我明明是受害者，因此逃出了中国，为什么在今天的气氛下，表现得如此积极呢？

我回忆起了自己的心路历程。从毛泽东发动"文化大革命"的第一天开始，我就紧紧跟进每一个指示。毛主席提出改变旧世界，创造新世界！他发动中国的年轻人起来向旧世界开火，多么了不起啊！他老人家把这叫做"文化大革命"，静下心来，好好想想，简直是真知灼见！因为只有批判和摧毁世界的旧文化，才能建立起世界的新文化啊！天安门城楼上挂着"红旗插在北京城，旗角飘向东南亚"的标语，读起来多么意气风发，令人心潮澎湃，我们的毛主席必将是世界革命的领袖。就算自己身上发生了这样的事情，我依然觉得他老人家是英明伟大的，他说得多对啊，反对走资本主义道路的当权派，就我亲眼目睹，亲身经历，确实有一些当官的，说话行事跟过去的资本家和官老爷没差别，这些人把持着权力，社会主义和共产主义怎么建设？来到德国波鸿大学，见到那么多青年人敬仰中国的领袖，我心里当然十分高兴，毕竟我是中国人啊！我半是自豪半是炫耀地告诉他们，1966 年 8 月 18 日，毛主席第一次在天安门城楼接见百万红卫兵，全世界许多左派政党都派代表团来了。那天我也很荣幸地陪北京常住外宾们上了天安门城楼，亲眼见到了毛主席，与他的距离只有几米之遥，我激动得不知如何是好。大家向我投出羡慕的眼光。

这一幕又一幕令人激动的情景，又出现在我眼前。我还记得，不但是那些红卫兵，就是那些站在天安门左右两边观礼台上的外宾们，见到毛主席向他们招手，也都疯狂了。他们也高举毛主席语录，跟着红卫兵，高喊"毛主席万岁"。我那天感到特别幸福，回家后还写了一篇"永远忠于毛主席"的日记。

想到这里，我开始责问自己，既然如此，那么，你为什么要在一年半后，冒着这么大的风险，逃离祖国呢？

我的思绪又把我带回我离开北京前的回忆中去。也就是"8·18"那天，毛泽东在天安门城楼上接见了中央政治局委员宋任穷的女儿宋彬彬，我亲耳听他对她说："你为什么叫宋彬彬，应该叫宋要武嘛！"接着林彪在天安门城楼上，在毛泽东旁边，号召红卫兵，破旧思想、旧文化、旧风俗、旧习惯的"四旧"，要改革一切不适应社会主义经济基础的上层建筑。我们要扫除一切害人虫，要打倒一切牛鬼蛇神！自那天起，红卫兵都换上军装，雄赳赳，气昂昂，走在首都大街上，开始破四旧：他们先是到王府井、西单，爬到商店的高墙上，把招牌、霓虹灯砸烂，接着找"地富反坏右"（地主、富农、反革命、坏分子、右派分子）所谓的"黑五类"，把他们不分老幼从家里拉到街上，拳打脚踢。只要有人在街上高喊：某某人是地主分子，那些红卫兵就不容分说，"把他打翻在地，再踏上一只脚"。部分高干和工农子弟，打着"革命无罪、造反有理"的旗号，手臂上绑着"红卫兵"的红箍，在街上兴高采烈地示威，高喊"龙生龙，凤生凤，老鼠的儿子打地洞"的侮辱性口号。我看到后，心里非常反感，希望上面有人出来制止。谁知，《红旗》杂志反而发表了《向革命的青少年致敬》的文章，《人民日报》评论员文章写道，"广大革命群众最热烈最坚决地支持红卫兵小将的革命造反精神"，"我们为北京市红卫兵小将们的无产阶级革命造反精神欢呼！金猴奋起千钧棒，玉宇澄清万里埃。红卫兵小将们正以毛泽东思想为武器，粉碎旧世界"。在消息旁边还配以社论《好得很！》。我那时候大概就有记者的细胞，把这些话都记得牢牢的。

此后，年轻的中学生，跟随着眼睛都斗红了的红卫兵大学生，和街道上一些不务正业的二流子，到处见古物、宫殿、寺庙就砸，无人制止，我就开始想不通了；接着红卫兵去文艺界名人家中去抄家，把中国古书、西方文化书籍、唱片看做毒草拿来烧，学秦始皇的焚书坑儒，无人制止，我更想不通了。又接着中央"文革"小组支持大学生到全国去串联，宣传闹革命，于是红卫兵就免费坐火车，到中国各地，甚至新疆、西藏，去砸中国千年留下来的文化古迹。接着许多老革命家一个个头上戴上高帽、脖子上挂着侮辱性牌子游街，刘少奇、彭德怀、陶铸、张闻天，这些一个个曾经名字如雷贯耳的人物，被推搡辱骂，那情景，让人不忍直视。

为什么大学生的不同造反组织之间要武斗？辛辛苦苦培养出来的高级知识人才，怎么像野兽一样厮打？为什么侮辱大学教授和中学老师？再接着是，听到沈阳、武汉、南京军区内部也分成两派，出现了武斗。这样发展下去，岂不要发生内战？中国岂不大乱？

难道推翻旧世界就是这样吗？一些坏心眼的人在兴风作浪，大捞好处，无辜的群众变成牺牲品？一句无心的牢骚，一个无意识的举动，都可能把你定为反革命分子，这到底是旧世界还是新世界？学生迫害老师，亲人反目成仇，这真的是一个人人向往的新世界吗？

单纯肤浅的我，也头脑发热地跟着贴大字报，本来以为这是消除官僚主义的好事，是积极跟党走的表现，然后就身不由己地陷入了单位内部派系之间的斗争，然后发现本来是死对头的两派联合起来，要批斗我这个大反派，于是我逃了，变成了千夫所指、万人咒骂的叛徒，是反革命，是人民的敌人，是人人都可以讨伐诛杀的罪人。多么有讽刺意味的一出荒诞剧啊，可这不是剧院里的表演，而是活生生的残酷现实。我心中的一个长期相信和自豪的东西，瞬间崩塌粉碎了。

现在我在这里无依无靠，苟延残喘一般活着，迷茫困惑如行尸走肉，无数次产生"了此残生"的绝念。但是，我是个懦者，我觉得自己还年轻，即使死了，也就像一滴水蒸发，人们不会在意，不会了解，我还要背着"叛国"的罪名直到世界毁灭。我死了固然解脱，母亲妻儿作为罪人的家属，会好过吗？母亲在我身上倾注了那么多心血，我就这么辜负她一生的期望，懦弱地结束自己的生命？在青海的时候我也曾在死亡线上挣扎过，不也回来了？我现在有吃有住，无病无痛，看得见太阳，闻得到花香，为何不活下去？被毁坏的，也许是另一种解放吧。想到这里，我呼呼大睡起来。

5　一个美丽的波兰姑娘

接待所里，一共住了三个人。除我以外，一位是来自捷克的工程师，叫沃罗沙。另一位是来自波兰的女大学生，叫安娜。我住进来的时候，韦伯先生跟我提起过他们，后来认识了之后就慢慢地熟悉起来。

安娜很漂亮。她有着自然微卷的披肩金发，嫩白如雪的皮肤，长长的睫毛，笑起来的两个酒窝，让人忍不住沉迷。这样的容貌和气质，我以前只在电影中见到过。我虽然一开始面带微笑地看着她，但当和她双目一接触时，我竟难为情起来，低下了头，心中联想起希腊神话中的健美女神阿芙罗狄娜。明艳不可方物，我不禁这样想。

安娜长得真美，和美珍、露西的美完全不一样。她美得令人眩晕。她最诱人的地方是她高高耸起的胸脯和她那两条细长的玉腿。我在中国的时候，不要说见不到女人有这样凸凹有致的线条和这么修长、均匀的腿，就算有那么一点造物美好的恩赐，也会从脖子到脚脖，全部被长衣长裤遮掩得严严实实。安娜一定也知道她得天独厚的美丽身材，常常身穿一条迷你裙，或动或静，风情万种，分明是对男人的挑逗。

我发现我在强烈地妒忌着沃罗沙，因为他总是形影不离地跟在安娜的左右。一个白天，我想向沃罗沙借剪子用，一推开他半掩的房门，正好撞上安娜也在那里。我立刻退了出来，回到自己房间，回想起他们双双拥抱在一起亲吻的热乎劲，心还在怦怦地乱跳。同时，我心中莫名升腾起嫉妒之火，熊熊燃烧，难以忍受。

已经不记得，自己多少年没有如此亲昵的行为了。结婚十年，一个接一个的政治运动，人被扭曲到谁多想男女之事，就是大逆不道。和妻子美珍九年分居两地，在一起的机会少之又少。"情到不堪回首处，一齐分付与东风。"眼下，被这对洋男女的接吻场面一刺激，我那被压抑多年的对女性的渴望，突然被激活了。我竟鬼使神差地希望自己是刚才的沃罗沙。

星期六早晨，春光明媚，我懒洋洋地起了床，漱洗完毕，到厨房去准备早餐。安娜正一个人坐在里面喝咖啡。她松散地披着一件晨衣，里面的睡衣也露了出来。一头金发乱蓬蓬的，释放出诱人的青春气息。自从两天前无意撞到她和捷克工程师的缠绵以后，我总设法避开他们。我想到厨房拿点吃的，也要确认厨房没人才进去。只要听到有他们说话的声音，我总是躲在房间里不愿出来。一年多的监牢禁锢，我发现自己已经失去了与异性打交道的勇气。

本来我以为厨房没人才走进去的，现在退出去，显得太不礼貌，还特别突兀，可是要走到冰箱那儿，就一定要经过她的眼前。我只好硬着头皮，大气不敢出一下地继续朝着冰箱走。短短的几步，我走得如履薄冰。

"早上好！今天天气真好！"还是她打破了这尴尬的场面。

"早上好！你的男朋友呢？"我一定是思绪太混乱了，脱口而出的竟然是这句话。

"你是说沃罗沙？他两天前就走了。他不是我的男朋友。"安娜神情自若，完全没有察觉我的异样。

"走了?！我两天前还看见他和你在一起……"我忽然打住，我的舌头在痉挛，脑子想的和嘴里说的是两码事。两天前？是不是他们正好告别，给我看见，误会了。

"他在德国南部一家公司找到一份工作，收入很不错。"安娜的回答很平静，好像什么都没发生过似的。

"你呢？你在这里等什么？"我不知何故，心情好起来。

"和你一样，等着到美国去。"她的语调很轻松。

"到美国去？和我一样？是谁告诉你的？"换了别人，我可能又会激烈地反驳吧。

"我听说的，不是吗？"她略显诧异。

"我自己也不知道。"想到目前的处境，我只能这样回答。

"美国是最自由的国家，又富有，很多人想去还办不到呢！"

"你到美国去做什么？"我打起精神继续问。

"我先上大学，然后呢，找一个有钱的丈夫。"她笑了笑说。

"美国是中国的敌人，我怎能去美国？我的一家都在中国呢！"

"我的一家也都在波兰，出来以后就不能想那么多了。"安娜英语说得很不错，她告诉我，她是华沙大学英文系的学生。我们之间的谈话气氛变得没有那么拘谨了。

"从波兰到德国来很容易吗?"

"不容易。我是通过第三方国家绕道出来的。你从中国出来,一定也很困难吧?"

"非常非常困难,我是冒了生命危险出来的。"我说完现出很懊丧的样子。

安娜脸上露出诧异然后又释然的神情,她走到我面前,拍拍我的肩膀说:"我能理解,因为我们都是从同一个制度的国家出来的人。不说那些让人伤心的事了。总算出来了,我们应该高兴才对。是不是?今天你想干什么?有约会吗?"

"约会?和谁?"

"天气那么好,我们出去走走,好吗?"她主动地问我。这对一个中国女孩子来说是不可思议的,我想。

"我的确要到城里去买一点吃的东西。"我不假思索地回答,其实冰箱里还有一些存货的。

"太好了,那我们一起去采购,然后一起做饭吃。怎么样?"

安娜不但艳丽动人,而且是一个乐观开朗的姑娘。她是如此年轻、充满活力,一路上有说有笑,哼歌蹦跳,天真烂漫,不但没什么顾忌,而且有点挑逗性。无论走到哪儿,都受路人瞩目。对她来说,大概她已经习惯了,熟视无睹。

我们到了市中心。路过一个喷水池的时候,正巧水池旁边有一街头音乐家正用手摇音乐盒子演奏《多瑙河圆舞曲》。安娜拉起我的手,兴致勃勃地跳起舞来。这可是大街上啊,我一时有点不知所措。她却没有停下来的意思,随着音乐不停地旋转舞动,含笑的眼睛一直盯着我,本来身体僵直的我不由自主地跟着她舞动起来。

美丽的姑娘翩翩起舞绝对是一道亮丽的风景,一时间不少路人驻足围观。还没经历过这场面的我起初有点不自然,跳得笨手笨脚的,但我可是当年大学里风靡一时的跳舞王子啊!各种舞步的跳法迅速在我脑海中翻腾起来,我很快就适应了节奏,拥着她潇洒地旋转起来。围观的人们面带微笑看着我们,还有人鼓掌喝彩。一曲终了,安娜拉着我向大家大大方方地鞠躬致意,然后我们一起笑着离开水池。

这些天来,我消沉忧虑,心情坏到极点,现在这样一个充满活力的金发女郎相伴，整个人受到了感染，精神为之一振，我突然想好好做顿饭吃。

"你吃过中国饭吗？"我问安娜。

"没有，只听说过，但没有吃过。"

"今天我做顿中国饭给你吃，好吗？"

"真的！太好了！你请我吃饭，我请你喝酒。"说完，安娜搂住我亲了一下我的脸。

我的脸立即发起烧来，身体里一股热流直往头顶上冲。被一个女人在大庭广众前面搂住亲，这真的是有生头一回，还是一个如此漂亮的西方女郎！我恨不得大喊："世界上的人们！你们不嫉妒我吗？"

说实在话，连我都嫉妒我自己。天上竟飞下来这么一个仙女，我能跟她如此近地接触，难道是我这一生来受屈太多，天帝派她来安慰我的？但我记得法国作家巴尔扎克在他的一本书中描写过这么一段话："一个年轻貌美的女人，绝不肯让一个男人对她存着唾手可得的心。把恋慕之情压在心头而自作端庄的举动，比最疯狂的情话更来得意义深长。"可是，我肯定，安娜并未向这方面去想，我只是自作多情而已。

做中国菜所需要的葱、姜、蒜等作料，在超市里基本上都能买到，只是没有中国酱油。我们找了好几家商店，买到的德国产的酱油，颜色虽然与中国酱油相近，但气味完全不同。

在厨房里准备菜肴的时候，我完全沉醉在安娜的倩影里。真没想到，一个女性的魅力能如此之大，使我暂时忘记世上的一切。我知道，目前唯一能够向安娜表达我心底恋慕的举动，就是做出一顿像样的中国饭来。不知不觉，天已经黑了下来。安娜出现了。她身穿波兰民族服装，脖子上结着一条粉红色丝巾，蓝色方格子呢裙上，围着一个短围兜，嘴唇上涂的唇膏和肩膀上垂下的链珠颜色相呼应，脸上的微笑犹如春风拂面。一眼就能看出，她精心打扮了一番。

"怎么样？一个波兰姑娘。"她迈着舞蹈步伐围着我转了一个圈。

"太美了！太美了！"我笨嘴拙舌地说不出第二个句子。

我立刻解下做饭的围裙说："你等一会儿。"

我回到自己房间里，很快地沐浴一番，换上一件和送给韦伯先生一样的短袖绸衬衫，再穿上从国内带出来的那件红色开司米羊毛衣，打上我唯一的那条领带，再换上一条西装裤。收拾完毕之后我在镜子里照了照，觉得自己还是个帅小伙子。

　　还有什么能打动她的心？我想了又想，对了，音乐！我抬头看到我放在衣柜上的那把小提琴，已经很久没拉了，落满一层薄薄的灰尘。我把它拿下来，调了调音，拉了几个熟悉的曲子，声调依然柔和。我于是边拉着琴，边回到了厨房。

　　一进入厨房，我的眼前又是一亮，刚才被我弄得一塌糊涂的厨房这会已经收拾得齐齐整整。小圆桌上，铺了一块白桌布，还点上了一支红蜡烛。那种西式情调让我回想起少年时代和露西在老上海的咖啡厅里喝咖啡的情景。我的心不由自主地愉悦起来，连着拉出几首我心爱的常拉的舒曼、舒伯特、肖邦的抒情短曲，它们都是我在上海学小提琴时，从犹太大师福阿（又译成福安）那里学来的。真没想到，我会在离上海万里之遥的德国，在一个美如天仙的波兰姑娘面前演奏它们。

　　多少年来，我的心情是第一次如此放松从容，如此浪漫舒畅，连我自己都被这动听的旋律所打动了。安娜的眼神告诉我，她已经被这美妙的曲调征服了。我越拉越兴奋，当我拉起施特劳斯的《蓝色多瑙河》时，她就情不自禁地跟着舞动起来。她的动人形貌使我想起了美国二十世纪四十年代的一部电影《小鸟依人》。我曾为片中的女主人公着迷了很长时间，而我眼前的安娜比她更真实，更迷人。

　　曲终，我放下小提琴，端起酒杯，触景生情，于是感叹万分地用中文大声吟出了两句诗："同是天涯沦落人，相逢何必曾相识！"然后一饮而尽，仰天大笑起来。安娜问我朗诵的是什么，我不好回答，就说，这是一句中国祝酒词。她让我翻译成英语，我说，还是给你讲这段故事吧："一千二百多年以前，当时是中国的唐朝，有一个著名大诗人白居易，被贬官他乡，情绪低落。某晚，他邂逅了一位同样人生不如意的才情女子在弹奏动听的音乐。在那冷寂的夜晚，俩人仅仅凭着曲调和旋律，就相互吸引相互怜惜，初次见面却引以为知己。于是诗人写诗感叹道，同是天涯沦落人，相逢何必曾相识！"

　　我又轻轻地拉起美国电影里的《魂断蓝桥》插曲。这个曲子是那么温柔，那么动人，却能在不经意间拨动感情最柔软的那根线。少年时代的我曾被这首曲子和它所歌颂的爱情无数次地感动过，如今经历过世态炎凉和生活艰辛之后再次拉起它，心竟随着琴弦一起颤动。安娜听后，轻轻低下了头，仔细看时，她美丽的面孔上挂着晶莹的泪。

　　原来她也是个性情中人啊！她平静了一会，开口说："西方有这么一句话，'愤怒出诗人'。愤怒其实是与痛苦联系在一起的。西方文学历来有悲剧的传统，《荷马史诗》已经开了先河。我对中国毫无印象，以为中国文学没有悲剧，你背诵的这首诗既具体又抽象。"

　　"只是，中国文学的悲剧多是来自文人自己的感受。"我说。

　　"不见得吧！问题是你如何理解文人这个概念。在波兰，文人和知识分子的概念不一样。我们波兰人认为，文人的境界比一般知识分子为高，更感性化和戏剧化。因而写出来的诗文更多的是忧郁和悲伤。比德，你是文人吗？"安娜脸上露出询问的神情，在烛光映照下更显得娇柔无比。我惊讶，她竟有如此见识。

　　"我不知道，自己是否够格算一个文人。我只翻译过两本俄文书而已。"

　　"你是的！就凭你背诵的这首诗，我可以从你的眼睛里读出你的痛苦。能告诉我你的故事吗？说出来也许好受些。"安娜又给我倒了一杯酒。

　　安娜真不是一般的姑娘，我自责自己判断力太浅薄。我一向太感性，对人，对政治都缺乏鉴别力，我以为她只是个漂亮单纯的姑娘而已。没想到，异国他乡，还能遇到她这样的红颜，真是难以想象。带着酒意，我缓缓地对安娜倾诉了我的人生故事。

　　我向她简单地回忆起 1949 年中国共产党推翻国民党腐败统治前，我在日本侵略和内战的炮火声中成长的经历：我长期在外国租界里生活，在教会学校中受过西式教育，受西方文学的熏陶。在青少年时代，我就背过莎士比亚的原文诗，也读过巴尔扎克、大小仲马、狄更斯、杰克·伦敦的文学作品，一直做着留学西方的梦，这一切塑造了我的世界观。1949 年共产党领导的红色革命成功，建立了新的国家，我随着大多数年轻人，满怀欣喜地转身投入到革命的洪流中去。结果又走到另外一条路上，批判旧世界，献身新中国的社会主义建设，当上了社会主义导师苏联派来的专家的翻译。苏联成为了我们的榜样。马克思列宁主义理论我没学好，却不经意间跨入了俄罗斯文学的大门。高尔基、普希金、车尔尼雪夫斯基、托尔斯泰，不同时代的俄国文学，在文学天地上给我展开了一个新的画面，令我神往。1957 年的"反右"运动，由于我的自由主义思想泛滥，不紧紧跟随无产阶级的革命潮流，因此我被定性为中右分子，"流放"青海——也就是中国的西伯利亚——改造，几乎丧命天涯。我的人生观和世界观在这大自然的大漠世界，变得渺小和摇摆，我一度自暴自弃，丧失了人生的希望。我向她谈了我的婚姻和家庭，我在青海的放逐生涯以及1966年"文化大革命"的爆发。眼见我熟悉的世界被摧毁，一切都面目全非，我心中的恐惧却在日夜加深，与妻子的感情纠葛像最后一根稻草，压溃了我的心理防线。我盗用了一本日本护照奔向飞机，希望这能飞的机器给我添上翅膀，让我冲出牢笼呼吸自由的空气，没想到却成为了非洲的囚徒，逾一年半之久。如今我只身来到德国，家人音讯断绝，未来渺茫。

说完，我又拿起了我的小提琴，随着我感情的起伏，慢慢地自创乐调地拉了起来。由于我的整个精神状态完全沉醉于回忆之中，心情的起伏让我不自觉地拉出了动人的旋律，触及了我的灵魂，也触动了安娜的心。它既有西方的，也有东方的，《二泉映月》里的一些伤感的曲调也糅合在我那即兴曲里，安娜听着我的慢慢的忧伤音乐垂下了头，又流出了眼泪。大概，这是我这一生中拉出来的最精彩的即兴曲，可惜我没有把它记录下来。它和那美酒的香气一样，只停留在那个夜晚。

"你呢，能说说你的故事吗?"我问安娜。

———————————

安娜的父亲是德国人，住在西里西亚（Schlesien），在波兰一所大学教德国文学，她母亲是波兰人，安娜还有两个弟弟，原本是一个幸福的小康之家。他们本来生活得很幸福，可是第二次世界大战毁了一切。他父亲是一个反法西斯主义战士，帮助过犹太人，几乎为此被关进监狱。然而，二战后，西里西亚划归波兰所有，当地所有的德国人不得不迁往东德。他父亲则因为娶了波兰女子，被特许留了下来，加入了波兰籍，但日子很不好过。

安娜进入中学以后，也由于她的血统一半是德国人，受到孤立。波兰人曾被法西斯德国欺压屠杀，民族主义仇恨情结不是短时间内能解开的，这让安娜到处受到欺负和冷遇。安娜在少年时就暗下决心，有朝一日，一定要离开波兰，远走他方。安娜在华沙大学学英文，并和一个学工程的同学相恋，那男孩是纯波兰人。她父亲反对他们的交往，并且说，除非你们双双离开波兰，不然，你们是不会幸福的。两年前，那男孩幸运地拿到美国奖学金，去美国念书去了。近一年来，安娜忽然很少得到恋人的音信，她变得不安起来，于是下决心冒险经过第三国家逃到西德，现在正等美国大使馆的移民签证。

我们两个人越谈越投机，谈到宇宙间是不是有上帝？人活着到底为什么？有的人喜欢读书做隐士，有的人喜欢发明创造，有的人想发财致富，有的人喜欢搞政治想做政治领袖，我的目的又是什么？我向她表示，我这辈子绝不会参与政治，但我不会反对别人参加政治，如果他们真的希望自己的国家国富民强的话。安娜不认同我的观点，她说，搞政治的人绝大多数都是野心家，世界上又有几个真正的伟人是无私的？他们一旦手中有了权力，那些过去讲的富丽堂皇的话都会被抛诸脑后，想到的就是自己的名誉、地位、权力和利益。表面上看安娜只是一个二十来岁的女孩子，但她看问题是如此的有见地，英文水平之高也令我自叹弗如。

最后我们谈到了爱情。什么叫爱情？这一个词汇好像在新中国的词汇里已经被禁用多年了。我向她说，在中国的词汇里，革命是人生的唯一目的。男女之间的爱情被解释为资产阶级思想的产物，是不健康的，是与革命对立的。"你去谈情说爱，岂不把革命放在一边"，这是我的团支部书记对我的批判的发言辞。其结果是，谈情说爱只能是鬼鬼祟祟，偷偷摸摸的。

说到这里，我就想到，当时，1956 年，正是我与美珍发展爱情的高潮。政治运动打倒一切，它就好像一把利剪，把美丽的爱情花朵剪成凌乱的碎片，把美满的家庭冲击到妻离子散、家破人亡才罢休。我再也不愿说下去了。

"比德，你在想什么？为什么不说话了。"

这时我才发现，我想得太远了，赶紧抱歉地说："你的这句话，使我联想了很多。爱情在中国，已经成为了奢侈品，你去想它，会受到人们的讥笑和蔑视。"

"可是，爱是自然产生的啊！"

"可是，对我们现代的中国人来说，性欲或性交都是语言的禁区。精神恋爱才是最伟大的。爱是有阶级性的。你要爱工人、爱贫下中农、爱党、爱社会主义、爱国家、爱革命领袖，这才是纯洁的、正当的爱。但你如果去爱鲜花、爱美人、爱风景、爱青春，那你就要受到批判，因为这是资产阶级的温情主义。”

“你在说什么啊？你读过哲学家柏拉图式精神恋爱的学说吗？依我看，你们中国人受柏拉图学说的影响太深了。他认为：当心灵只向往着真理，没有性的欲望的时候，这种思想才是最纯洁的。而当灵魂被性欲所控制时，罪恶就产生了。这是完全错误的导向。因为人的本性中，性的交流和精神交流都是美好的。”

我无法表达我心中的惊奇，在她面前，我的知识和记忆显得单薄肤浅。柏拉图和亚里士多德是古希腊哲学家中最有影响的人，我在中学时代的西方教科书里曾读到过，但浅尝辄止，没有读到收获。安娜竟然能将这些解释得如此到位，还大胆地否定柏拉图的精神恋爱学说，说它是否定人性的谬论。在中国，被视为是伟人的人，他们的思想和观点你是不能挑战不能批驳的，你只能一字不差地接受和遵守。如果你跟伟人的见解不一致，那就必须反思自己出了什么差错。并且，我说过的话，很可能被断章取义，“上纲上线”，会遭到周围的人的猛烈批判和唾骂。这种规矩已经逼得我在遇到事情的时候，心里要斟酌很久，才敢说出一些不痛不痒的场面话，绝对不敢坦然自若地将心里所想讲出来。久而久之，我干脆不去想了，只是机械地重复着文件和学习材料中的那些话，味同嚼蜡。

我忽然感到，安娜是一个活生生的人，她拥有完整而独立的精神，给我对生命和爱情的理解带来了一种新的认识和感受。如果，我现在在中国，我怎么敢和她独自在烛光下谈话，谈政治，谈人生，更何况谈到爱情和性的问题。

老实说，在这么一个充满浪漫气息的夜晚，谈这种枯燥的理论太不适宜了，安娜很快地就感到这一点，她就把椅子挪到我旁边，挨着我坐下来说：“我们换一个高兴点的话题说说吧！”

“你不是很喜欢唱歌吗？让我们一起唱歌吧。”我边说边开始用俄文轻轻地哼起了俄罗斯的名歌《莫斯科郊外的晚上》。安娜也跟着用俄文和起声来。她是波兰人，所以对俄文相当熟悉。我们越唱越合拍，从一首歌唱到另一首。俄罗斯民歌、美国民歌、捷克和匈牙利民歌，凡是我过去学过的，我都搬出来了，她几乎都知道。整个楼里，空荡荡的，只有我们两个异乡人，没有人来打扰我们，我们陶醉在歌唱声中，忘乎所以，不知不觉把两瓶红酒都喝空了。

"安娜，唱首波兰歌给我听，好吗?"

她没有回答我，闭着眼睛，把头靠在我的肩上，轻轻地唱起来。唱着唱着，她站了起来，把我也从椅子上拉起，圈起两臂，搂住我的脖子，紧紧地把右颊靠在我的左颊上，身体慢慢随着歌声晃动。我猜，这是一首爱情歌曲吧。

歌声中，我恍若回到了青少年时期，和露西一起跳舞的那段时光。"比德，你最开始拉的那段曲子，我非常爱听，好像我曾经听过，所以掉了眼泪，你知道那个歌词吗!"我没有回答，轻轻地唱了起来：

One day，when we were young，
one wonderful morning in May，
you told me，you love me，
when we were young one day.
（有一天，那还是我们年轻的时候，
五月的一个可爱的早上。
你对我说，你爱我，
在我们还年轻的那天。）

"比德，我很喜欢你。你是我接触的第一个亚洲人，没想到我们有那么多共同爱好。我漂亮吗? 你喜欢我吗?"她轻轻地在我耳边细语，我全身的细胞在这一瞬间，全部苏醒并跳跃起来。

愚谦，这是在做梦吧! 莫不是你进入了第二次生命? 还在几天前，你还是一个潦倒邋遢的阶下囚，在阴郁的地狱中饱受煎熬，不要说遇到这样神仙一般的人物，想见到一个妇女都是绝对不可能的奢望。但是现在，我莫不是来到了神仙居住的仙境? 这样一个聪慧貌美的仙子，与我如此亲近，我感到全身沐浴在异彩圣光之中。我好想伸出双手拥抱她，与她一起在温柔乡中相伴厮守。但是，我脑海中有一个声音对我讲：愚谦! 你要控制自己，面对如此可敬可爱的人儿，你不要起坏心眼啊!

"你太美了，好像天女下凡。"我听到自己剧烈的心跳和这句平静的表达。

"你过去亲过一个欧洲女人吗?"她沉默了一下，轻轻地抬起了头问我。

“还没有。你是我有生以来接触的第一个西方女子。”

她望向我的眼神似乎带着磁铁一般的魔力，我不由自主地靠了过去。安娜轻轻地把她的唇边送到我的唇边，我嗅到了她唇上的香气，大脑里一下子一片空白。那柔软的触感，瞬间在我身体里激出了一道电流。她用手臂环绕着我的颈部，把我的嘴唇紧紧压在她的唇上，微微地张开口，灵巧的舌尖调皮地挑逗着，引诱我舌头的进攻，然后，唇舌交缠，难舍难分。接吻对我来说并不生疏，但这么极尽缠绵，这么欲罢不能，还是首次。我发现我的血管和经脉全部扩张起来。我是一个受过传统保守教育的中国人，哪曾见过这样新奇的接吻方式啊！我记得在国内，"精神恋爱"高于一切，我非常喜欢和女孩子在一起聊天、嬉笑，但绝对不敢再往深处想，那是一种犯罪，是不纯洁的、是肮脏的，是要受批判的。因此，当一个人确实在爱着的时候，不应该想到要在肉体上同他所爱的人结合。在我和中学同学露西交往的过程中，即是纯洁的爱，强调精神相交；甚至认为远距离的爱更神圣。可是，这里是欧洲啊！是我曾经一直向往的欧洲啊！怎么会刚来几天，一切还无着落，就有白雪仙子来陪伴，这不是做梦吧！我狠狠地掐了一下自己。哎呦！好痛！不！这不是梦！

这个吻真长，直到我们都无法呼吸了，才恋恋不舍地松开对方。

"你喜欢跳舞吗？"

"当然喜欢。"

"走，到我房间里去。"

6　多情总被痴情误

安娜的闺房布置得非常雅致，床上放着好几个毛绒动物玩具。她打开收音机，里面传出节奏强烈的音乐。我起初毫不喜欢它们，觉得全是噪音，但是当安娜随着音乐节奏起舞，摇动着纤腰时，我开始觉得这音乐动听起来。这就是国内报纸上批评过的资本主义摇摆舞吧！看起来是有些不成体统。

为了不使安娜失望，我也跟着她胡乱扭动起来。没想到，由于我少时学过舞蹈，很快地进入节奏，安娜看到之后更加开心。我也感受到了这种舞蹈的魔力，随着节奏随意地摇摆，让你感觉到自在和酣畅。

跳了一阵，屋内被暖气带起的温度使我们两人额上冒起了汗，安娜先是解去围在她脖子上的那条粉红色丝巾，不久后，又除去了她的波兰民族服装和那蓝色方格子呢裙，毫无顾忌地暴露出她那美丽诱人的身段。如果换在开罗的街头，我也许会猜想她是个诱惑旅人的风尘女子，可是，在这块清洁如圣堂的楼层里，一切是那么的和谐和自然。在我眼前舞动的，是这世间绝美的风景。

午夜刚过，收音机里放出的音乐忽然缓慢下来。从喇叭里飘出来的竟然是美国三四十年代的情歌：*I Love You for the Sentimental Reasons*（我痴心地爱着你）。这是我少年时代最心爱的曲子，我也就轻轻地跟着唱了起来。安娜如醉如痴地听着。她的姿态是那样的娴静和优雅，我自然而然地伸出双手，把她搂到身边，带着她跳起了慢步狐舞。在这夜深人静、月色正浓的时刻，在无人打扰的别墅里，就如同是上帝精心安排过的一样，我们两个命运凄凉的孤独男女，相依为命。我们又是多么需要陪伴，需要彼此的温暖。我紧紧地拥着她，就像是拥着这世上我唯一能触摸的珍宝。

安娜身上的香味，一阵阵飘进我的鼻腔，她的面颊滑润而滚烫，我把她搂抱得越来越紧，把她的头紧紧地压在我的右颊上，我已经能够感觉到她的心脏也在激烈地跳动着。两颗贴近的心的剧烈跳动突然让我生出念头：我那脆弱孤单的灵魂，终于有了慰藉。在我的心强烈地渴慕着她的时候，她也需要着我，她需要我的程度超过我需要她，就好像干渴美丽的鲜花急需露水的滋润那样。

情歌依然在耳畔响着，安娜轻轻推开了我，转过身让我帮她解下贴身的衣物，她那如诗如画般的胴体完全暴露在我的眼前。我还记得，曾经在北京亲戚家翻过一本西方古典画册，其中有几页是裸体的带翅膀的仙女油画。我当时都不敢细看，偷瞄了几眼就立马翻过去，生怕别人说我好色下流。现在，我眼前的这个玉女，比画册里的美女漂亮太多，她的身材苗条匀称，她的皮肤滑润洁白，那美好的曲线就好像雕刻家精雕细刻出来的。虽然毫无遮掩，但她神态自若，在我面前轻盈地起舞，自然又骄傲地展示着诱人的躯体。我的眼神大胆又贪婪地凝视着她，脑海里失去了一切存储的记忆和话语，也许伊甸园里的亚当第一眼看到夏娃就这样吧，天地间万物都不复存在，只剩下一个男人望着一个女人。

从那晚起，我们同出同进，像一对小夫妇一样。我事后还有些害怕，怕她后悔，怕她翻脸，再不认我。而且我自己，落魄无依，前途未卜，我连自己都不知奔向何方，怎么能轻率地陷入男女之情，这不仅害了安娜，也害了自己。每次想到这些，我就如芒在心。安娜好像猜中我的心事一般，安慰我说："比德，我很喜欢你，你的出现，填补了我生活中的空虚。但我们只是一对野鸳鸯，各自都在寻找它的归宿。你放心，我们现在的关系将保持到其中的一个离开这栋楼为止。你同意吗？"

"你能办到吗？"我问。

"不能办到也得办到。我觉得，我们相互之间谁也不用承担责任和义务，我希望我们每时每刻尽情享受上帝赐予我们的欢乐，谁知道今后等待我们的是什么？我发现你在爱情上和我遇到过的其他人大不一样。"

"为什么，怎么不一样？"

"说不出来，但是你很照顾和体贴对方的感受。"

"安娜！在禁欲主义的中国，哪怕与自己的妻子在一起，做爱都好像犯罪，要偷偷摸摸，觉得这是见不得人的事。而现在，在整个大楼里，只有我们两个人，你又是那么真诚和坦率，我感到身心得到完全的自由和轻松，而且无忧无虑。通过和你在一起，我发现，我对两性关系在认识上有了极大的改变。爱情是双方的，自然的，并不需要强加太多。这份爱情将会给我这一生带来无限甜蜜的回忆。"

　　说来真有意思，和安娜短暂的几天，她把我完全带入另一个世界。爱情是多么的不可思议啊！我发现，跟她在一起，我那野性的一面被她的柔情融化得无影无踪了。我完全变了，我就像是一个曾经立志要浪迹天涯的不羁侠士，却醉倒在温柔乡里，脑子里除了一个翩然多情、微笑嫣然的安娜外，再也不想其他。"家园"、"社稷"、"天下"，都置之脑后。她让我忘掉一切——过去、现在和将来。我将自己当作泰戈尔笔下的园丁，小心翼翼又充满敬慕地呵护着我心中的神圣花朵。我发现，她是绝世佳人，从性格到外表，不论她表达什么，穿什么样的衣服，怎样的打扮，都是那么美。和她在一起，我是那样的满足，我把我这些年来所积累的爱意，全部倾注在她的身上。"情"真是不可思议，它竟然能驱走我这两年来积累起来的悲哀、孤独和痛苦，她使我忘掉世界上的一切。我现在唯一的精神上的寄托，就是安娜。除了她以外，还有谁知道，在无情的大西洋畔还飘荡着这么一个奄奄一息的幸存者。在她的身旁轻嗅她的芬芳，是我这幸存者最可口的食粮。哪怕我几天后死去，也毫无所怨啊！

　　韦伯先生上午来上班，中午就下班回家了。他看到我这几天又说又笑，活泼异常，完全变了一个人，又看到我和安娜一起吃早饭，同出同进，就用食指点着我笑着说："比德，小心点儿，不要给美色迷住了，到时候要跑都跑不掉了。"我的脸立刻红了起来，不知如何回答是好。"害什么羞呀，青年男女在一起，很正常。想当年，我在阿根廷的时候，那个漂亮的拉丁姑娘……"他低下了头加上一句，"可爱情有时会带来苦恼的。"

　　他这个故事和我讲了好几遍了，但我每次仍耐心地听着。我发现，他对我和安娜的亲密关系，毫不反感，而且觉得很自然，很放心。望着他每次谈起往事时的笑意和偶尔的伤感，我想，大概他觉得青春就是要快快活活地享受爱情和欢笑吧。

　　我有时会想，如果这种事发生在禁欲主义的中国，那还了得。我还在北京工作的时候，办公厅的一个女孩结婚前就怀了孕，团支部书记张景骞竟批判了她好几个星期，丝毫不考虑她的身体和精神状态。在青海的时候，也有一位女同事，因为在北京发生了所谓的"不正当男女关系"，被送到边疆来接受改造。她对我说："幸亏，我的父亲是民主党派负责人，才没把我送去劳教。"我又想起了阿德，我们之间并没有发生任何见不得人的勾当，却双双受到了不同程度的污蔑和伤害。

————————————

　　某个夜晚，正当我和安娜在一起吃饭的时候，忽然楼下有人敲门。真奇怪，这个楼里只有我和安娜两个人，既没有朋友，也无邻居，怎么会有人来访。我于是很快地下楼，走到大门口。由于性急，德国的门锁和中国的又不一样，怎么打也打不开，而外来的客人，仍在不断地敲门。忽然门被强力冲开了，竟然闯进来两三个东方大汉，对我拳打脚踢，把我打翻在地，其中一个还踩上一只脚，大声地对我说："你是背叛革命的牛鬼蛇神，管你跑到什么地方，我们革命小将都会找到你。你现在竟然还和一个臭洋丫头在一起瞎混，丢我们中国人的脸，现在，组织上派我们来把你带回去，你不要反抗，你要服从我们革命造反派的决定：革命无罪，造反有理。"说着说着，他们就把我拽起来，用绳子捆上我的手脚，把我拉出了大门。我于是大喊大叫，拼命挣扎，两条手臂胡乱挥舞。

　　"比德，比德，醒醒，醒醒。"

　　耳边传来安娜的惊呼，我猛然睁开眼睛，才发现刚才只是噩梦一场。我虽然躺在安娜温暖的被窝里，身上却不停地淌着冷汗，脑海里还留着那几个青面獠牙的红卫兵的影子。抄家批斗真是太可怕了，这种可怕的梦，我后来一直做了几十年。

　　吃早饭的时候，我向安娜描述了我梦中挨红卫兵打的情景，她听得一头雾水，怎么也不能理解，红卫兵是干什么的？为什么可以在没有证据的情况下冲进别人的家里去打人呢？何况打人是违反法律的。这让我怎么解释呢？波兰这个国家，虽然也是共产党的天下，但社会还是相对平和的。年轻人的文化程度普遍比较高，人人都有上学的机会。没有那些填鸭式的共产主义、无产阶级教育课程。波兰人几百年来一直受俄罗斯人和德国人的蹂躏，因而在第二次世界大战中，欧洲抵抗德国法西斯最坚决、最彻底的是波兰人。现在波兰虽然和苏联属于社会主义大家庭，但是，老百姓并不被某些假象所蒙蔽。安娜离开自己的祖国去美国，父母都暗中支持。这种环境下成长的她，怎么能理解中国人对一个国家领袖会如此的疯狂？她更不会理解，人们会因为自己的言论就被拷打、被关入监狱、被无情地羞辱。

也就在做噩梦的第二天，波鸿大学的格林教授突然来电话给我，说汉堡亚洲研究所所长格罗斯曼博士（Dr. Grossmann）对我很感兴趣，愿意在汉堡和我见面。这个振奋人心的消息，按理应该让我很高兴，但我竟然有些拿不定主意，一直在犹豫不决。

可是韦伯先生和安娜都认为这是个好机会，应该去看看。我想了又想，拨通了程天牧的电话。

"当然要去！汉堡是个好地方。你应该立即动身！"他在电话里急切地催我。

"好吧！我去准备准备。"我真奇怪自己为什么会犹豫不决，难道是因为安娜？我们彼此答应过，离开了这栋楼，我们的爱情就不再存在。但我现在，突然很害怕我会离开。

次日我和格罗斯曼先生通了电话，约定了见面的时间。过了一会儿，天牧竟然开着车来了，刚一见面，他就掏出了五百马克递给我说："汉堡是个大城市，你先拿去，以备不时之需。以后再还我。"我意识到这数目对留学生来讲不菲，再三推辞，终是抵不过天牧盛情，心怀感激地收下了。

其实我们当时认识了也没有多久，不过是萍水相逢，君子之交，在我异常窘迫的时候，这五百马克就如同雪中送炭。能在此时此地遇上如此慷慨有古风的君子，真让我感动不已。

好心的韦伯先生也是个厚德长者，他就好像对待儿子那样，对我千叮咛万嘱咐："汉堡这城市很大，道路相当复杂，我去过。我查看了汉堡市交通图，你去亚洲研究所，最好在汉堡火车总站的下一站下车，那是大学火车站。千万注意！这站停车的时间非常短，可别坐过了。下了车站，有两个出口，你从马路对面有一个加油站的出口出去，过马路，往左边那条路一直向前走，没几分钟，你就到了。"他这样的关心，让我感动得无言以对。

第二天清晨，我起程了。安娜亲自送我到火车站，含情脉脉地和我告别，她的眼中盈着一汪水波，好像我这么一走再也不会回来似的。

火车驶入了市区的汉堡总站，我紧张地站在车门口，生怕错过下车的站点。所幸顺利下车，走进了汉堡市区。刚没走几步，在我眼前忽然出现一个美丽的巨大湖泊，好似北京的北海。湖边花草铺地，古树参天。四周围绕着漂亮的不同形状和白色的古典西方建筑，雄伟壮观，在湖水中泻下倒影。我心中不由得惊呼：这个城市好漂亮啊！

按韦伯先生的指点，亚洲研究所的确不难找，我很快就到了。所长格罗斯曼博士长得人高马大，留着长长的鬓角，西装革履，一副传统的欧洲绅士气派。他很和气，用非常得体的英语告诉我，他曾出任过西德驻中国香港总领事，对亚洲相当熟悉，也了解中国文化。他一连给我提了几个问题，我都恰如其分地回答了。最终我才觉察，他大概是想测试我的英文程度和知识水平。

"关先生，您当前的情况，格林教授都对我说了。中国国内正在进行文化大革命，我们对革命的来龙去脉很感兴趣，但是，我们知道得太少了。我希望您能为我们撰写有关这方面的文章。"

他说话这么开门见山，使我吓一跳。亚洲研究所到底是一个什么样的机构啊？不过，我是一介平民百姓，既不是党员，又不是领导，怎么敢来发话？这会不会泄露国家机密？但转念一想，"文化大革命"在北京闹得那么凶，到处是传单和大字报，哪有什么国家秘密可言。但是发动者和领导者们怎么想的，我也不知道，我写些什么啊？

我快速地考虑了一下，决定也试探试探他："您对我有什么具体要求吗？需要我具体写哪方面的东西？"

"没有具体要求，写中国文化大革命。您随便写。爱写什么就写什么，能写多少就写多少。我给您六个月的时间，每月一千二百马克的报酬，您就搬到汉堡来，住的地方，我们会给您找。"

这干脆利索的答复，让我没有机会辩驳，也找不出有什么可顾虑的。既然让我写什么都行，说明他并没有想从我这里"挖"什么"情报"的计划。亚洲研究所嘛，专门研究亚洲，中国是亚洲的大国，"文化大革命"既是中国的，也是世界的一件政治大事，他们要了解一些情况，也算是正常业务研究的范围呀。我想到这里，释然多了。

"用什么文字写？"我问。

"英文，可以吗？"格罗斯曼博士问我。我点了点头。

"什么时候开始？"我还是不太放心，哪有这么简单的？不问家庭出身，不问来历，也不知我是否胜任？我简直被弄糊涂了。

"马上就开始。您自己决定。"

"但是，我的行李还在明斯特，我得回明斯特一趟。"

"当然，当然。如果需要用钱的话，我可以先预付您第一个月的工资。"

"不，不，不需要了。"说完，我马上又有点后悔。现在不拿钱，如果人家变卦不要我了，我该怎么办？但好面子的我，决不会说出的话又收回来。我刚要告辞，格罗斯曼所长站起来说："噢，对了，今天下午您再到我这里来一次，我们签一个合同。"他的这句话，加强了我对他的信任感。德国人办事，真是有板有眼，一切都是公开又正式，没有一点含糊，这是我的第一个印象，也是好的印象。

下午，在合同上签完字，我立刻买票坐火车回明斯特。坐在火车里，我开始责备起自己来。我怎么这么轻率！我这一走，把安娜一个人撂在明斯特，整个一座大楼，就是她孤身一人，她会多么的寂寞和凄凉，晚上睡觉也不会安宁。

这些日子相处下来，安娜已经成了我生活的一部分，她真是一个可人儿，给我准备早晚饭，连我换下来的衣服，她都拿去帮我洗了。虽然我一直提醒自己：我们有过约定，千万不要把感情陷得太深，可是，我发现，我已经无法自拔地陷入了情网，心甘情愿地做了爱情的俘虏。

────────────

当天晚上回到明斯特，安娜一见我就立即向我扑了上来，抱住我的脖子左亲右亲，眼泪扑簌扑簌地从两颊往下流。难道她已知道我明天将离开她？我要说些什么样的话呢？

她把我拉到楼上她的屋子里，只见柜子和桌子都空了，她的行李箱打开了盖子放在地上，已经装了半箱衣服。我看了一愣，急忙望向她的眼睛。这不是收拾行装吗？她这是要去哪里？

安娜终于开腔了："比德，告诉你一个又好又难过的消息，我的申请批下来了！我可以马上去美国啦！明天先去法兰克福办手续，你祝贺我吧！"

这句话让我心底冰凉，同时又感到从签了合同开始放在我心头的那一块石头终于落了地，我忍不住把安娜拉过来紧紧抱住："安娜！太好了！我祝贺你！我也有一个消息告诉你。"我把在汉堡的前后经过给她说了一遍后，又勉强笑着地加了一句安慰话："我们今天是双喜临门啊！大家应该高兴才是。"

安娜的眼睛忽然亮了起来，但泪花还在眼中闪烁，她努力笑着说："比德，这太好了。我一直很担心，我一走，只剩你一个人住在这里，你会很寂寞的。我很喜欢你，真的很喜欢你！我有过不少男朋友，但是有共同语言的并不多，他们喜欢我的容貌多于我的内心。你虽然是一个亚洲人，但我和你的距离却比那些人都要近。有许多话，我只愿意对你说。我真害怕会爱上你，和你在一起的时间越长，爱上你的危险就越大。今天晚上是我们两个人的最后一个晚上，让我们一起好好相爱，明天我们就各奔东西，把这些全忘了吧！"说完，她靠在我的怀里，双手紧紧地搂着我，哭出了声。

"相见时难别亦难，东风无力百花残。春蚕到死丝方尽，蜡炬成灰泪始干。"这首句句断肠的诗，又隐隐约约地出现在我的耳际。原来西方人与东方人的感情也可以有那么多共同之处。我突然想起了露西，想起了美珍，想起了安卓玛吉，还有阿德。上帝其实很眷顾我，总是把最美丽的女孩子送到我身边；可是上帝也很残酷，又总是把她们从我身边

夺走，我已经历了太多刻骨铭心的别离，多情词人柳屯田那伤感缠绵的
哀愁之句字字敲打在我心上：

> 寒蝉凄切，对长亭晚，骤雨初歇。都门帐饮无绪，留恋处，兰
> 舟催发。执手相看泪眼，竟无语凝噎。念去去，千里烟波，暮霭沉
> 沉楚天阔。
>
> 多情自古伤离别，更那堪冷落清秋节。今宵酒醒何处？杨柳
> 岸，晓风残月。此去经年，应是良辰好景虚设。便纵有千种风情，
> 更与何人说。

次日醒来，我仍躺在安娜的床上，但已是美人倩影不在。桌子上留
着一张纸条，画了一颗红心，下面写着安娜的名字，是用唇膏画上去
的。望着这薄薄的一片纸，我悲从心来。多么可爱、善良的女孩子啊！
我自来到德国，处在最迷茫最黑暗的深渊中，是她用爱情温暖了我。当
我有了一丝希望之际，她却要离开。人间别恨，太折磨我这个红尘中
人。我以为我这个年纪，眼泪已到了"丝方尽"的时候，谁想到，触景
生情，现在又源源不断地流了出来。愚谦啊！愚谦！你的命运怎么永远
与情有关？

———————————

当天下午，我推开了程天牧宿舍的门，他一看见我的脸色，吓了一
跳："怎么这么快就回来了！没办成是不是？不要紧，别着急，再想想
别的办法。"他安慰我说。

"不！亚洲研究所接受我了，我只是吃不准。这个机构会不会有别
的背景？你看，合同都拿来了。"我把合同拿出来给他看。

"你在上面签了字没有？"

"签了。"

"既然签了，它已经具有法律上的效力。而且，这是好事。汉堡亚
洲研究所在欧洲很有名。至于它有无别的背景，我不知道，主要还得要
看你自己。"说着他看了看合同，竟喊了出来："一千二百马克！好家
伙！比我每月的收入多好几百。请客，请客。走！我们去看望格林教
授，你得好好地谢谢他。"

"我先得谢谢你，你给我的五百马克，我还没有用上呢，来，还给你。雪中送炭，永世难忘。"

"别，别，你先别还我钱，看看你身上的衣服，走！我陪你去买衣服。今天你就别回明斯特了，咱们一起包饺子，好好庆祝一下。"

"不行，我还没有告诉韦伯先生呢！他一定也在着急地想知道我的消息。要不这样，你和我看望了格林教授后，一同去明斯特，你就住在我们那里。我们好好聊聊，聊个通宵。"

"好！就这么着。"天牧爽快地同意了，"那个漂亮的波兰姑娘呢？把她也找上一块喝酒。"

"她已经走了，再不回来了。"

"真可惜，这么漂亮的姑娘，在欧洲都算数一数二的。你算是没福分。"

"你怎么这么说，你又没见到过她！"

"谁说没见过？有天晚上，我开车送你回来，她在等着你。这么漂亮的女孩，真可惜。"他摇了摇头。

我没有回答他。

第二章　汉堡的新生活

在汉堡亚洲研究所对面，有一个小旅社，我在那里的阁楼上租了一个房间住了下来，每月租金三百五十马克。面积很小，一张床，一个小茶几和一个红色的小沙发，就把房间塞满了。望着这小小的屋子，我不禁苦笑，这可是真正的"容身"之地啊。

旅馆的名字起得别致，叫阿蒂娜（Adina）。店主是一个来自捷克的中年妇女，她有一个年约十六七岁的女儿，和她一起住。据她说，她的丈夫抛弃了她和别人走了，她借钱开了这个小旅馆。她的精神状态总是很不好的样子，脸色青灰，两眼无光，头发干涩，人中极短，大概刚满五十，已经满脸皱纹。相面书上说，这样的脸相都是苦命的，我看一点也不错。她每日里抽烟几乎是一支接一支。有时候晚上见到她一个人在餐厅里喝闷酒，我就过去陪她坐坐，听她半醒半醉地抱怨这抱怨那。她说自从有了这个旅店后，她一个人从早忙到晚，夜里也要值班，累得要死，钱都交了租金和税了。女儿又不听话，总是出去玩，几天几夜不回来。她说汉堡的气候又阴又冷，感到生活没意思，有时真不想活了。她不像是个没有教养的人，说起英文来还蛮不错。来到德国，我总是能碰到这些由东欧逃出来的失意之人，像她，像沃罗沙，像安娜。

我答应格罗斯曼博士写书的事已经有一个月了，却突然写不下去了。我本以为，写自己亲历的事情，又有何难？而且我每每向别人口头介绍"文化大革命"时，都说得口若悬河，滔滔不绝，可是现在要我在将这些经历一句一句写下来，就不那么容易了。最糟糕的是，我并不知道毛泽东发动"文化大革命"的真正动机。在我心目中，一直觉得毛泽东是一个完美无缺的圣人，他提出"文化大革命"的目的是揪出走资本主义道路的当权派，这完全引起了我的共鸣。可是，真要提笔写的时

候，又觉得不对劲，越琢磨越发现里面有问题，有很多疑点。

我算是成长在新中国的人了，自1949年中华人民共和国成立以后，我感觉整天身处在亢奋的状态中，先是欢天喜地迎解放，又亲自经历了"土改"、"三反五反"、"肃反"、"反右"，直到"文化大革命"。最高领袖不断发起一个政治运动接一个的政治运动。整人、斗人，相互揭发，相互伤害，好人魔鬼都被混在一起，也不知谁好谁坏？那些手里一直拿条棍子的所谓有点文化、觉悟高的人，准备随时地为自己立功。结果整了别人，到下次运动又被别人整。中国知识分子的心灵被一再扭曲，尊严被一再践踏，但却说这是让他们脱胎换骨，触及灵魂的改造政策。

我隐隐约约地感到，毛泽东要想在世界上创造一个别出心裁的新世界，居住着思想已经脱胎换骨的新人类。但是，这个牺牲太大了。别的国家利用这几十年难得的没有战争的和平机会，提高科学技术水平，改善人民生活。而我们，斗、斗、斗，新中国都成立二十年了，一穷二白，还一再斗。曾经激励了人民热火朝天建设社会主义的美好理想，还是没有走入现实中。

人与人之间虽然抛去了旧社会的身份差别，却有了新的区分。从1949年到1968年，我这个上海"海派"出身的人，在"山沟沟"出来的老革命面前，永远是"资产阶级知识分子"。每次"运动"，我都是被"清算"的对象。我几乎没有时间自己冷静地去思考问题，都是别人带我思考我的问题。现在是在万里外的西方，隔"岸"观火，回忆往事，我开始参悟出一点门道来。

既然说发动"文化大革命"是为了解决党的作风问题，那为什么让全国老百姓都停下手中的一切卷进去？工厂停工，学校停课，农民不下地，干部不上班，全部都停下来，没有人创造新的物质财富，大家怎么活？为什么古老的中国文化，连外国人都尊重羡慕不已，我们却当作"四旧"来砸烂？为什么"打""砸""抢"反而成为了革命行动？为什么革命群众要分成那么多派？为什么把那些老革命家、老科学家和老艺术家都要揪出来批斗、游街，甚至被活活折磨死？学生为什么残酷地殴打老师？下面都乱成一团了，上面就这么不管不问？

一连串问号在我脑袋里盘旋来盘旋去，百思不得其解。我又回忆起1963年，经历了自然灾害之后，国家总算刚刚缓过一点气来，但新的运动又来了，最高领袖提出在农村进行社会主义教育运动——所谓的

"四清"运动。我们单位几十人被派去湖北省麻城县伍家庄大队，参加"四清"运动。手头的各种日常工作全部搁置了，一大群人到粮食和住房都不充裕的农村住下来，吃不好住不好，村民的正常作息也被我们严重扰乱。这还不算是大麻烦。我们这些"聪明有文化"的中央干部，压根不知道具体的情况，就按照毛主席划的贫农、下中农、中农、上中农、富农、地主的阶级理论，用阶级斗争的办法，发动穷的去斗富的，你斗我，我斗你，有的大打出手，最后把农民之间的矛盾都挑起来了。本来和睦相处的村庄，成了充满仇恨和对立的战场。就在此时，忽然中央来了一道"结束农村四清、速返北京"的命令。我们这个队伍一拍屁股走人，给人家村子留下了毒瘤一般的后遗症。三十年后我返回中国还听说，农村"四清"运动过后，全国各地农村之间留下的派性仇恨，几十年后还未能完全平静下来。

　　一个运动未平，另一个可怕的运动又起来了。到了 1966 年，毛泽东又发起了"史无前例的无产阶级文化大革命"。结果，国家大乱，社会大乱，家庭大乱。一时间，许多好好的家被弄得妻离子散，家破人亡。毛泽东思想成为了放之四海皆准的"新圣经"，让全世界的"左"派都慕名来北京取经。

　　来到西方，不看不知道，一看吓一跳。原来国内宣传的"水深火热"的西方世界，每天三餐所吃的，比苏联赫鲁晓夫提出的"土豆加牛肉"的共产主义社会还要好得多。也没有见到大家常常说的"大量衣不蔽体食不果腹、被残酷无情的资产阶级榨干最后一滴血的无产阶级痛苦地挣扎在死亡线上"，倒是见识了不论强大还是弱小，不论富翁还是穷人，都受着法律一视同仁的保护。

　　我只身躺在几平米见方的"鸽子笼"里，不知亲人的死活，外面不断下着令人断魂的纷纷细雨，看到窗外这么一个新鲜而奇怪的世界，回忆着我这一生的遭遇，多么丰富的故事啊！我为什么不以我个人为主线，写自上大学以来十八年的变迁，可能比单纯写"文化大革命"更生动，更有阅读价值。

　　我把这个想法向格罗斯曼所长提了，没想到，他马上就同意了，还说我可以用中文来写。这大大出乎我的意料，我高兴极了。我开始写啊！写啊！我的思想和感情就好像长江之水，一泻千里，无法阻挡。我根本没有想到它是否有可能发表和出版，只顾着将满腔的话转化为纸上密密麻麻的文字。我想要倾吐的实在太多了。

短短五个月，我夜以继日地写呀写，最后，一部长达二百六十多页的书稿终于完成了。在和亚洲研究所的六个月合同期满的前两天，我把厚厚的一摞书稿交给了格罗斯曼先生。

"这是您这六个月写出来的吗？"他惊奇地问。

我点了点头。

"真没想到您写了这么多！这是一本厚书啊！"他赞叹道。

"不瞒您说，这本书我是带着眼泪和感情写的，是完全真实的故事。"

"可惜您是用中文写的，我看不懂。我想把它给我们所里的两位中国同事看看，让他们提提意见。您同意吗？"

"当然同意。"

"那太好了。您打算以后怎么生活？我们研究所经费有限，很遗憾不能给您延长合同。"

"我也不想延长合同，我想进大学读书。"

"这是个好主意。需要我帮忙的时候，请来找我。"

我在亚洲研究所总共得到七千二百马克的报酬，按理算是不小的一笔收入，可是我来到汉堡后，一切生活都从零开始，食物、日用品都要支出，外加不便宜的旅馆租金，并且，我没忍住，给自己添了几件像样点的衣服；为了收听中国短波新闻，我还买了一部高级收音机。零零碎碎花下来，基本上没有什么积蓄了。下个月就没有进账，这怎么办呢？几个从印尼来的华侨朋友劝告我说，像我这样的人可以到教会或基金会去申请救济金，钱还不少。但我永远记得母亲常在我面前说的这样一个顺口溜："吃自己的饭，滴自己的汗，自己的事自己干，靠天靠人靠祖上，都不是好汉。"我觉得，去领救济金就等于是向他人求乞，是一种耻辱。我男子汉大丈夫，有两个肩膀扛一个脑袋，我就不相信活不下来。

9 加拿大拒绝了我

我曾多次被告知，德国不是移民国家，我来到德国住只是暂时的，德国可以为我提供过渡的时间和空间，但我必须自己去申请一个可以接受我的国家。起初我并没有想太多，毕竟好不容易从监狱里出来，能有个地方接纳我已经是大幸了，怎么还会计较是短暂居留还是长期居住。而经过喘息和休养之后，寻找一个去处就变成了我刻不容缓的大事。我曾考虑过自己适合去哪里，美国、与美国密切关系的国家，统统不能去。苏联、与苏联关系密切的国家，也坚决否定。此外我还得考虑语言。我的英语拜教会中学的教育所赐，谈得上是流利，我还是个俄语翻译，想来想去，选择也不是太多。

在明斯特的招待所住了一段时间后，所见所闻令我对德国的好感不断上升，于是我就开始奢想，是否我可以留在这个能让我觉得自在的国家？我当时曾经跟韦伯先生谈过我的想法，韦伯先生也积极鼓励我。来到汉堡之后，又在亚洲研究所有了一份临时的工作，我本以为这些条件可以让我在德国居留下来，于是就写了一封信给联合国驻德高级难民委员会，表示不愿意去美国，希望能留在德国。

很快，我收到了回信。信中表示，我在德国留下来的可能性极小，如果我不愿去美国，可以申请去加拿大或别的国家，今后将由汉堡的一个基督教救济委员会和我联系。这封信令我踏实不少。

没过两天，我就接到来自这个委员会的考德斯太太的一个电话，邀请我到办公室一叙。

我立即动身去了。考德斯太太是一个很善良的女士，当她知道我不愿意去美国时，表示很理解。她建议我一方面设法在德国留下来，一方面尝试申请去加拿大。她说，加拿大不像美国政治氛围那么强。而且，即使加拿大批准了，你不去，他们也不会勉强。并且，她曾帮助好几个外国人成功去了加拿大，抽屉里就有现成的申请表。

我认为考德斯太太的话非常有道理。在德国，我语言不通，亚洲研究所也不可能是我长期工作的地方，当时跟亚洲研究所签的合同还有两个月就到期了，加拿大是英语国家，我去了的话，至少在语言上不会有障碍。能申请去加拿大是一个好机会，我决定试一试。当天，我就填写了表格寄出去了。

可惜，福无双至，祸不单行。

就在我离开亚洲研究所后没过多少日子，在从大学食堂回到栖身的小旅馆的时候，我发现了一封来自加拿大驻汉堡领事馆的信。我心中一惊，是不是申请去加拿大的事有眉目了？我迫不及待地打开它，读了一遍，顿时眼前一黑：我被拒绝了。信里这样写道：

Mr. Chien，

After reviewing your application it is considered that you would be unable to meet our requirements for admission to Canada and we can offer no further encouragement at this time. July 15，1969.

（读到您的申请，我们认为您去加拿大的要求不可能实现。我们目前也不可能给您提供任何建议。1969 年 7 月 15 日。）

这封礼貌又冰冷的信打击了我刚刚恢复的自尊心。德国不太可能留下，加拿大又不要我，新燃起的希望之火也被迅速熄灭了。

短暂地失落了一阵子之后，我心想："此路不通，再寻他路。愚谦，你不是又获得第二个青春了吗？把自己的年纪忘掉，好好干，打拼出一个天地来给他们看看。"我自己鼓励着自己。

这封信让我意识到去其他国家的可能性十分微弱，我只有想办法留在德国了。我不是已经从明斯特走到汉堡了吗？那就继续走下去吧。也许，这里真的是我的命运之地。

离开亚洲研究所不到两个星期，我口袋里的钱变得越来越少，交了下月的房费，所剩无几了。于是我开始想办法挣钱。从一位认识的中国博士那里听说，汉堡的亚洲饭店正在招堂倌，可是老板的坏脾气非常出名。

眼看要露宿街头，我哪里顾得了那么多，自认为自己的脾气还不错，就直接跑去毛遂自荐。运气还算不坏，饭店老板兼厨师金师傅留下了我。但工作条件非常苛刻，在他那里吃饭、喝水，都要交钱。我别无他路，只得接受。每天上午十一点来饭店上班，打扫卫生，一直干到晚上十二点打烊。回到宿舍，我全身都已经瘫痪了。

某天中午，客人来得很多，忙到下午两点多才完。我拿出一根烟来，找了一张椅子坐下来休息。就在这时，金老板从厨房里出来，忽然发起火来：

"这里不是你抽烟的地方。"

"现在不是中午休息的时间吗？"

"就是中午休息，也不准抽烟。"

"为什么？"我问。

"没有为什么！记住！这里我是老板，你是堂倌，你得听我的，不要在这里显你的臭知识分子威风。"

"这跟知识分子毫无关系。别人能抽，我为什么就不行。"我蹭地站了起来，咬了咬牙，还是掐灭了烟头。

金太太出来打圆场，我们就各自走开。可我怎么也咽不上这口气。晚上上班，我还满肚子的委屈：休息时间抽根烟提提神，凭什么就不行？抽烟就是显威风了？怪不得有人提醒我，说金老板的脾气是汉堡有名的，要当心一些。

就在这时，一位客人吃完饭，拿出百元大票来付账。我经验不足，没有先收下那张大票，就把八十多马克找给了他。晚上打烊一结账，少了钱，我才猛然想起，百元大钞忘了收。这个小子白赚了我的辛苦钱，怎么办？只好自己认赔了。我那一星期的活等于白干了。

金老板一天到晚总是拉着一个长脸，像是天下人都欠他钱似的。我一直对自己说，就当没看见这张臭脸，老老实实地干自己分内的活。客人点了菜，我就写上号码，一句话不说，放在厨灶一角，站着等出菜。

一天晚上，我正站在那里等出菜，忽然听到一声大吼："把你的手放下来！"我马上看了一下四周，这里除我以外没有别人。再低头一看，原来我的两个手臂交叉地抱在胸前。

"这里我是老板，你是伙计。你把手给我放下来！"他又大吼了一声。

这种没头没脑、劈头盖脸的训人方式，实在太霸道了！我心中来了气，没理他那一套，仍把手交叉着抱在胸前，心想，这是我的自由，你没权管我。

金老板见我没理他，像疯狗一样地冲我喊道："把手给我拿下来！不然你就给我滚！"

我这辈子还没受过这种冤枉气，在这种不讲理的人手下干活，真辱没了我的身份和人格！我想都没想，冲口便说："走就走！"说完我一回头，就迈出了厨房。

没想到金老板竟然拿出菜刀追了出来，把刀狠狠地往餐桌上一剁，大声叫着："你马上给我滚！臭知识分子，你不滚，我就宰了你。"

这要换在我年少时，我肯定要与他比个高低，洋小子、美国水兵我都不怕，我还怕你！可现在是在德国，我不想惹事。我没理他，头也不回地大步离开了饭店。

走在昏暗的马路上，我真想哭：我怎么会这么倒霉，端了三个星期盘子，每天干十二小时的活，到头来，连一分工钱都没拿到！

让我更难受的是金师傅对待自己同胞的粗蛮与冷酷。后来才听他的一个同行余师傅说，老金年轻时给人做下手，受够了气，他现在是受气的媳妇熬成了婆，对自己的手下当然也要耍威风了。

离开金老板后，我发誓，再也不给中国饭店的老板打工了，并下定决心学好德文。我申请上了一个德文速成班，德文慢慢有了长进，但经济状况却越来越糟。为了省钱，我搬到了一个大学生宿舍里去住。这个宿舍有两幢楼，住的学生倒挺多，世界各地都有。大家住在一起，也慢慢相熟起来。

一天晚上，我发现口袋里只剩下五个马克，不知该怎么办好。正在垂头丧气之时，同宿舍来自非洲肯尼亚的学生威廉向我走了过来：

"哈喽！比德，一起喝啤酒去！好吗？"他是个热情开朗的人，英文说得很漂亮。

"不！我有点不舒服。"我编了一个理由敷衍他。饭都快吃不上了，哪还有钱喝啤酒，我想。

"不舒服喝点啤酒就好啦。我今天打工赚了一些钱，请你喝一杯。"

听闻这句话，我眼睛一亮，脱口而出："你在哪里打工？"

"在码头。"

"做什么工？赚得多吗？"

"做搬运，还可以。明天是周末，赚得更多一些。一小时八个马克。"

"什么？这么多？我也能去吗？"

"当然能去。人家还在找人呢！不过，工作很累，怕你吃不消。"

"都干些什么？"

"卖力气的活。明天扛建筑用的钢筋。"

"你带我去，行吗？"

"当然可以，只是你这么瘦！"

"别看我瘦，我筋骨硬。我有功夫，懂吗？走！喝啤酒去！"我高兴极了。

周末，我和威廉在码头上扛了八个小时的钢筋，肩膀压得很痛。一天下来赚了六十四马克，再加上周末补贴，一共赚了七十马克，真把我高兴坏了。正打算回去，威廉对我说："刚刚工头问，我们愿意不愿意加班？今天晚上把码头上的钢筋清理完，早完早歇，八十马克包干。怎么样？"

我想都没想，满口回答："当然干！"

我们两人一直干到晚上十点，累得龇牙咧嘴。我都不知道我们是怎么回到宿舍的。进了门，我一头栽倒到床上，就累得晕了过去，不省人事。直到第二天早晨，我才苏醒过来。

长时间没有干过这种重活，一天干了十几个钟头，我的身体严重透支，浑身酸痛，每个关节都像散架似的，全身发烧，口干舌燥，真希望有人推门进来，把我送到医院去。我迷迷糊糊地昏睡过去。第三天，我才勉强能爬下床。幸好我的房间里有个带自来水龙头的脸盆，还有点硬面包，就这样熬过来了。真得感谢在青海的几年体力劳动锻炼，我才承受住这样的超负荷劳动。如果我在这个宿舍房间里一旦休克，没有恢复过来，会不会就渐渐变得冰冷，孤零零地死去。尸首不知多少天后才会被人发现呢！想到这里，我不禁毛骨悚然。

我其实并不怕辛苦的劳动，在国内劳动得还少吗？身上有了钱，足够我一个月花的了。最可怕的反是孤独。一个人，回到几平方米的宿舍里，无人照顾，无人倾诉，宿舍里其他人，都说德文，我也听不懂，就算是用英语对话，也没有共同语言，这太可怕了。

汉堡的天气真烦死人。我来了几个月了，没见到几天太阳，夏天一点没有夏天的感觉，很少出汗。在中国，秋天通常秋高气爽，风和日丽，而这里，秋雨绵绵，忽冷忽热，冷气袭人，浑身不舒服。唉！愚谦啊！你在国内，再受苦，哪怕坐牢或者劳改，你至少还有个谈话的人。可是现在，你孤苦伶仃，无人照料。孤独像魔鬼一样，将慢慢吞噬你的身心。你可耻地死在这异国他乡，沦为笑柄！

现在，窗外，令人厌烦的小雨下个不停，一下就是一整天。晚上刚停，第二天早上又接着下，这雨让我想起我过去在上海住的那个爱哭的邻居小姑娘，她可以整天不停地哭，哭得让你心烦意乱又无处发泄。我忍受着身上的疼痛，从床底下翻出来一个纸鞋盒，里面盛着我在开罗监狱里偷偷摸摸裁成小方块的纸，我把各种回忆暗暗记了下来。这里面有回忆家庭的、政治的、友谊的、男女感情的、"流放"青海的、监狱生活的，杂乱无章，无奇不有。

接连三天，我把自己关在宿舍里，整理这些纸片，也是在梳理自己的前半生。我这个人前半生年纪轻轻，好像什么都学过，历史、地理、外文、三角、几何、代数、化学、物理……也什么都玩过，画画、练书法、拉小提琴、弹钢琴、踢足球、打排球、击剑、乒乓球。由于我太调皮捣蛋，家中的一个老姨妈说："愚谦将来肯定没出息。"但我母亲并不这么看，她知道我不笨，说我"样样通，样样稀松"。我酷爱艺术和诗词，与母亲对我幼时的启发、培育有极大的关系。她每天从学校教书回来，吃完晚饭，就逼着我哥哥和我写作文，然后她亲自戴着老花眼镜修改。在我读中学时，她启发我在写作文上多发挥想象力，以致后来在学校常被古文老师称赞，说我写的作文，和我的人一样活泼，也无形中刺激了我对写作的兴趣，养成了我随时写心得的习惯。

回忆起更多的往事，我百感交集，往事都涌向心头。我日夜想念着生我、养我、抚育我成人的亲爱的母亲。每每想到母亲，我这个没良心的不孝之子，心中百般滋味交织：羞，竟不告而别；恨，未接受教训；悲，想家心太切；喜，终自由飞翔。

我真庆幸没有被时代前进的车轮碾碎，我的身体活着，我的心也还活着。虽然，我才活了三十多年，但这前半生的经历没想到会那么复杂坎坷，又是那么丰富多彩。在日本人铁蹄下做过亡国奴，在英美的半殖民下，受了西方文化的熏陶，我当过新中国的热血青年，做过苏联专家的翻译，成为政治运动的对象，还被"流放"到了中国的西伯利亚——青海，种过田拾过柴捕过鱼。在我的前半生，多次目睹和接触过共和国的领袖们——毛泽东、刘少奇、周恩来、陈云、邓小平这些声名赫赫的政治人物。最后又被"文化大革命"的浪潮卷起，把我冲到令我从小就向往的西方，给我带来了另一个新的生命。

我也记下了自己的新足迹：明斯特的蓝天、安娜的怀抱、汉堡的小房间、亚洲研究所的书……在这西方世界，我又像个初生的婴儿，牙牙学语，一切从零开始这何尝不是一次浪漫的奇遇！我一定要把我这一生记录下来，让后人知道，二十世纪里有这么一个人，曾经这样活过他的一生。他终将死去，但他从来不向命运低头！

奋笔疾书了三天后，我最后写出了一首诗：

> 羞雁飞跃九重天，万里千山不等闲。
> 只缘故人浑不解，孤杖扶藜落洋涧。
> 百啭千旋随意移，朝思暮忆雁生地。
> 泪雨交错心如洗，他邦方知胞足谊。

看着这首既不是对联也不合平仄的"诗"，我略感宽慰，心事吐出来，就会好受一些。

———————————

三天的闭门休养，我终于挺过来了，精力开始恢复了，口袋里有了一百五十马克，不再愁吃喝了，楼上楼下，到处又能听了我的歌声。

星期五，威廉又来敲我的门："明天再一起去码头好吗？"

"好！但是只做一班，行不行？"我说。

"可以，两班是太累了，我整整睡了两天。"听到他的话，我忍不住地哈哈大笑。这个身壮如牛的非洲黑汉都躺了两天，我才躺三天，说明我还是有底子，心里那种自豪就甭提了。

11　"文革"燃烧到了欧洲

　　某一天吃完中午饭，我出去散步，偶然走到离饭厅不远的汉堡大学哲学楼，顿时被眼前的景象惊了一跳：只见各个楼道里，密密麻麻、铺天盖地都贴上了大字报，有的批评大学的制度，有的批评教授，有的甚至声称要把教授拉下马。我瞬间有了身在北京的错觉。

　　在亚洲研究所的时候，我认识了一个由中国四川来的研究员喻博士，他人在欧洲，但对祖国的发展非常关心。他向我介绍，自从毛泽东吹响"文化大革命"的号角，要求中国的革命小将破"四旧"，立"四新"，"横扫一切牛鬼蛇神"，在欧洲的左派中间引起了极大的反响。欧洲各大学纷纷起来响应，学生们也手持翻译成本国语言的《毛泽东语录》，走向街头。最影响欧洲学生的两个口号是："革命无罪，造反有理"；"打破一个旧世界，建立一个新世界"。最令欧洲学生向往的就是《语录》里的"敢于斗争，敢于胜利"那一章。

　　那个时候，正值美国发起越南战争，并且使用了化学武器，激起了追求正义的大学生的愤怒。他们开始走向街头。但是，他们需要精神的支持，而毛主席的语录里写道："全世界人民团结起来，打败侵略者及其一切走狗！全世界人民要有勇气，敢于战斗，不怕困难，前赴后继，那么，全世界就一定是人民的，一切魔鬼统统都会被消灭。"这些话引起了他们强烈的共鸣。我还记得，1966 年 8 月 18 日，毛主席在天安门城楼上"接见百万红卫兵"，我那时是中国人民保卫世界和平委员会造反派负责外事工作的领导成员，于是就由我陪同常住外宾如美国记者安娜·路易斯·斯特朗、新西兰的诗人路易艾黎、非洲的和平人士穆罕默德·凯尔、日本的民间大使西园寺公一等登上了天安门城楼。从城楼上向下看，人头涌动，如同潮水，无数的口号声汇成巨响。我平生哪里见过如此浩荡壮观的场面，激动得眼泪盈眶，永生难以忘怀。在红卫兵检阅结束后，毛泽东、周恩来来到天安门城楼右侧向外国友人们挥手致意。这里的观礼台上站满了各国外宾，有来自全世界的亲华左派、马克思主义共产党和同情者。只要见到他们看见毛主席时那种激动和疯狂的景象，除非你毫无感情神经，都会深受感动，也会从心底油然而生自豪之情，坚信毛泽东真的是全世界的救星。

没想到一年以后的今天，我竟然逃到欧洲。其实，我也是怀着一颗被鼓动起来的"造反"的心。我并不反对毛泽东，只是对一些"革命造反派"批斗人和红卫兵"打砸抢"的极"左"手段表示怀疑。没想到，欧洲大城市也是一片"革命"景象。在电视里看到巴黎的大学生和警方在香榭丽舍大街发生冲突，警察都用上了催泪弹。在比利时、荷兰、西班牙和意大利，大学生占领了大学楼，要求校方进行彻底改革，在汉堡，我亲眼见到哲学大楼里挂着"打倒反动学术权威、保守教授"的大字标语。看到自己国家的领导者受到这么多人的崇拜和信仰，我心中隐隐有种自豪之情。但是看得出来，欧洲大学生造反的浪漫色彩多于理性，理想色彩过浓，但这"革命"气氛又激发了我的感情，怀着激动的心情密切关注大学里的各种"革命"活动。

一个中午，我在大学食堂看到了一张贴在墙上的选举大学校花（Miss University）的海报。选举校花这种活动我毫不生疏。上海解放前，有名的"中西女校"、"圣玛利亚女中"、"圣约翰大学"等教会大中学校，都选过校花，轰动一时。不但学生们自己很享受那种热闹，连社会上的人都忍不住要围观一下。汉堡大学来自世界各国的学生有很多，选美活动规模必定更大。说起这里的美人，在我心中，没有一个能比得上安娜的，如果她在这里参加选美，必定当选无疑。但我现在为了摆脱消极的情绪，刻意让自己多去人多的地方走走，有活动就去看看热闹，于是记下了时间。

到了星期六晚上，大学食堂大厅被装饰得五彩缤纷，红灯绿酒，缤纷炫目。几百个年轻男女大学生，有的坐在长凳上，有的坐在桌子上，有的站着，围成一个大圈子，边喝啤酒边谈天，热闹非凡。那种潇洒自在的神情姿态，我在国内很少见过。这种选美，就像是属于他们年轻人的节日。大家都是轻松的、快活的、享受的。

预定的时间早已过了，就是没有人出来。大家等啊！等啊！最后等得不耐烦，开始拍手吹哨了。就在此时，忽然有一个年轻大学生，手臂上戴着红布，走到会场中心，拿着话筒向大家宣布，选大学校花是资产阶级的那一套，我们大学现正进行"文化大革命"，这一活动取消。

　　话音未落，只见从队伍中跳出另外一个男大学生，和他辩论，我什么也听不懂。只见他们越辩论越激烈，面红耳赤，比手画脚，大有大打出手的架势。大厅里的学生纷纷往外走，我也跟了出来。

　　忽然我见到有两三个长相不像欧洲人的学生围聚在一起，说着阿拉伯话。我感到特别亲切，就凑了上去。

　　"撒兰姆·啊列伊库！"我大声地和大家打招呼。

　　"瓦列一库姆·撒兰姆！"大家回应着。一个亚洲人冒了出来和大家说阿拉伯语，看起来他们都觉得莫名其妙。我继续用阿拉伯文问：

　　"我刚刚到德国来，不太会说德文，刚刚他们在争论什么？"我用在埃及监狱里学的蹩脚阿拉伯语问他们。

　　"喂！你怎么会说阿拉伯语？你从哪里来？"一个阿拉伯人好奇地问。

　　"我从中国来。"我说。

　　"刚刚是两个政治派别的学生组织在吵架，一个是支持中国的德国共产党，另一派是德国的保守党。喂！你怎么会说阿拉伯话啊？"一个长着两撇小胡子的阿拉伯学生问我。

　　我这个人，就好像"狗改不了吃屎"，在国内只要见到不同地方的人，就喜欢模仿上几句他们的地方方言，如果见到外国人，如美国人或者俄国人，我就忍不住要搭个讪，和他们说几句俏皮话，这是我的乐趣之一。现在我就用在开罗监狱里学到的一些不伦不类的阿拉伯话和他们攀谈起来，把他们笑得前仰后合。

　　"你在阿拉伯国家住过吗？"其中一个问。

　　"是的。在埃及。"我答道。

　　"什么？在埃及？"一个长着八字胡的高个子喊了起来。他的英文很流利，但带着浊重的阿拉伯口音："我是埃及人。你在埃及哪个城市？什么时候？"很显然，这里的阿拉伯人来自不同的国家。

　　"在开罗。我离开中国到德国来之前在开罗待过一个时期。"我用英文回答。

　　"那你可知道，一年前有一个中国人逃到埃及，中国红卫兵包围了他的旅馆，给埃及政府制造了很多麻烦？他的名字我还记得，叫什么来的？"他边想边用好奇的眼光看着我，眼睛瞪得大大的。

　　这简直太绝了。我怎么也不会想到，在德国汉堡大学，竟还有人知道我的事？这简直太不可思议了。告诉不告诉他这就是我呢？还是不要说罢……这怕什么！这又不是埃及，他能拿我怎的？我自己的头脑里好像有两个小人开始打起架来。我开始暗暗地笑了起来。

这个埃及人看到我抿着嘴笑，兴趣更大了，接着问："你认识这个人？"

我点了点头用英文说："他姓宽。"在埃及的时候，我发现阿拉伯人发不出"关"的音，把"关"念成"宽"。

"对了！他姓宽！你怎么认识他的？你是他的同伙？难道你们中国人也有 mafia？'宽'这个人物，深不可测，到现在我们还不知道他是什么人。当时对我们埃及来说，可是件大事。"

他好像还知道得不少，我对他也升起了极大的兴趣。我问："你说 mafia？mafia 是什么意思？"

他怀疑地看着我，奇怪我连这个字都不知道，还是假装不知道？

"mafia 就是黑社会的意思。"

我听了大笑起来，接着问："告诉我，你是怎么知道这么多的？是从报上读到的吗？"

"不！我曾是埃及的外交官，驻国外的领事，在文件里，读到过有关他的事。后来我对埃及政府不满，就离开外交界，现在到德国来想在大学读书。"

此人的坦率使我放心，他既然在外交部门工作过，也许他知道得不少，我倒真想知道一些内幕，埃及政府是怎么处理我这个案子的，我于是问他："你知道他现在在哪里吗？"我边问边思考，到底要不要把这层纱揭开。

"我只知道他曾被拘留在开罗监狱，后来他被放出去了。去了哪里，我不知道。"

还是揭开这层纱幕吧！我想。事情已经过去，他即使知道我是谁，又能拿我怎么样？想罢，我卖关子地说："他到了德国，并且住在汉堡，而且跟我很熟。"

"真的？他住在哪儿？我一定要认识他。他是个谜一般的神秘人物。我也佩服他的胆量。"

"走！我们两个人一起去喝咖啡好吗？"我建议说。

"什么？你就是那个姓宽的？"在咖啡馆里，他拍着脑袋用怀疑的眼光打量着我。我想，一不做，二不休，就从上衣口袋里拿出我从德国驻开罗大使馆得到的外国人员旅行证给他看，上面不但有我的名字，还有发放的地点开罗。这个高个子立刻站了起来举起双手走到我身边把我拥抱了起来说："My Chinese Friend（我的中国朋友）."

"但有一点，如果你是我朋友的话，就不要告诉任何人，我不想在这里出名。你知道就行了。"

"好，我答应你。我还没有介绍我自己，我叫哈林姆。在好几个国家做过外交官。我们的外交部不定时地向驻外机构提供一些埃及的国内外的内部消息。你的案子对埃及政府来说非常棘手。中国政府要你，美国政府要你，苏联也要你，甚至台湾的国民党政权对你也感兴趣。我们政府被夹在当中，不知如何是好。如果把你送回中国吧，必将得罪美苏两个超级大国，如果不把你送回去吧，势必影响埃中关系，而且一度也因为你的事紧张过。后来听说，中国方面主动撤回了解递你返国的要求，苏联方面也放弃了。但苏联给埃及政府打照会，不要把你交给美国。自从1967年埃及与以色列的六天战争后，埃及和美国的关系恶化，苏联对埃及的影响大大超过美国。所以，埃及政府耐心地让你自己去寻找你所想去的国家。我听说，你拒绝去美国。是这样的吗？"

我点了点头说："至今我也没有改变想法。"

"这我就不理解了。美国是那么强大富有！那你为什么愿意到德国来？"

"美国对中国不友好，我怕去了会受他们的政治利用，所以我不愿去。德国不是很好吗！我想在这里读大学。"

"你也想入大学？你现在靠什么生活？"哈林姆问。

"你问得好。这也是我最大的问题。我曾在码头打工，结果躺了三天。"

"那你为什么不申请奖学金？譬如说，弗里德里希·艾伯特基金会给的奖学金。"

"奖学金？艾伯特基金会？它有什么政治背景吗？我最怕就是混入政治。"

"这是德国一个非常有名的、正派的基金会。"

"政治性很强吗？"

"我不认为。你可以试试运气看嘛！我已经申请了。"

　　也真巧，哈林姆还有一份多余的申请表，他就帮我填了起来。

　　两个星期以后，果然我得到了艾伯特基金会的回信，约我和哈林姆一起到西柏林去和一个姓莫勒的先生见面。实际上，我对这个奖学金所寄的希望并不高，兴趣也并不那么大。并且我还真的有点怕，怕再被拖进政治的漩涡里。一朝被蛇咬，十年怕井绳。政治对我来说就好像是一条毒蛇，永远躲在我的身后，在不经意间窜出来咬一口，甩掉它还来不及呢！因而我对此邀请毫不热情。不过，我从没去过西柏林，借此机会和哈林姆一起去逛一下西柏林，何乐而不为？

　　不见不知道，见了吓一跳。乘飞机来到西柏林，发现这里物价并不贵，城市也很漂亮，可是当我见到这个城市被高高的围墙裹得严严实实，唯一和西方世界可通的，就是空中走廊，着实倒足了胃口。这岂不是成了城市监狱了？东德政府做得也太绝了。如果社会主义真像苏联所宣传的那样是天堂，那你东德筑这条柏林墙干什么？岂不是阻挡了西柏林人民奔向天堂的路？我想。

　　基金会的莫勒先生给我的印象坏透了。他穿得西装笔挺，既高傲又咄咄逼人。他向我提出一系列有关中国的政治问题，一听就知道，他对中国情况毫不知情，但是他还要做出种种姿态，好像比我了解得更多。他使我回想起解放前，上海一些洋人在中国人面前那种耀武扬威、作威作福的气势。

　　我知道，为了拿到奖学金，去迎合他是太容易了。只要你把他们口中的"红色中国"大骂一顿，绝对能通过。可是我有我的原则，怎能容忍他这种霸道思维，岂不污辱了我和我同胞的尊严？我开始和他争辩起来。桌子上正好放着一个茶壶，我忽然问他："请你讲讲这把茶壶是什么样子的？"他听了一愣，不知怎么回答。我就回答说："世界上有这样的人，只看到茶壶的一面，就以为这个茶壶是这样的。我们中国有一个'瞎子摸象'的成语，他摸到了一条大腿，就以为大象如一根柱子那样。中国那么大，历史那么悠久，政治那么复杂，怎可能三言两语说得清楚的。我不久前刚给亚洲研究所写了一本关于中国的书，您以后读读就对中国有一个基本上的了解了。"

　　这些话使他非常难堪，脸上青一阵红一阵，我反倒觉得心里很舒畅。我怎能拿对中国如此不友好的基金会的钱，谁知道它是什么组织？谈话就这么结束了。后来才知道这个基金会属于与德国社会民主党有关的机构。

结果当然很清楚，哈林姆得到了奖学金，我被拒绝了。

"你呀，真是的，干吗非要跟他对着干。"哈林姆说，"你要想得到钱，就应该顺着对方说他爱听的话。我就是这样回答他的问题的。"

"告诉我，你每月可以拿多少奖学金呢？"

"一千五百多马克。"

"什么！这么多！"我听了真有点后悔，但是，事后冷静地再一想，在这个世界，到处是看不到的政治漩涡，你一不小心，就会被卷进去。来到德国，我完全靠空手去打工，用自己的劳动和智慧去赚钱，不是照样活下来了？何必为了一时的安逸，放弃自己一生的原则。我既然已经决定完全摆脱政治，就要警惕，不可以再陷进去啊！

12 热心肠的拉斯博士

自从搬到这个学生宿舍后，由于只有两层楼，住的学生不算多，大概有十几个，大家共用一个大食堂，很快都混熟了。他们几乎全是德国人，但和亚洲研究所的德国人不同，大家早晚都在一起，相处得很和谐。尤其是每到晚上，胖子库尔特常召集大家聚在一起喝酒唱歌。茹多尔夫会弹吉他，我从中国带出来的那把母亲送给我的珍贵小提琴，也派上了用场。

库尔特是从东德逃出来的，专业是经济。他情绪不好时，一晚上可以喝十几瓶啤酒，如果情绪好了，还可以喝更多。他对我很热情，主动教我学德文，还把我房间每样用具都写上德文。茹多尔夫是学法律的，喜欢唱美国民歌。彼得是学地理的，几乎能背出世界各国的大中城市的名字，包括中国的。他的记忆吓了我一跳，连东北的鞍山、新疆的喀什、云南的大理他都知道。还有一个约瑟夫是学神学的，人长得端正清秀，性情随和，还说以后要到中国做牧师。阿尔福雷德年纪稍长，已经成家了，他是聋哑学校的老师，到汉堡来进修。

晚上夜深人静的时候，思乡心切的我常常一个人到宿舍的小礼堂去拉小提琴。我把瞎子阿炳的《二泉映月》拉成小提琴曲，想家的时候，就拉给自己听。一晚，我正拉这个曲子，我听见背后有唏嘘之声，回头一看，是库尔特，他手里提着一瓶啤酒，泪眼汪汪地站在那里。

"你怎么在这儿？我完全没有听到动静。"我说。

"谢谢你拉出这么动人的曲子。它让我非常想家。"他说。

"你离开东德有多长时间了？"

"有三年多了。"

"你不想回家去看看吗？"

"当然想，但回不去。我是逃出来的。和你一样！"

"你今后有什么打算？"他转了话题问我。

"我想念大学。"

"想进大学？这是好主意。你去办手续了吗？"

"还没有，我这一阵，只顾打工赚点生活费了。"

"明天早上，我陪你去找大学外国留学生办公室主任拉斯博士（Dr. Lass），他是一个非常热情的人。"库尔特说。到底是从社会主义国家出来的人，彼此总有那么一种同病相怜的感觉。我想。

第二天一早，我们来到汉堡大学总部的外国留学生办公室。拉斯主任很快接见了我。他是一个年纪不到四十的人，有一张非常慈祥的脸，脚有点瘸，说着一口非常漂亮的英文。我简单地向他叙述我的来历后，他立即表示说："我们大学，还没有一个从中华人民共和国来的学生，我欢迎您的到来。您有没有什么学历证件？"

"没有！都放在中国了。"

"您可以不可以写信回去，请家人寄来。"

"不可能。完全不可能。"我肯定地说。

"怎么？你从中国出来，连与家里人联系的机会都没有？"一旁的库尔特奇怪地问道。

"你呢？你能和家人书信联系吗？"

"当然可以了，我常常和家人通电话。"

"我太羡慕你了。我如果和家人有联系，他们会倒大霉的。他们会被打成里通外国的反革命。"我低下了头，心头一阵苦涩，这下入大学是没有希望了。

"那我们东德比你们中国还好一点。"库尔特说。他这句无心的单纯之言让我啼笑皆非，心中却涌起浓浓的悲哀。

拉斯博士若有所思地说："没有中学毕业证书或大学肄业证书，获得入学许可是比较困难的。但任何规定都是有例外的。这样吧！别灰心，让我考虑考虑，和有关部门商量一下。您留下您的电话号码，一有消息我会和您联系的。"

面对我这个素不相识的中国人的窘境，拉斯博士所表现出的关切和热心肠，与艾伯特基金会那位戴着有色眼镜看人的莫勒先生有天壤之别，让我不禁深深感动。

在码头打了几个周末的工，钱倒是赚了一些，但是那些活实在是太累人了，累得我连去上德文课的力气都没有了。偶然在大学的一个布告牌上看到，有一个起重机制造厂招学生临时工，每小时的工资和码头的差不多。我想去碰碰运气。谁知一到那里，他们马上接受了我，并同意立即办手续，第二天就上班。我就急匆匆地和他们签了三个月的合同。

平静的生活并没有维持多久。

有一天，我忽然接到一个陌生人的电话，他说要来我的住处拜访我。我问他怎么知道我的名字和我的电话，找我有什么事情，他都不回答，只说一切见了面再谈。

当天傍晚，他竟直接闯进了我的宿舍，自称是为德国政府工作人员，研究中国问题，对中国很感兴趣，希望我能和他谈谈中国。听到此话，我当然很高兴，但是，当我和他随便聊到中国的一些情况时，却发现他一无所知。可是，他对我的近况反而知道得一清二楚，甚至是最近的打零工，他都知道，并说："那种体力活不适合您干，您的工作岗位应该是在研究所。"

真奇怪，他怎么连我最近的心思都说出来了？我将信将疑地问："是啊，有这样的机会吗？"他见我兴致有所提高，立即打住说："我试试找找看，我们保持联系，我会打电话给您的。"我立即表示极大的兴趣，我想，像我这样的无名小卒，如果有人帮助推荐，就像格林教授介绍我到亚洲研究所那样，岂不太好了。

几天以后，拉斯博士给我写了一封短信，要我到他办公室去一次。难道，可以让我入大学了？我高兴地想。第二天一下班，我就从打工工厂直奔大学而去。

"关先生，真巧，平时这时候，我都回家了。我们大学接收新生委员会的几个负责人研究了您的情况，同意把您当作一个特殊情况来处理：但您需要有两个汉堡大学教授出具证明，证明您具有大学肄业程度，我们就接受您的入学申请。就我个人而言，我认为您是具有这一资格的。因为您的英文水准已经证明了一切。"拉斯博士愉快地说。

"我还会俄文呢。"我赶快加了一句，"我在大学的专业就是俄语。"

"那么您的俄文与英文相比，哪一个好？"

"很难说。不过这些年来，我用俄文的机会比英文多。"

"这样吧！这个星期六晚上，在我家里有一个聚会，我给您介绍一位历史系教授，他是我的朋友。我希望他能帮您忙。"说完他给我写下了聚会地址，又问："最近您的生活还好吗？"

说来很奇怪，我只和这位拉斯博士见过两面，但我完全信得过他。见他开口问，我就把自己的事情一股脑地全说了。我们谈了很久。最后我告诉他我在中国饭店和码头的打工经历。他听得津津有味，很同情我的处境。就在我站起来要告别的时候，我随口提起了那位陌生客人的奇特访问。拉斯博士的神情突然变得警惕起来：

"您说，他掌握了您的住址，并对您的近况很熟悉，是吗？"

"是啊！有什么不正常吗？"

"关先生，这个人确实很可疑。您刚来汉堡，知道您的人并不多，这个来路不明的人能找到您，的确不寻常。您应该小心谨慎，千万不要答应他的任何要求。"拉斯博士严肃地嘱咐我。这些嘱托让我心中蒙上了一层凉意，难道这其中另有隐情？

说也凑巧，就在那天晚上，那个来路不明的人又来找我。他说他替我在慕尼黑找到了一个工作，每月工资三千马克。我的旅行住宿费用也由他们出，工作时间也不限。听到此消息，我心中着实高兴了一阵，面露喜色，但又想想，哪有从天上那么容易掉馅饼的好事？开出的待遇太高了，他又不了解我，凭什么对我如此"厚爱"呢？我立即想起了拉斯博士的警告，就更起疑了，便问：

"到底需要我做什么工作呢？"

"研究中国问题。具体做什么，到那里再商量。"这时，在我耳边又响起了拉斯先生的声音："不要随便答应人。"我于是推托说：

"让我考虑考虑，下星期答复您。"

好不容易盼到了周末的聚会。拉斯博士的约会地点竟然就是他的家，离我们宿舍不远，八点以前我就找到了那里。想到了德国人十分讲究准时，我不敢乱闯，就在门口一直等，直到八点整，才走上前去敲他家的大门。谁知道，我竟是第一个客人，拉斯太太还在忙着哄孩子上床睡觉呢！

"真对不起，我来得太早了！"我一看见拉斯博士迎了出来，马上抱歉地说。

"不！不是您太早，而是别人太晚了，我们这种聚会每几个月有一次，大家都很熟，轮流办，说八点，一般到九点后才来呢！这样正好，我们可以多聊聊。怎么样？那个陌生人又来找您了吗？"

我点点头。把对方来访的情况说了一遍。他皱起了眉头："关先生，对这个人一定要小心，他很可能是德国的秘密特工人员，不然不可能有这么大的口气，您可知道，三千马克，连我都赚不到。您下次见到他，要求他告诉您是哪个机构邀请您，让那个机构给您发一封书面邀请信来，看他如何反应。"

我一听特工人员，心里就紧张起来："德国的特工人员，是不是像美国中央情报局的人员一样？"

"不错。您也听说过中央情报局？"他惊讶地问。

"对我们中国知识分子来说，这毫不陌生。他们在中国内战时期非常活跃，曾与国民党当局的特务机构合作，迫害革命者和进步人士。中国有一本著名的小说《红岩》对此有生动的描述。"

"总之，您还是小心一点为好！"拉斯先生拍了拍我的肩膀。

九点左右，客人陆续来了。我终于见到了拉斯先生介绍的历史教授木勒斯先生。

木勒斯先生约五十岁的样子，留两撇胡子，高高的个子，额骨突出，两眼有神，英文说得相当好。他对中国的"文化大革命"有浓厚的兴趣，但他完全是学者式的态度，绝不像大学生那样的狂热和崇拜。他说再找一个时间和我详谈。的确，这里也不是谈话的地方，音乐太响，都听不清楚对方说的话。

我是空着肚子来的，本以为，当晚聚会，就应该大吃大喝。谁知道，当晚来了二三十人，桌上只放着一些花生米和小饼干似的零食小吃，啤酒、葡萄酒倒是备了不少。不知不觉，我已经喝下两大杯啤酒。我本来酒量就很浅，不会喝酒，外加空着肚子，啤酒灌下肚，开始觉得人有些天旋地转。大家都兴致勃勃地用德文聊天，我反正也听不懂，就推托不太舒服，返回了宿舍，心里还闷闷不乐想，德国人原来就是这样招待客人呀，下次可得吃饱了赴约。

14　大学有个刘教授

　　离开亚洲研究所已经快三个月了，也不知道我写的书稿结局如何？有一天我正好路过亚洲研究所，就闯进去敲了一下格罗斯曼所长办公室的门，他一看见是我，很高兴地请我进来，并很坦率地对我说："关先生，我正想找您呢！您写的书稿，我已经给所里两个中国同事看过了，他们对您的书稿评价不高，说文字不通顺，错字连篇。最多不过一个中学文化程度。不过我很难理解，您的英语水平并不低，还会俄文，怎么中文会那么差。我有一个建议，汉堡大学中国语言文化系有一位主任教授刘茂才，他是三四十年前从中国东北来的。您把书稿送给他看看，请他提提意见。我会和他联系的。"

　　听了格罗斯曼博士这些话，我心里很不是滋味。文字不通，错字连篇？我在中学时的作文常得五个圈的最好分数，大学毕业工作后，还翻译过好几本俄文文学和经济学方面的书，怎么我的中文水平会到如此糟糕的地步？

　　当晚，我把格罗斯曼还给我的书稿又仔细翻了一遍，发现上面有很多字画上了圈，显然是读过它的人认为是错字而在上面画的。可是这些字明明是对的嘛！忽然我恍然大悟，这些字全是解放后大陆文字改革以后通用的简体字，而那两位中国博士，都是解放初期就离开大陆的，那时还没有实行简体字呢，难怪他们不熟悉。至于说文字不通顺，我更看不出什么不通呀！唉！文人相轻，就是麻烦，我心里感叹道。

　　第二天我没心思到工厂去了，打电话请了一个病假，拿着那本厚厚的书稿，来到汉堡大学。

　　汉堡大学是一个有百年史的大学了。它和中国的大学不一样，因为年岁长，各系都是陆陆续续建起来的，故而没有自己的校区。不像中国的大学，都是学美国建立起来的。各学院和学系都设在大校区内，如北京大学、清华大学，那里的院系都集中在一个校区内。而在欧洲的老大学，如汉堡大学，各院系都分散在汉堡市 13 区——被后人叫做文化区的各个角落。凡是与各国有关的语言文学系，如中文系、日文系、俄罗斯系、非洲系都在一个哲学大楼内办公。中国语言文化系则在第七楼。

我忐忑不安地走进哲学大楼，在7楼702房间门口敲了敲门，一位满头白发的老先生开了门，他闪着惊异的眼光，微笑着直接用中文问："您是哪位？有什么事？"他高高的个子，大大的眼睛上挂着一个白边眼镜，慈祥而亲切。

"您是刘茂才教授吗？"

"是！是！您是？"

"我姓关，叫关愚谦，格罗斯曼博士让我来见您。"

"噢！关先生！我知道了，格罗斯曼先生给我打了电话，而且，您从中国大陆来德国，我早就听说了。很想见您一面。里面请，里面请。"我刚刚坐下，刘教授就热情地问起来："怎么样？生活不容易吧？我在德国已经生活了三十多年，还是不太习惯。好在我有一个好太太，对我关心备至。有什么事要我帮忙尽管说。大家都是同胞嘛！"

初次见面，还未听我说话，他就这么热情，我十分感动。这位老人眼睛炯炯有神，五官端正，目不斜视，一看就知是可以信得过的正人君子。我有一种直觉，在我未来的生活中，他将会起到重要的影响。

"本来，格罗斯曼博士请我写一本有关中国文化大革命的书，"我说，"但我资料不够，写不出来，就用中文改写我的童年、小学、中学和大学成长的过程，一直写到文化大革命爆发。可以这么说，我是用自己全部的感情去写的。谁知，亚洲研究所的两位中国同事读了以后，很不满意，认为水平不高。格罗斯曼博士就让我把书稿送到您这里来，请您看看，提提意见。"我有些紧张地说。

"可以，可以。"刘教授把书稿接过去翻了翻，问："这些用铅笔画的圈圈是什么意思？"

"不是我画的。大概他们认为这些都是错字。"我说。

"这哪里是什么错字，这是简体字。荒唐，研究大陆而不懂简体字，岂不荒唐？您把书稿放在我这儿，我看完了会通知您。以后咱们再联系。您老家是什么地方？"

"北京通县。"我答。

"怪不得您说那么好的普通话。以后没事，到我家去坐坐。好好聊聊。"

“好！谢谢您！”

与刘教授告别出来以后，我心里有说不出的愉快。怎么到处都能遇到好人。如果那两位中国博士不否定我的文稿，格罗斯曼博士不把我送到刘教授这里来，那我不是错过了认识刘教授的机会，真是鬼使神差，命里注定。

回到住处，那个神秘的陌生人又打电话来了，问我是否拿定了主意。我就把拉斯博士的建议“需要一份正式书面邀请”说了出来。没想到，他立即答应了。这份爽快让我的疑心减了不少，我心里甚至还想，拉斯博士是不是太多心了。

15 别开生面的考试

周末晚七点，历史学教授木勒斯先生约我去他家。汲取上次的教训，我事先吃饱了肚子，存心晚了半个多小时才到他家。没想到，来到餐厅，餐桌上铺着洁白的桌布，每人桌子面前摆着透明发亮的高脚酒杯和高级的白瓷餐具，旁边放着纯银的刀叉，原来是正式宴会！我竟是最后一个到达的客人。这种豪华场面，我在中国的对外场合也经历过，但我现在是在德国啊！见到这么多人都在等我，我一阵后悔，真是不好意思。可是，为什么有时候要按时到，有时候要晚一些？我有些困惑。

当我坐定后，木勒斯教授站起来，开始挨个介绍我给大家认识。先是他的太太，一个三十岁左右、穿着入时、举止落落大方的女子。他接着用英文说：

"今天很荣幸，请到了从中国大陆来的关先生。关先生既能说英文，也能说俄文。遗憾的是，关先生还不会德文，为了不使关先生觉得冷落，我特意请来丽娜小姐，她父亲是德国人，母亲是俄国人，她从小在莫斯科长大。说得一口流利的俄文。"

我一进来已经发觉，今晚在座的人，皆非一般人物，个个文质彬彬，温文尔雅。木勒斯先生向我一个个介绍，我才知道，里面有俄国总领事，有医生，有教授。我身旁坐着的那位美丽的女士丽娜，更是顾盼生情，美艳惊人。她皮肤细嫩，面透红润，一头棕黑色的头发自然地披在肩膀，白衣白裙，腰上系着红色宽皮带，宛如银幕上光彩夺目的影星。为了不让人感到我轻浮，我一直不敢多看她。现在，主人发话了，我就不再顾忌了。她见我那么高兴地看她，也以笑来回答，露出一排整齐的白牙。

我们的谈话开始了。她用俄文一连串地给我提问题，如在哪里学的俄文？学了几年？过去在哪里工作？去过俄国没有？虽然我已经有十多年没有说俄文了，这些简单问题按理说也太容易回答了，可是，经她这么一问，很觉突然，速度说得又那么快，我自然希望能把句子回答得很得体，反而更紧张，说起来磕磕巴巴。到底是俄国总领事经验丰富，于是慢条斯理地插话说："您的俄文说得很不错啊！发音很正确。我曾经去过中国，还到北京外语学院访问过。好像离一个有大湖的公园不远。叫夏宫。"

"对！对！夏宫，我们叫颐和园。"给总领事这么一插话，把气氛缓和了一些，他说得又那么慢，再加上他又去过中国，声音很像我过去陪同过的苏联专家谢尔盖·米哈伊洛维奇，让我莫名地感到亲切，我那绷紧的神经一下放松下来，好像说话也开始条理化，而且越说越顺口。

在座的人除了丽娜和总领事外，都不懂俄文，但听我们谈的如此高兴，也都静了下来。木勒斯教授更是全神贯注，微笑着不时地点头，听着我们的对话。我恍然大悟，一定是这位历史学教授专门请这位姑娘来考我的，看我是不是真的会说俄文，我可不能掉以轻心啊。

和丽娜还有总领事交谈了十来分钟以后，通过丽娜的流利俄文，我发现，我的俄文又慢慢地从脑后游移到脑前来，我们越谈越投机，我故意把过去苏联专家常常用的生活俚语如"见鬼去吧！""上帝保佑"掺在话中，把他们逗得不时捂嘴大笑。我于是借此机会偷偷地告诉丽娜，我为什么今天晚来、并且事先填饱肚子的原因，她听后笑得直不起腰来。木勒斯教授用英文插话问丽娜："你为什么笑得那么开心，说给大家听听。"丽娜边笑边用德语又说了一遍。这下全屋的人都大笑起来。

木勒斯先生解释道："关先生，这是德国的一种风俗，请客和聚会不同。请吃晚饭，一般都比较准时，但晚十来分钟也是正常的，原因是，女主人要准备点心或晚饭。至于聚会，一般不吃什么正规饭，最多放点小饼干、花生米之类，都在晚八点以后，不需准时到，九点、十点都可以。还有一种请客方式，例如：主人过生日、庆祝结婚纪念日，客人请的非常多，怕太拥挤，于是定一个时间：如从上午十一点到下午三点或下午五点到晚十点。吃的是自助餐。随便什么时候来都可以。"我听了以后，恍然大悟，再三向大家道歉。大家笑得更开心了。

木勒斯先生又问丽娜："看起来关先生的俄文说得很不错，是吗？"

"他说得不但流利，而且还知道不少俄国俗语呢！"丽娜看着我赞许地说。我心里则想：惭愧！我今天把十八般武艺都搬出来了，明天，你想再听就没有了。

当天晚上，我有了能说俄语的机会，感到非常亲切和愉快。虽然，我心里真想和丽娜多聊聊，但做人不能太自私了，这点我懂。我于是也尽量地和大家用英文交谈，让人们感觉中国大陆出来的人是有文化有教养的。当晚，我自然而然地成为主角，谈话主题也是中国。

这几个月来，我和德国的知识界接触多了，回头对中国的看法和我刚来时差很多。人们都如饥如渴地想了解新中国，而且大多数都是出自善意。我是一个中国人，虽然中国在解放后有很多极"左"政策我完全不能接受，自己也是受害很深的人，甚至冒着生命危险离开中国，但是，我对 1949 年的革命还是肯定的。共产党里面的大多数都是好人，就如同我的一家，父母兄姐都是党员，他们入党都因为不满意旧社会，要改变中国的命运。何况，要建立一个新社会，共产党一点没经验，当然会犯这样或那样的错误，不能过多地责怪他们。我作为一个中国人，在外人面前，不要丢中国人的脸。我介绍了新中国的成就，介绍了人们建设美好生活的热情。对于我自己的遭遇，我并没有声泪俱下地去谴责和抨击，只是寥寥几句带过了事。

大概我那天晚上的直率和热情，感染了当晚的宾客，他们纷纷表示愿意和我再见面。临告别前，木勒斯教授把我拉到一边悄悄说："关先生，您什么时候要我写推荐信，请随时告诉我。"

我心中一喜：这次考试通过了。丽娜更是特别兴奋，主动提出开车送我回家，并问我愿不愿意到她的小公寓里喝夜咖啡。想到自己可以成为汉堡大学的学生，这件喜事一定要庆祝一下，我一口答应了。

到了丽娜家，没想到她又拿出伏特加酒来，也就是说，今晚，她不能再开车，而我不会开车，势必在她家过夜了。

当晚是我这一辈子喝得最多的一次。没想到，俄罗斯女孩子也那么能喝酒，酒后比安娜还冲动得多，我完全忘了我在她那里待到什么时候。只记得，第二天早上，我才回了宿舍。以后，我们再也没有见面。这一晚，就像是一次奇妙之旅，一个新的世界渐渐向我打开大门。

16　在刘教授家包饺子

次日，回到宿舍，库尔特一见到我就问："昨晚你到哪里去了？一夜也不回家，有一个教授给你打过电话。"

"教授？什么教授？"

"是一个中国人，他姓刘，请你回电话。"听到这里，我知道一定是关于我书稿的事，心情立刻紧张起来。我立即奔到楼下的公用电话亭回拨过去。是刘教授的儿子刘仁凯接的电话。他说，如果我晚上有时间，他爸爸想请我到他家里去吃饺子。我一口答应了，心里非常高兴。刘教授请我到他的家去吃饺子，说明我的书稿读完了，而且也很满意。那么，为我开证明的第二个教授，有希望了。

刘教授的家坐落在富人区，离我的学生宿舍不太远。到他们的家时，他正忙碌地和他的德国妻子包着饺子，老两口满手还都沾满了面粉，令我感到特别亲切。我二话不说，洗了洗手，立即跟着包起饺子来。擀皮我不太在行，但包饺子我是一流的。

"你的书稿，我花了整整一个星期才看完。写得真好，人物写得很生动。通过这本书，我对文化大革命有了一定的了解。我已经给格罗斯曼先生挂了电话，把你称赞了一番。"刘教授对我说。

这句话使我心花怒放，这六个月的心血总算没有白费。

刘教授是一个很健谈的人，我们一边包着饺子，一边听他风趣地批评德国人的生硬、没有人情味，然后笑着对我说："人住在德国，拿他们的工资，吃他们的饭，还骂他们，这好像有点不公平，是吧？"我听得出，他这其实是故意说玩笑话，实际上，他对德国生活和德国人民是很满意的。

刘教授在德国已经住了几十年，一些作风也德国化了。他只是关切地问我以后有什么打算，但绝口不问我过去的遭遇。"我想再进大学，选一门课，您觉得怎么样？"

刘教授一听这句话，一个劲地点头表示赞成。他转了一下眼睛，思索片刻说："你和大学联系了吗？你想读什么系？"

"联系了。"我于是把外国留学生办公室需要教授出证明的事说了。

"出证明！绝对没问题。我已看过你的书稿，我相信你绝对有大学学历。明天一上班，我就给你写证明，我还可以请系里另一位傅吾康教授一起签字。"

"那真太谢谢您了。"

"你现在靠什么生活啊？"

"在工厂里打工。晚上上德文课。"

"好！有出息。吃得苦中苦，方为人上人。我能在德国拿到教授位置，不知吃了多少苦。"刘教授就把他刚到德国来时的困难向我简单地介绍一下，那时还是纳粹统治德国的时期，外国人很受歧视，他和他现在的德国妻子英鸽谈恋爱，都得绝对保密。

刘教授是一个非常乐观、直爽和风趣的人。我们彼此都发现，在性格上我们有很多共同点，一见如故，最后临别时，我把那位不速之客介绍我到慕尼黑的事向他简单说了，并也谈了拉斯博士的意见。刘教授点头说：德国这个社会，表面上干干净净，但政治上还是很复杂的。尽量不参与任何政治，小心别上圈套。最后拍拍我的肩膀说："小伙子，就留在汉堡，哪儿都不要去！好好干，你会成功的。"这一句话，在平时也许不那么重要，但在当时，他给了我精神上极大的鼓舞。

第二天下午，我去大学拜访了拉斯博士，高兴地告诉他我已找到了出证明的教授。他点点头满意地说："我都知道了。木勒斯教授对您很满意，刘教授也非常关心您。他们都愿意为您出证明。"原来他们都和拉斯博士通了电话。

"他们都是好人，我真幸运能认识他们。"我于是向他介绍在木勒斯家的前后经过。

"您的运气不错，那么多人愿帮助您。那位丽娜小姐，漂亮是出了名的。是大学的校花，不知多少人拜倒在她的石榴裙下。她能这样热情招待您，很不容易。"

"拉斯先生，我和您才认识不久，您对我如此关心，给我那么多帮助，我真不知如何感谢您！"

"不！不！关先生，我没有做什么。您的性格很开朗，适应我们这里的环境，我在这里工作多年了，像您这样有活力和有人缘的人不多，您会有前途的。"拉斯博士高兴地说，"您等着听我的消息吧！"

不隔几天，我真的收到一封从慕尼黑寄来的信：

尊敬的关先生：

我们向您确认，我们的同事已经向您发出来我们机关访问的邀请，时间是 1969 年 11 月 15 日到 11 月 22 日。您在慕尼黑的一切费用当然像已经提到的一样，由我们支付。

致以最高的致意。

U. S. ARMY,

Headquaters 540 3rd Special Procurement Section 代号 09757

（落款上盖有美国陆军的军戳）

血立刻冲到了我的头顶。果然如此！我人在德国，美国军方竟然公开出面邀请我去慕尼黑，他们不是情报机构还会是什么？拉斯先生预料得一点也不错。

对方来势汹汹，甚至都不隐瞒自己的真面目，这怎么办？有什么办法可以保护自己呢？就在我拿着那封信、急得不知所措时，有人叫我去接电话。

是拉斯博士打来的，他祝贺我说，汉堡大学已经批准我为正式大学生了。

"拉斯博士，我刚刚接到慕尼黑的来信，落款是美国陆军，您看怎么办？"我把信中内容详细地念给他听。

"关先生，您待在宿舍里，不要出去。我处理完手头几件事，立即到您宿舍来。"

一个小时以后，拉斯博士真的来了。小儿麻痹症使他失去了正常的体型，他身子伛偻，脸上长着大片红记，但那善良正直的眼神，给他平添了一种大人物的高贵气质。他行动不便，为了我这个外国人忙前忙后，我实在是感激得不知说什么好。我连忙迎着他到我的房间，他仔细地看完信后，郑重地说："关先生，这里肯定有文章。绝对不能上他们的船。您上去，一辈子就下不来了。等到您的价值被利用完以后，他们就会抛弃了您，到那时，社会也不会再接受您了。"

听了他的话，我感动极了，立即向他表示：

"拉斯博士，谢谢您，请您放心。我决不会为了金钱而出卖自己的灵魂。我是决不会去慕尼黑的。可是那个人再来找我，我用什么办法甩开他呢？"我焦急地问。

"您告诉他，您已是在汉堡大学注册的正式大学生了，有什么事必须通过大学外国留学生办公室，让他来找我。我会打发他们的。"拉斯博士说。

我们正说着话，有两三个同宿舍学生敲门来找我，见我有客就都走了。拉斯博士问我："你们这宿舍里住的学生多吗？你与他们关系处得怎么样？"

"处得都非常好，他们对我很友善。"我说。

"那好极了。我走了。让他们好好照顾你，你星期二到我办公室来办理正式入学手续。"

"好！我一定来！"我紧紧地握住他的手。

第二天清早，那个陌生人果然又来了。他没有进到宿舍里面找我，而是缩头缩脑地在宿舍门口外面站着，我一出门就碰见了他，着实吓了我一跳。

"关先生，我们已经为您买好了去慕尼黑的头等车厢火车票，这里还有二十马克的零花钱，给您在火车上用的。"他拿着一个信封说，"除火车票外，您到慕尼黑后怎么下车，怎么坐计程车，到什么地方，找谁，这里面的一页纸上写得一清二楚。"

我没有接那个信封，而是说："我并没有答应去慕尼黑啊。"

"什么？您不去慕尼黑？"他的脸"刷"地一下变了颜色。

我开始有些紧张，"先生，我当时只是说考虑考虑，并没有答应您啊。而且我还在工厂里工作，与他们签了合同的，不能随便一走了之。"

"这有什么问题！您是临时工，您不去上班，他们会自动除名的。"

"那样做太不合适吧？会给他们留下极坏的印象的。不但是对我，也是对我们中国人形象的损害。"我感到更加紧张了，已经找不到更好的借口。

"您还能管得了那么多？别忘了，您到慕尼黑去，赚的钱比这不知多多少倍啊！哪里去找这么好的工作？"

"先生，很遗憾，我对政治丝毫不感兴趣。我正准备给慕尼黑那边写一封回信，告诉他们，我已是汉堡大学的学生了，我不能去那边。"我想起了拉斯博士的话。

"什么？您是汉堡大学的学生了？我们怎么不知道。您什么时候注册的？"那人很感意外地问道。

拉斯博士的话陆续在我脑海中闪过，我已经平静下来，就接着说："外国留学生办公室主任拉斯博士对我说，我刚刚进大学，不能接受任何工作。您以后要通过他才能和我联系。"

"这是什么话？这是您私人的事，与大学有什么关系？您拒绝去慕尼黑，是会后悔的！您还会听到我的消息。"他气急败坏地跳上汽车走了。

当天晚上，宿舍里好几个同楼学生到我的房间来聊天，我把最近发生的事情和拉斯博士的话告诉了他们。这些大学生，对政治都相当敏感，一听竟然有美国情报局的人来找我的麻烦，就火了。其中一个也叫彼得（Peter）的年轻人立刻表示："从现在起，我们应该负起保护比德的责任。以后这个人再来，我们就不准他进入宿舍。今后你外出，一定要有人陪同。"

库尔特说："我们从现在起，每晚要有人值夜班，守住我们的宿舍，任何陌生人来都要问一下找谁，凡是有人找比德，一律不准入内。"

"那可不行，如果是我的朋友来找我呢？"我忙说。

"当然，如果是漂亮的金发女郎来，我们立即放行。"

"什么金发女郎啊？你胡说八道什么？"这句玩笑话让我的心情放松下来。

他们边说边笑，屋子的气氛一时间变得活泼轻松起来，彼得又把话题拉回来说："除了比德的女朋友可以进来以外，如有男性访问，我们都得问清楚，才能放他进来。"意见一致了，开始分配值班任务，各个都在摩拳擦掌，看他们满脸严肃的样子，我心里一方面感激，一方面觉得不安。他们还都是一些从来没经历过生活磨难的学生，充满正义感却又心思单纯，对政治游戏的黑暗和残酷了解不多。他们是想帮我的忙，但我很担心，如果真出大事的话，岂不是会连累着这些风华正茂的年轻人？

次日下午，库尔特陪我一起去见拉斯博士。我把那个陌生人的气急败坏讲给他听，库尔特也添油加醋地介绍全宿舍的人决心保护我的计划。拉斯博士听后，笑了笑，立刻拿起了电话。可惜除了我的名字，其他一句也没听懂。

挂上电话，拉斯博士笑着对我说："我刚才和波恩政府内务部通了电话，那里有一个官员是我的朋友。我向他说，您现在受到汉堡大学的保护，不准有任何人再来打扰您。这种事情搞得不好，会酿成一个国际事件，对波恩政府不利。对方表示立即查问，停止他们的行动。关先生，您马上写封信回复慕尼黑，了断此事。"他又转身对库尔特说："谢谢你们帮助关先生，我想，晚上值班没有必要了。"

果然，从那以后，那个陌生人消失得无影无踪，我再也没有遭到情报机关的打扰。和拉斯先生的友谊保持了好多年。他因身患疾病，不能生育，所以夫妻两人收养了两个外国孩子：一个印度女孩，以及一个来自非洲的男孩。两个孩子都非常活泼可爱。我经常去看望他们，跟他们一起嬉戏玩耍。谁知，后来有一天我打电话给拉斯博士的时候，是他妻子接的电话，说他出差到非洲，忽然心肌梗塞，抢救无效，骤然离世！命运啊！命运！我虔诚地祝愿这位好人在天堂平安！

第三章　在大学打天下

17　当上汉堡大学的助教

　　"大学"，从小，只要人们一提到这两个字，我就无限神往。记得我在中学时代，看见上海圣约翰大学那些意气风发、潇洒自如、满口流利外文的大学生就很羡慕。有的学生虽然家境贫寒，但是风度仍然优雅迷人。记得我在贝当路（现衡山路）学生礼拜堂唱诗班里唱歌时，非常崇拜当时的指挥邹廷恒。他是一个大学生，从他的衣着打扮看，并非富家豪门子弟，但文采翩翩，气质出众，女大学生都不由自主地围着他转。

　　我承认，我的中学时代，受西方文学著作和电影的影响较深。总觉得，学文科的、尤其是学外文的大学生，和学理科的不一样，他们脑子活络，说洋文，读洋书，生活洋化，讲究自由恋爱是理所当然的。在我读高三还未毕业时，所幻想的大学生活，往往应该是"知识加理想"、"幻想加爱情"、"疯狂加冒险"。我还记得在解放前的 1948 年，我的中学校长赵传家先生问过我以后想干什么，我不加考虑地说：做大学生。因为我在上海看过一个描写英国牛津大学学生生活的故事短片。该大学有一个迷魂阵公园，凡是新来的男女大学生都被骗到迷魂阵里走不出来，受到学长们的百般戏弄，多么新奇多么浪漫啊！那个时候，我对于大学的幻想，玩乐的成分居多。

　　可是解放后，我进入北京外国语学院，当时的大学生的生活基本上都是军事化管理，吹哨起床，打铃吃饭，拉灯睡觉，和我过去幻想的大学生活完全不一样。各种政治运动接踵而至，批评和自我批评、思想改造、斗争地主、抗美援朝、群众监督，等等，一波接一波，让人每天的神经都绷得紧紧的，我总觉得不适应。不过，即使是那样的军事化的大学生生活也值得我留恋。很简单，大学生还没有踏入社会，生活简单，思想纯洁，没有那么多尔虞我诈、钩心斗角和争名夺利。我做梦都想再过一次真正的大学生生活。

　　现在，来到德国汉堡，说也真奇怪，就住在汉堡当时的 13 区——有名的文化区，汉堡大学的所在地。每天到大学食堂用饭，看见男女大学生自由自在地出出进进，也真希望能再重温一下西方式的大学生活。可是，在我逃离中国时，那么仓促，什么证件都没有带，连最后的一个"中国人民保卫世界和平委员会"的工作证都在广州寄回原单位了。德国是一个只认证件不认人的法治国家，你没有高中毕业证明，就不能上大学。这怎么办呢？万万没有想到，又碰到汉堡大学外国留学生办公室主任拉斯博士这个好人。办了入学手续，我拿了德国驻开罗大使馆给我开的"外国人临时居住护照"和汉堡大学生证明书到汉堡外事处延长居留，我的身份马上改变了，成为了大学生。这意味着，我可以在德国居留到大学毕业为止。

才来汉堡半年多时间，我就变得判若两人，浑身上下充满了劲。我一改在开罗监狱里得来的自哀自叹的陋习，给自己订了几个原则：一是尽量少往悲处想，抬起头来，从零开始。悲哀最长的时限是十分钟，尽量找高兴的事来做。二是大丈夫要志在四方，汉高祖归家过沛时唱道：大风起兮云飞扬，威加海内兮归故乡。我现在冒了生命危险来到西方，非做出一番事业来不可。三是常将有日思无日，莫待无时思有时。你年纪已不小，抓紧学习。垂大名于万世者，必先行于纤维之事。

我面临的最关键问题是先攻下德文关。我的年纪已不轻，三十八岁了。早已经过了学语言的黄金时代。不下苦工是不行的。其次，我入大学学什么？我必须利用自己以前在国内读大学的底子，扬长避短。因此，我选择了语言学为我的主科，历史和俄语为副科。最令我头痛的是，我必须同时打工来养活自己，这要占去我许多学习的时间。

最难以忍受的是夜深人静时的思乡之念。每当我拖着疲惫的身心回到宿舍躺在床上时，强烈思乡之情就会油然而生。寂寞、孤独，无家人音信，今日不知明日。"人生何时最断肠，半落江流半在空"，我本来就患有不规则心跳和偏头痛的慢性病，现在又添了失眠症。一旦睡着了，一个噩梦接着一个噩梦，使我会吓得浑身冷汗。这些摸不着抓不着的东西，像一个阴魂，抓住你的灵魂，罩住你的全身，你越想甩开它，它越是跟得紧，缠得你喘不过气来。但我知道，我必须咬牙挺下去，回头无岸。我曾给家人写过几封信，寄给"和大"的秘书长杨骥，请他转交给我的母亲。可是，那些信如石沉大海，音信全无。十三年以后，我才知道，我的家人受我连累，蹲监狱的蹲监狱，流浪的流浪，而杨骥根本没有把我的信转给我的母亲。

　　汉堡的天气，雨多，阴天多。真不太适合心情低落的人住。但汉堡大学就在美丽的阿尔斯特湖边，湖边长柳婆娑，绿草茵茵，倒给人一些安慰。我经常来到阿尔斯特湖畔，独自一人站在雨中淋雨，让泪水和着雨水，从我的两颊不断地往下淌，只有被雨淋得湿透，才觉得心情好些。庄子曰："哀莫大于心死。"我高声疾呼："非也。吾心死而后重生。"

　　我相信"大难不死，必有后福"的老话。

　　入大学后一晃三个月过去了。一天，我偶然间碰见刘教授的儿子刘仁凯。他又急又兴奋地对我说："我父亲到处找你。你快到他的办公室去一趟。他有事要对你说。"

　　"什么事？"一朝被蛇咬，十年怕井绳。按照我以往的经验，只要是上级急着找我，大概都不是什么好事。领导的意见就是圣旨，领导看你不顺眼，你这辈子休想出头！所以，在当时中国会出现那么多见风使舵、拍领导马屁、看领导眼色行事的知识分子，他们点头哈腰，卑躬屈膝，是为了自己能活着。现在，尽管我在德国，刘教授平素对我态度亲切，但我还是条件反射地感到揪心般地紧张……

　　"关先生，见到你，真高兴！"刘教授见我进来，高兴地站起来说："我们中国语言文化系现在正好需要一个教师，教大学二年级的中文课。由于你没有大学毕业文凭，我们只能为你申请到一个临时助教的职位，每周教课四小时。每月的薪水不高，只有四百多马克。不过，这个位子是很有前途的。你设法尽快把你的硕士论文写出来，拿到硕士头衔，你就可以拿到正式讲师的职位。到那时，你的未来就有保障了。怎么样？你接受吗？"

　　这真是天上掉下来的馅饼，我当然要接受了！我简直乐得手舞足蹈。在国内的时候，我曾梦想过在高等学府里任教，但没有如愿。而现在，我刚刚入大学，却能同时登上大学讲台，是件多么荣幸的事。哪怕不给报酬我也愿意干呐！到汉堡以后，曾有些华人朋友建议我开旅行社，做生意，有的索性建议我攒钱开饭馆，都没让我动心。我之所以千方百计地想进入大学读书，潜意识里就是想有朝一日能在大学教书。

　　真是苍天厚宠啊，让我遇到刘教授。我心里的小算盘再一打，一个月教十六个小时课，如果四百八十马克一个月，也就是说，每小时我可以拿到三十马克，这样的"打工"报酬到哪里去找！

"刘教授，太谢谢您了！我当然接受，我一定好好地教。我省吃俭用，这点钱也足够花了。我一定集中精力上课、念书，早日学业有成。"

"好！只要你一只脚踏进大学的门槛，那第二只脚迈进来就容易多了。"

"那我什么时候开始给学生上课呢？"我急切地问。

"越早越好，你和利普尔特博士联系一下，他目前负责教第三四学期的课。可是，他正在写他的教授论文，忙不过来，你就帮他接过几个钟点的语文课程。"

利普尔特博士是一个身材高大的德国人，说一口流利的汉语，人非常友善。他一见到我就说："我是从东德来的，知道在这儿闯天下之不易。你能来帮我分担一些课，这太好了！这样吧，我们俩分工，我负责教语法，你负责教读本和会话。下星期一就开始。你的前几堂课，我会来旁听的。"

我拿到了学生用的教材，是美国夏威夷大学德芳济（De Francis）教授编的，编得不错，就是里面的内容和中国大陆的生活脱节太远。我心想，如果我当正式讲师，我一定自己来编教材。

为了打响第一炮，我开始一点点地回忆，我当年在国内是如何学外文的。我把我过去的英文老师和俄文老师教学的特点都一一列在纸上，然后进行分析，哪些教学方法是我喜欢的，哪些教学效果最好，哪些我觉得枯燥乏味。然后，我根据教材里学生学过的词汇，用最简单的中文把格林童话故事里的《小红帽》改编了，不断重复一些口语用的句子，准备说给他们听。

没想到，给外国学生上的第一堂课就非常成功。我把过去外国老师教我的最生动的教学方法，都用上了。记得当时，北京外语学院由苏联请来的一位俄国老师马蒙诺夫，教我们俄文。他个子不高，和善可亲，由于不会中文，他上课时，来回走动，用各种动作来解释某个词和某个句子的意思，非常生动，印象深刻，大家都很喜欢他。某天，在解释"过堂风"这个词时，他遇到了困难。他想方设法用各种简单词汇和行动艺术来向我们讲解，我们就是听不懂。他忽然灵机一动，先把教室门打开，然后把窗户打开。北京的冬天，寒风刺骨，他当即把帽子戴在秃头上，又重复了这个词"过堂风"，我们马上就懂了。直到现在，几十年过去了，这个词，我仍牢记在心中，永远也忘不了。

我于是也采用他的教学法，常常用肢体动作来解释一些词句。并且自己做了一个小布人来解释主语、谓语、定语、补语的关系。两堂课下来，在座的十几个学生都能够用简单中文讲《小红帽》的故事了，把他们兴奋得又鼓掌，又击桌板。利普尔特博士高兴地握着我的手说："关先生，看来您天生就是教书的材料！"我心里明白，这第一天对我是多么重要。后来也证明，这一天，在我命运的旅途上顺利地迈过了至关重要的一步。

———————————

在大学中国语言文化系，我发现我的学生不只限于德国人，还有法国人、奥地利人、英国人、日本人、泰国人。我的劲头更高了。刘教授曾语重心长地对我说："你对德国还不十分了解。德国是一个文化素质很高的国家，人们非常重视有学问的人。你在大学有了一个身份，人们就会对你另眼相看。不要说在大学任课教书了，就是高中生能进入国立高等学府读书，在联邦德国，都是骄傲。德国的教育制度和美英的不一样，青少年，读完十年基本教育课，就可进入社会，找到一份很好的工作。你想读大学，必须到 Gymnasium（文理中学）再修三年，拿到高中毕业证书才行。这最后的高中三年，实际上是大学预备班，学生们得下点工夫拿出好的成绩来，才能进入热门系。当你成为大学生后，得再读四五年，才能通过大学毕业考试，获得学位。要继续深造，还得过层层考试。故而，在德国，有一个硕士、博士头衔，很受尊敬，更何况在大学任教了。"

"太谢谢您了，刘教授。我今后就以您为榜样，走您这条路。"刘教授见我如此兴奋，不由得笑起来。

旧时代的汉学系，一般来说，是欧洲各大学里面比较死气沉沉的一个系。来读书的学生几乎都是鲁迅笔下的"洋学究"，家庭经济不错，父母大部分思想比较保守，对中国古老文化很感兴趣。一般来说，无论哪个大学，新进来读汉学的大学生就被那些难学的汉字吓坏了，到第二学年就主动退学走了一半，到了第三学期，他们就要查字典死背、死记、死译古书堆里的"之乎者也"，于是又走掉一批，剩下的寥寥无几。不过，汉堡的中国语言文化系和德国其他大学的汉学系还不太一样，因为那里的两位教授，一位是德国人傅吾康教授，曾在中国住了十多年，又娶了中国女子为妻，能说一口流利的中国话，对中国有极深厚的感情，另一位教授则是从中国东北来、在德国修完博士学位的刘茂才先生。他对自己祖国的文化修养就更不用说了。这两位教授主张从死书堆里跳出来，先集中学两年现代汉语，并专门从台湾聘请来一位讲师赵荣琅先生，说的一口字正腔圆的北京普通话。教学质量和师资水平都很高，因而，汉堡大学的中国语言文化系在整个欧洲颇有名气。

而中国自 1949 年的社会主义革命成功以后，震撼全球，引起了西方世界的关注。1966 年，中国又发生了史无前例的"文化大革命"，更成为了世界上的一个谜，西方一方面对她保持警惕，另一方面，对她的兴趣越来越大。汉堡大学中国语言文化系的现代中国历史、文化、语言各方面的条件和设施都高于欧洲其他大学，慕名前来学习的大学生成倍增加。学生多了，教师自然要增加。但因为汉堡大学是国立大学，要想增添一个新编制，就要增加大学预算，必须提前两年申请，通过审批的几率也不大。可是，不添教员吧，又无法应付得了这么多新生。幸亏中文系有些机动经费，向大学申请到一个临时讲师的位子，不要校本部出钱。只是工资就显得寒酸了些。与我同时间在汉堡大学的中国人里，能说国语普通话，有大学文化程度的人才，在从台湾来的文化人中，确实有不少呢。但因为这个职位每月报酬才四百多马克，对文化人来说不算是一个轻松的好差事。恰好我这个人，能讲流利的普通话，也是大学出来的，虽然德文水平才出茅庐，但能说流利准确的英文，跟人交流毫无障碍。并且我餐馆端盘子、码头扛包裹，什么苦都肯吃，不计较颜面和报酬，结果刘茂才教授一下就看中了我，找到了我，我也满心感激和欢喜地接受了。很多年后，回头看看，真是缘分和命运啊！

学生们学习中文的情绪高涨，反过来也大大地鼓舞了我。自那以后，课前，我都做充分的准备，绝不让课堂冷场，有时还在课外教他们唱些中国民歌。周末则和学生们一起去喝啤酒，去跳舞，和他们打成一片，他们练中文，我练德文，一举两得。刘教授非常欣慰地关注着我的进步，我也没有辜负他的信赖。

当时未曾想到，从那时起，我的后半生，几乎就与阿尔斯特湖畔的汉堡大学紧紧地系在一起了。几十年的岁月，让我对汉堡大学校园里的一草一木，一砖一石，都产生了无限的感情。在那里，我度过了三十多年，在那里我的头发从黑变灰，从灰变白；在那里，我原本青春的面孔被岁月的痕迹悄悄爬满。在那里，我教出了近千个学生。每当我进入教室的时候，总有一种幸福感。这一方面与学生们的学习情绪有关，另一方面，下意识里，我也觉得这是一种使命，我在传播着中华文化。他们学的越多，对中国了解就越深，越会加深对中华民族的兴趣。但有时客观的政治因素，如国内展开的各种政治运动直到"文化大革命"，强调"阶级斗争"和"无产阶级专政"，这些口号实际上来自西方哲学家的斗争理论，但是西方学生们则把它套到中华民族的性格上，对中国产生了很大的误解，使我痛心疾首。

我的学生们一茬接一茬地走进校园，走进我的教室，走进我的视线，又一茬一茬地从我的视线里走了出去。他们遍布德国以至世界各地，有的成为知名的大学教授、大报的编辑记者，有的成为出色的银行家、政治家、艺术家。他们多多少少都和中国有联系，不管我到世界哪个角落，都能听到他们的声音。尤其是在亚洲，无论我们在哪个角落作报告，总会冒出我过去的学生，如果不是他们提及，我有时连他们的名字都忘了。这给了我极大的鼓励和满足。正是这种满足感和幸福感，始终充盈着我业已不年轻的生命，使我感知到我在这个世界里存在的意义。

当上了助教之后，除了给学生上课和自己上课，我的生活就没什么可说的了。人在异邦，德文尚未通顺，看不懂电视，朋友也少，与人交流也少，我的大部分时间都是在自己的小房间里复习功课和备课。这样的生活，很容易让人生出新的愁闷。

唯一令我高兴的是有时还能和各国年轻大学生接触。他们永远兴致勃勃，精力充沛，一见面就和你谈政治，只要被他们发现我是从北京来的，就不得安宁。

按理说，一个中国人，来到完全陌生的德国，德文还不会说，社会还不熟悉，哪里来的胆量，公开在大小聚会上讲话。可是也不知道怎的，我好像是初生的牛犊不怕虎，感受到这里的自由空气，觉得这些学生，一个比一个可爱，他们非常坦率随性，对新鲜事物感兴趣，很关心中国。与他们在一起，我的心就会变得明媚活跃。

一天中午，我正在汉堡大学的国家图书馆阅览室里看英文报纸，一个长得很帅、年纪也不太年轻、下巴留有一扎胡子的德国人，用着有相当德国口音的英文问我："请问您是钱先生吗？"

"是啊！"我心里暗暗好笑，因为我到德国来以后，希望隐姓埋名，不然被很多人知道我的"光荣事迹"就惨了，很多时候就自我介绍为"钱比德"，给亚洲研究所写的那本书，作者的名字也用的是钱比德。

"是这样的，我是汉堡大学历史系学生会的负责人。我听说您不久前刚从红色中国来，而且对北京发生的文化大革命很了解。我们想请您到我们系向同学们介绍一下文化大革命的情况，您能接受吗？"这么一个有风度的人，讲话礼貌有分寸，很快就赢得了我对他的信任。我想了想，说：

"但是我不会说德语啊！"

"您可以用英语讲，我们的同学都会英语，而且您说的英语非常好啊！"我这个好强的脾气又来了。平生只要有人来请求我做什么，只要我看他顺眼，从来没拒绝过，除非我真的无能为力。这位谦谦君子打动了我，我也没想我的英文是否能胜任，就答应下来了。

我的生活经验告诉我，你只要做好事，就会获得好报。我虽然一口答应了那位还不知名的历史系学生会负责人的报告请求，但心里还在犹疑不决的时候，谁知，两天后，大学哲学大楼的公告栏上忽然出现了一张大海报，上面赫然写着："《中国文化大革命的由来》。报告者：一位刚由中华人民共和国来的钱比德先生。语言：英文。"

看后吓了我一跳。这不是赶鸭子上架吗？幸亏我改名换姓，不然传到国内我同事和家人耳中，还不知他们怎么想呢！我很快地把这个情况告诉了亚洲研究所的喻博士，他皱了皱眉头，没说什么。我就问他，我应该怎么谈啊？

"那我怎么知道？这是你自己的事！"从他说话的口气里，好像他极不赞同我在大学作报告。但隔了一会儿，他又说："大学里的情况相当复杂，各种政见都有。你得罪哪一方都没必要，我建议你就事论事，客观地介绍北京大学、清华大学里发生的事，不要过多夹杂自己正面和负面的意见。"

我明白他的顾虑了，大学也不是完全的净土，我偷拿护照逃离祖国已经引起了轩然大波，还公然在德国抛头露面讲有关"文化大革命"这种政治敏感度极高的事情，万一失言，很容易引火上身。他这建议很有道理，我现在要说什么，怎么说，确实需要慎重地斟酌。还好我已经为亚洲研究所写了一本书，资料足够，现在要注意的是如何用正确的英文来表达。

精心准备好讲稿之后，我的小小虚荣心也跳出来凑了一把热闹。既然要在大庭广众之下作报告，形象也得对得起观众。我从小就很注意穿着，来德国后，刚挣点钱，我就买了几件我满意的衣裳，满足了我的虚荣心，其中一件是前不久刚咬牙花大价钱买的深蓝色毛衣，穿上后精神漂亮，应该不会给中国人丢脸。

说到穿衣，我还想啰唆几句。以前在国内，人们穿的衣服无论是颜色还是款式，都少得可怜，一上街，满眼暗色，很少见到红色呀、绿色呀、黄色呀这些让人精神一振的明亮色彩。男人是不能讲究打扮的，女人也不能，否则就是爱慕虚荣，中了资本主义享乐思想的毒。来德国后，我在马路上，经常看到年轻女孩子都穿着短短的迷你裙，露出白皙修长的大腿。国内这个年龄的女孩子，可都是包得跟粽子一般严严实实。当时在欧洲牛仔裤正盛行，有些德国女孩子，想尽办法标新立异，把牛仔裤剪得短短的，露出长长的腿，有的甚至露出部分臀部。有的还故意把裤子割开几道口子，弄得破破的，裤腿边毛毛的。我起初看了，觉得既难看又难以理解，但后来见到她们洒脱地来来往往，坦然自若地做着自己的事，并没有因此而显得轻佻或是忸怩，反倒让我觉得自己太狭隘太迂腐了。

受邀请去做客的时候，我发现很多女士都穿着漂亮的衣服，化上好看的妆，男士也会精心梳洗，穿得整洁得体，他们对外部形象的重视，让我觉得这不是单单用"虚荣心"就能解释的了，也许是对美的重视和向往吧。

到了作报告的那天下午，我来到报告地点，竟然是一个讲堂，坐得满满的，完全出乎我的意料。台下上百双眼睛只都盯着我，没有人心不在焉，没有人交头接耳，个个聚精会神地看着我。这阵势，我还真有些不适应。

起初我讲话还有些紧张，但还好准备充足，并且我也算得上是北京"文化大革命"的一名历史见证人了，我人就在北京，"文革"发起后的各种事件，我都是亲眼目睹和亲眼经历的，这让我有了底气。我就用最浅显的英文，用"北京说书"的方式，娓娓道来。我过去演过话剧，加上天生的说话时肢体动作丰富，经常忍不住手舞足蹈，对这些西方大学生来说，就好像中国人听"一千零一夜"的离奇故事那样，都听得津津有味。

为了使听者更感兴趣，我还事前做了几个道具。在讲到"红卫兵"给被斗的人戴高帽和挂牌游街时，我把纸高帽戴在自己的头上，纸牌挂在身上，手上拿着毛泽东语录，大喊毛泽东万岁。我本以为听众会哄然大笑。没想到，整个会场毫无反应。我感觉得到，德国听众对这样的闹剧行为并不欣赏，而且表示嫌弃和失望。在这一点上，我事后反而觉得，这是一个成功。因为，我不希望这些年轻的左派学生把中国的"文化大革命"看得那么神圣。我想让他们了解细节之后，做出自己的判断。报告做完以后，几个学生又提了几个问题，当主持人宣布结束时，拍手声和敲桌子的声音就好像打鼓那样。我心想，坏了！是不是我什么地方说错了，引起全厅人的抗议。

就是那天，在讲堂的前排，坐着一位非常显眼夺目的金发女郎，她和一般的欧洲女孩相比，气质不一样，和安娜也不一样，安娜很外向，艳丽摄人，就像一个美丽泛光、白里透红的水蜜桃。而这个女子长得很甜，看起来安静矜持。她脸上的皮肤柔白光嫩，未加着色的薄唇，鲜红滋润。特别是她那一对水汪汪的秋波，在那长睫毛的陪衬下，额外诱人。我发现，她很注意地听我的讲话，用双手托着两颊注视着我，又不时地在小本子上记点什么。她没有什么额外的动作，却使我这初来乍到的东方客，心中方寸大乱。在我的记忆里，我这一辈子好像还从来未被一个少女用这样长的时间审视过。她会满意我的报告吗？我总想知道这个问题的答案。

当学生们都鱼贯退场，连主持人都和我握手告别了，这位对我全神贯注的女学生，还一直留在座位上，慢条斯理地收拾摊在桌上的纸笔。

"你一定有问题想问我，是吗？"我高兴地主动走上前去和她打招呼。

但是，在我面前的这个姑娘并没有立刻回答我，只是向我甜甜地微笑着。我总觉得，好像在哪个西方影片里看见过她。她端庄优雅，素妆淡抹，金发披肩，腰杆挺拔，身穿一套合身的浅黄色西装套裙，和她的金发相得益彰。

"请你告诉我，我讲完话后，大家用手击桌是什么意思？是不是我说错了什么，大家表示抗议？"我问。

"你不知道吗？这是赞扬和感谢的意思。"没想到，她的英文会那么流利，说话的声音也极为婉转动听，仿佛有香气在四周缭绕。她继续说，"这是德国大学生的一种传统习惯，主要用于课堂或讲座，也不知道是什么时候兴起的。听众如果对你越满意，击得越重，时间持续得越长，和拍手一样。"

"还有没有比击桌更满意的表现方法呢？"

"有，用脚踏地板。但都是在剧院看艺术演出后。"她甩了甩长发，发出了爽朗的笑声。

"我今天的报告，你听了满意吗？"

她笑了笑说："类似这样的政治报告会，来的人一般不会太多，反应也不会这么热烈。像今天，来这么多人，提出这么多问题，比较少见，这说明大家对中国很关心。噢，对了，你的讲话也很生动。"

真没想到，这个姑娘虽然看起来很腼腆，但谈吐落落大方，毫不矫揉造作。最迷人的是她那一对长睫毛衬托的眼睛，蓝蓝的，烁烁发光。她笑起来，显出深深的两个酒窝，镶在如玉般的面颊上，说不尽的动人。她的笑让我萌生了想法：能和她多接触接触岂不太好了？可是这厅里不是久留之地，我于是提起勇气建议说："你现在有事吗？我们一起去喝咖啡好吗？"

没想到她一口答应了。这简直太妙了。原来她是在大学学教育学，名叫菡丽卡，重点学的是英文和历史。她对当前西方的政治并不特别关心，反而对亚洲的历史很感兴趣。当她在布告栏上看到，报告人用英文讲中国"文化大革命"时，她就带着好奇心来了。

"你对我的讲话能听懂吗？对你有用处吗？"我问。

"很有意思，尤其是你的冒险经历。"她边喝咖啡边说。

"你怎么知道我有冒险经历呢？"

"你在你的报告里不是提到吗？一个从红色中国出来的青年人，只身到欧洲来，没点冒险精神是不可能的。你讲话还挺幽默。"

"是这样的吗？我们中国人都是这样的。我可不喜欢'红色'两个字。中国就是中国，没有红白之分。'Red China'是美国政客叫起来的。把一个国家分成红白两块，有种诬蔑成分在内。"

"喔！是这样吗？那我以后不这么说了。"她很不好意思地低下了头。多么可爱的女孩儿啊！她外表洁白如玉，内心也和安娜一样，如此纯洁，我心想。

没想到，她就住在离我的学生宿舍不很远的女大学生宿舍里，走路不过十分钟，连街的名字都很美——玛丽亚露伊思大街。从那天起，我们经常毫不约束地在附近的绿草如茵的市内公园散步。这个公园非常之大，名字就叫城市公园，慢慢绕一圈，就需要一两个小时。菡丽卡就利用这时间用英文给我谈德国的文化和历史。

在两性交往上，我从小就很大方，这大概与我们家大部分都是女性有关。我可以毫不顾忌地和对方拍拍肩膀，开开玩笑，嘻嘻哈哈。但是，一碰到我喜欢的对象，我反而特别小心，甚至胆怯，怕对方一旦不高兴，挥袖而去。菡丽卡很腼腆内向，说话细声细语，和安娜是完全不一样的气质。来到汉堡不久，就听一个印尼华侨学生说过，在欧洲找女朋友很容易，但是德国人很严肃，无论男女都很难接触，交德国女朋友比上天还难。听了他的话之后，我因而连想都不敢想。现在能有这样的一个机会，在温暖阳光下，和这么美的德国女大学生一起散步，谈天说地，如果给他知道了，他该嫉妒死我了。

自从和菡丽卡认识之后，我们经常见面，成了很好的朋友。大家互相都很喜欢，但都是理性的君子往来，绝不越界。菡丽卡是一个非常诚恳善良的人，脸上总是带着令人舒服的微笑，身姿秀美窈窕，有一说一，作风正派，为人一丝不苟。你有什么要求，她一定为你去办，给我从不隐瞒了什么事情的感觉。但在两性方面，她从不谈论，作风极为正统，因此我在言行上也十分注意，绝不往那方面上引。对我来说，我是一个情种，非常喜欢漂亮的异性，但我的自尊心也很强，绝不会轻举妄动，万一对方不接受呢，以后再见面会异常尴尬的。

请我做介绍中国概况报告的学校已经越出了汉堡这个城市。有的还是中学生，英文程度还不够，我就请菡丽卡为我做翻译。我这前半生，是给他人做翻译的，也就了解做翻译的苦衷，从来不讲长句，私下又常常向她介绍中国历史，谈到我的童年和青少年时代。她是学历史的，但对中国并不熟悉，对她来说，又打开一个新篇章。她有时听得目瞪口呆，好像听天书似的，既遥远又新鲜，做起翻译来，也就更加得心应手。菡丽卡好像成了我的左右手，她非常喜欢和我在一起，如果有几天没见面，她就会很不自在。我每次做报告前，常常征求她的意见，要她告诉我听众更喜欢听什么？有时还请她纠正我的英语表述。与她相处，我学到了不少东西。

我们的关系当然就更加密切了。有时，我们要到远离汉堡的其他城市去演讲，为了省钱，我们甚至要挤在旅馆一个房间内过夜。但菡丽卡很理性，很少喝酒，也从来不像安娜那样暴露自己。她上床时，永远穿上一套漂亮的睡衣。当然，我们也有互相拥抱的时候，但是我们一直用理性驾驭着自己，从不越雷池一步。

她说过，她非常喜欢我，愿和我保持长久的友谊，如果我们走得太近，极可能会互相伤害，会失去这么一个好朋友。我深深感觉到，菡丽卡是一个聪明灵巧、清澄见底、纯洁无瑕、冷静理性的女性，于是对她越来越倾慕。

某一个夜晚，我们在德国中部明斯特大学城的湖边散步，我问她："菡丽卡，告诉我，你那么聪明、漂亮，又有知识，追求你的人一定很多，为什么你会来到我的身边？"

"我也奇怪。我觉得你身上有一种我喜欢的气质。"

"那是什么呢？"

"我也说不出来，只觉得和你接近，有一种信任感，你喜欢听，喜欢说，也喜欢问。你好像无时无刻地抓住任何机会来学习，而且你没有不少欧洲男人那种粗鲁，和异性交朋友想到的第一件事就是性。所以我们的友谊可以长久持续。"

我越来越离不开她了。每每回到宿舍，我就发现，我是多么的孤单和寂寞，尤其是天阴下雨的时候。汉堡这海港，阴天下雨是家常便饭，好不容易太阳露出点笑容，几个钟头后，又躲到云彩后面去了，冬天的气压低得让你喘不过气来。只有菡丽卡会给我带来无限的精神上的安慰。几天见不到她，我就有点失神落魄，六神无主。

几个月过去了，正当我们的友谊将要向深层发展的时候，菡丽卡的父亲病了，她要回到波恩去探望他。我早就想知道她的父母是做什么的，但每次话到嘴边，就制止了。她不主动说，我何必问呢！现在，总算找到了这个机会。

"你们家在波恩，爸爸一定在政府里工作，是吗？"我问。

"是的！他在军队里工作。"

"军队？做什么？"我忽然敏感起来。德意志联邦共和国，俗称西德，长期来被苏联和中国官方说成是军国主义。现在来到西德，我发现这个国家民主程度很高，与军国主义风马牛不相及。不过，军队永远是军队，这是政治性极强的职业。

她点了点头说："是将军。所以我一直没有告诉你。"

听她这么一说，我瞬间如雷轰顶。我在开罗监狱时，一个会算命的犯人说我将来会和部长的女儿结婚，哪想到，到德国来，交的第一个德国异性朋友，竟然是个将军的女儿，这还了得！我是一个从中国大陆逃出来的人，至今，还有人怀疑我到底是什么身份，到底是打进来卧底的？还是真正的受害者？我总感到我的信件被人拆过，我的电话有人监听，我并不觉得奇怪，这是冷战的年代。以我的身份跟一个德国将军的女儿来往密切。秘密特工不怀疑我那才叫怪呢！

我实在不敢想象我们真的相爱和继续下去，将会发生什么事情。我的身份就是一个炸弹引信。虽然二战后德国去纳粹化非常成功，但军队天生与政治亲近，何况美国驻军还在德国土地上住着呢。我虽然人在汉堡，但也知道柏林和波恩的政治气氛之浓。"冷战"之中，东西德是世界上情报间谍最活跃的地方，美国和苏联在这里广布眼线，谍影重重，进行着各种尔虞我诈的暗斗。时常有各种潜伏的间谍身份被揭发案件成为热门新闻。大部分间谍案中，中央情报局和克格勃的身影时隐时现。有很多人，离开自己的祖国之后，就投身这两个组织的怀抱，或者暗中提供各种情报，或者公开成了木偶傀儡，鼓吹各种诛心之论。我的年纪不小了，往年失足的经验教训，已经将我的心锤炼得比铁石还硬得多，我不会像爱情小说的主人公那样，因为爱情飞蛾扑火奋不顾身。世界不会那么单纯简单。真的出了事，倒霉的绝对不是我一个人，菡丽卡和她的家人会被牵连，我在国内的父母妻子、兄弟姐妹、朋友熟人也会跟着遭罪。

我心中暗自提醒自己：愚谦！你可一定要把握自己，来到这块不熟悉的土地上，自己还未立足，就被绑在"情"的车轮上，还是一个将军的女儿，不行！不行！坚决不行！你会从此丧失你已经得到的自由，情报机构会一直跟随着你。你的身份，是你们之间永远的障碍，你们的友谊不能继续下去！

可是我又如何向菡丽卡解释呢？她能理解吗？这必会刺伤她的心，而且她又是那么的纯洁、温柔、体贴的一个可人儿，她将多么的难过，我又将多么的孤独啊！

菡丽卡回家探亲已经一个多月了。在学生宿舍里住，通电话极不方便，而且她还没有给过我她家里的电话。但我不断地接到她的来信，信中她直截了当地向我表达了她对我的感情，也直率地告诉我，她的父母坚决反对我们的友谊。为此，她和父亲吵过几次。最开始两周，我想念她想得发了疯，但随着时间的转移也逐渐习惯了。她这些情真意切的来信，使我越来越害怕。不行，我不能这样不清不楚地和她在一起，这是对她的不负责任。我权衡了一下轻重，决定与她保持距离，集中精力学我的德文，并决定坦白地把我的顾虑和想法向她和盘托出。

九月的一天晚上，由于大学正在放暑假，学生宿舍空了一多半。我孤身一人坐在大学宿舍里背着德文单词。抬头向窗外一看，圆月当头。忽然掐指一算，啊呀！正好是阴历八月，今天是中秋佳节啊！一股思乡之情，油然而生，弥漫在心头。每逢佳节倍思亲，亲爱的母亲，你现在在做什么啊？我再也没有心思读书了，索性关上了电灯，靠在十米见方的宿舍小屋的床上，面向明月，轻轻地用母亲教我的吴越人念古诗的曲调，哼起"床前明月光"的诗句来。唱着唱着，两行热泪慢慢地涌出眼眶。反正屋里就我一个人，我就让它流个痛快吧！

就在这个时候，忽然有人叩门。

"是谁啊！"我用德文问着，我真不希望今晚有人来打扰我，我希望自己一个人，好好静下来梳理一下自己的思路。

门突然被打开了，走廊里的日光灯射进屋隅的一角，刺得我的眼睛睁不开。进来的竟是菡丽卡。当她看见我躺在黑暗中，打开灯，她又见到我泪痕未干，非常紧张，以为我生病了，立刻来到我的床边问："比德，你怎么了？"

"我没怎么，我很好。你回来了！"但我那嘶哑带鼻涕的说话语调把我给出卖了。我立即想翻身起来，她却把我按住，弯下身紧紧抱住我的头说："比德，你！你哭了！什么事让你这么伤心？"她轻轻地吻着我那带泪痕的双颊，接着吻我的眼鼻和嘴唇，然后，紧紧地抱住我。被她这突然的热情所感动，我也彻底地沦陷了，伸出双臂，把她搂在我的怀中。

"告诉我，你是不是想家了？"

我没有回答她，只是用手抚摸着她那柔软的金发，慢慢地说："菡丽卡，你回来得正好，我想严肃地和你谈谈我们两个人的事。"

"你用不着谈，我知道你想什么。我也想了很多。你喜欢我，但你想得更多的是你的前程，你的将来。你想摆脱我，不是吗？Chien，我爱你，我还从来没有爱过一个人像爱你那样，爱得那么深。但你放心，我不会成为你前进的障碍。我会离开你的。"

"菡丽卡，你也知道我对你的感情。但是，我不敢陷入情网，这样我就对你对我都不负责任。首先，我还没有离婚；其次，我是一个流浪者，我也不知道今后浪迹何方。你是德国一个将军之女，我是从共产党中国跑出来的'叛逆'，政治敏感的人立刻会联想……"

"胡说！我为此还和父亲大吵一顿。"

　　"你太年轻，太天真，我总算比你多活几年，我不愿意逃出一个火坑，又跌进一个深渊。让我们做一对好朋友吧！而且，我身上有很多毛病，你还没发现呢！等你发现后，你就不会喜欢我了。"

　　"谁身上没毛病，但，比德，你有一种特别的诱惑力，不是欧洲人所有的。你看问题的方法和你的待人接物和我们西方人有很大的不同。我恰恰就是喜欢有你这样性格的人。"

　　"也许这是我们亚洲人特有的性格，亚洲人多得是呢！"

　　我永远不能忘记当晚和菡丽卡的告别是多么的难舍难分，但是，我的理智战胜了柔情。我们互相拥抱、亲吻，然后道了别。

　　分别几个月以后的岁月是可想而知的，我总是忍不住想起她，想要去看看她。菡丽卡怎么样了？没有我她是怎么过来的？每次我都要说服自己：是你要分手的，两个人的身份会阻碍彼此的幸福，分手对双方都有好处。自己对自己说了很多次之后，我忍不住凄然泪下，我的过去就像一个无法挣脱的阴影，难道要笼罩我一辈子吗？我要小心翼翼地活着，压抑自己的感情，不能去追求自己喜爱的女子，人生为什么会有这样无法逾越的障碍呢？

　　一天晚上，我再也克制不住自己，在没有事先和她打招呼之下，来到她的宿舍门前。当她打开门看到我时那种惊讶的表情使我迷惑起来。是高兴？是伤心？还是拒绝？她将我让进她的小屋，不知所措地站也不是，坐也不是。她的客气在我眼中分明是冷淡的，我明显地感到了我们之间的距离突然在拉开，于是立即感到不自然起来。

　　"你好吗？"我强忍着心头的失落问。

　　"很好，你呢？"

　　"我不好！经常想你。"我说。

　　"这很自然，慢慢会习惯的。"她的这句回答让我的心凉了半截。

　　"你已经习惯了吗？"她没有回答，点了点头。

　　"有了新的男朋友？"我带着不确定的语气试探了一句，刚说完，我忽然发现，在她的小屋里多了一个立体音的磁带录音机。这个录音机我很眼熟，却一时想不起来在哪儿看见过。

　　菡丽卡的脸忽然红起来："这录音机你知道是谁的，他借给我用。我们现在是朋友了。"给她这么一提醒，我立刻想到了一个印尼来的华侨本尼。他是学医的，曾住在我的隔壁，人长得高高大大，潇洒精神。

他多次表示过羡慕我和菡丽卡的来往，现在他们终于成对了。

离开菡丽卡宿舍的时候，我心中上下翻腾，说不出是什么滋味。一个带着强烈妒忌感的声音说着：你本尼有什么了不起，一个华人，连汉语都不会说，竟把这么一个可爱的女孩子"钓"上了，算什么能耐！这不是让一朵鲜花插在牛粪上了吗！哼！没有我的铺垫，没有我事先给中国人做了榜样，菡丽卡会理会你这个牛粪蛋？

不过，当我平静下来以后，也暗暗为菡丽卡高兴。抛去妒忌和失落之情不提，我打心底承认，本尼是个好孩子，为人诚恳正派，好学上进，人长得眉清目秀，又比我年轻。我之所以来看菡丽卡是怕她痛苦，因为我之前做得太绝情，我希望和她保持友谊。现在她有了新朋友，又是我所欣赏的小伙子，我应该放心了。现在的我，应该摆脱心中的狭隘情感，为他们两个人祝福，并希望本尼不要像我这样的无情。

————————————

一晃已经四十年过去了，以后的日子里，我们又见过许多次。本尼现在是汉堡相当有名气的外科医生，他和菡丽卡结了婚，两人已经一起生活了三十多年，两个孩子都已长大成人，日子过得很幸福。

尽管如此，和菡丽卡的这段友谊岁月始终难忘，她给我留下了永远的甜蜜回忆。如果说我对德国人产生深厚情感，首先是从菡丽卡这个年轻女子开始的。

到德国来，最令我满意的是自由。只要你不去犯法，不去偷去抢，不想用武力去推翻现政权，你想干什么都行。不过，说起来很好听，也不那么容易。因为，你在德国，无论你做什么工作，做理发师、按摩师、泥水匠，你都得有一个职业学校的毕业文凭，证明你有足够的能力胜任这一工作。不然你休想在一个公司里拿到正式的职工工资，永远只能拿非常低的学徒工工资。德国人的严谨和专业由此可见一斑。

但是要拿到证件，就要经过考试。对一个外国人来说，你首先要做两三年的学徒工，过德文关，然后到职业学校去听理论，最后通过笔试才行。等到证件一拿到手，你就是师傅了。工资不比在大学做职员差。有的由国内来的技工，企图投机取巧，要我帮他走内部关系买个文凭，我拒绝了，并告诉他，德国的法律非常严厉，一旦被查出来，连公司的执照都可能被吊销。对方不信，还认为我不够朋友，不想帮忙，因为在中国用钱走后门是常事。当然，在德国也有不需要文凭的工作，例如那些不需技术的重体力活，如扛钢筋、搬家具、饭店跑堂、洗碗杂役，等等。

我来到汉堡，起初只是一个身无分文的流浪者，最宝贵的财产就是一把小提琴。然后我在不到一年的时间里，为了生计，既做过码头和工厂的临时工、饭店跑堂，也给香港《大公报》写过稿件，还写了一本有关中国"文化大革命"的书，现在成功地进入了汉堡大学读书，又幸运地有了一个临时讲师的职位，这一切都是我在国内和埃及监狱时难以想象的。

我这一年的生活变幻无穷、丰富多彩，听起来很迷人的样子，但实际上也有小小的苦衷。助教的身份看上去相当体面，学生都很尊敬我。可是除了刘教授，又有谁知道，我每月的收入仅有四百多马克，除了交房租，仅够吃饱肚子。

生活的困窘令我时常陷入迷茫。我常问我自己，今后你到底想干什么呀？将来硕士学位拿到了，临时职位没了，你去干什么呢？到时候不能在德国找到工作，就不能留下来，还是得去申请其他的国家，像丧家之犬一样惶惶不可终日地等待垂怜？

我前面说过，我想在大学教书。这话在一些地方说，可能听者觉得很平凡很容易，但是在德国，对于我这样一个中国人来说，无异于天方夜谭。在德国的大学里做教授，是极受尊重的职业，但教授绝不是那么容易当上的；而一旦有了一个德国大学的博士头衔，护照、身份证上，都会加上 Dr. 的头衔，这是一个终身享受的荣誉，即使人去世了，墓碑上也会给刻上"博士"的称号。这多荣耀啊！可是，哪有那么容易啊！正因为这些头衔和身份备受敬仰，因此含金量极高，要得到也是千难万苦，长路漫漫。每一段学业都要求苛刻，考查严格，千难万难，不能抄袭不能造假不能瞎编，很多人皓首穷经，读着读着就半途而废了，时间上、精力上和财力上都坚持不下去。而对于外国人来说，更是难上加难。首先就被语言关卡在路口，上不了道。都为了学习德文，我单单记、背德文的那些冠词，就让我恨不得大哭大笑。光是入门都如此艰辛，通往我的"光辉目标"的路到底会有多长呢？

当我向一些在汉堡的华人朋友谈到我想做博士当教授的"伟大计划"时，友好劝告和冷嘲热讽铺天盖地向我涌过来。

"你今年贵庚几何了？才二十出头吧！"

"你就拿 Doctor 前一半，做个 dog 算了！"①

"干什么不好，偏去教中文？有什么意思啊？这件事是个华人都会干。"

"拿个博士你能当饭吃？不如现在到饭店去打工，攒点钱，将来开一个饭店，做老板。"

"你知道？在柏林有一个泰东饭店，老板就是博士，辛辛苦苦读了好几年书，又怎么样？最后还是开饭店。"

"我看你做导游最好，你会几国语言，旅游公司老板最欢迎。"

这些是直接对我的好意劝告。不直接的是：

"这个姓关的不自量力！我们从台湾来的那么多文化人，有几个拿上博士头衔的，他刚从大陆出来，德文还说不囫囵，就想吃天鹅肉了。"

---

① 英文 doctor（博士）一词的前半部分的发音与 dog（狗）相近。——编者注

这些话听到我耳朵里，一方面激得我咬紧牙齿：大陆来的中国人就我一个，可不能给大陆人丢脸，非争一口气不可。另一方面又觉得，他们说的话是实情。我都快四十岁的人了，一切都要从零开始，行吗？博士学位那么难获得，连德国本国都有很多学生耗费多年光阴仍旧一无所获，我这个半路出家的人，年纪又大，基础又薄，万一我得不到学位，我还能干什么？眼看着和我住在同一宿舍的印尼、中国香港来的同胞，去看电影、去跳舞、去打保龄球，各种丰富有趣的活动每日不断，趁着年轻及时行乐，而我天天枯坐书斋，与如山的书籍和资料苦苦搏斗却收效甚微，心中不免妒忌和羡慕……想着想着，我真有点想打退堂鼓了。

可是，我答应了刘教授，两年内做完硕士，可不能说话不算话啊！他对我谆谆教诲，悉心关照，对我亦师亦父，我岂能辜负他的殷切期望？我冒着死亡的危险来到德国，难道只是为了混日子有口饭吃？我从少年时代就对知识和真理的热爱，难道就这样放下了？传播中国文化，促进中德交流的理想，难道就是说说而已，不值得我咬牙吃苦吗？我的愿望，如果坚持下去，说不定能实现，如果现在就不相信不努力，那就永远做不到。我多想取得成功之后，像古人那样衣锦还乡，跪在母亲面前，告诉她老人家儿子终于不负您的养育之恩，成了您希望成为的人物了。我现在前途渺茫，没钱没时间，大概就是孟子所说的"天将降大任于斯人也，必先苦其心志，劳其筋骨，饿其体肤，空乏其身，行拂乱其所为，所以动心忍性，曾益其所不能"吧。

我不想对困难屈服。

21　本是同根生，相煎何太急

在汉堡的华人，当时并不多，最多也不过三四千人，但来自五湖四海，有从中国香港来的，有从中国台湾来的，也有从印尼、新加坡、马来西亚来的。身处异国，大家自然要互相照顾和帮衬，就渐渐地形成了各种华人圈子。仅仅开中国饭店的华人就有好几个小圈子，称为广东帮、台湾帮、上海帮，等等。但是，在汉堡还有一个所谓的高等华人聚会之所——富拉托太太的私邸。

富太太原籍江西，家在上海，嫁给了一位在上海长大、生意做得很大的德国犹太人富拉托（Flatow）先生。富先生对中国很有感情，他的父母是在德国法西斯排犹时逃到上海去的，在那里躲过了希特勒的血腥屠杀，战后举家回到德国汉堡，从事中国针织品进口贸易，生意兴隆，在汉堡的高级住宅区买了一所豪华别墅定居在那里。富太太非常好客，虽然德文说不了几句，但在中国文化上有一定的底子，能舞文弄墨，做一手好菜，因此吸引了不少人来拜访做客，她家的豪华别墅无形中也成了一个高级华人周末聚会的中心。

孤独的我，来到汉堡，真想多说说中国话，特别高兴见到中国同胞。有一天，亚洲研究所的喻博士，带着我到富家做客。对第一眼见到的富家豪宅，我真被惊吓到了。这座别墅，非同一般，家中的陈设中西合璧，富丽堂皇。宏大的会客室有两个客厅，一为中式，全套红木家具，古色古香，橱柜内皆是明清古玩瓷器，琳琅满目，在当时的汉堡，可谓独一无二。右手旁则是西式客厅，舒适的西式沙发、酒柜、丝绸落地窗帘，布置得有条不紊。一看就知道，别墅的主人非等闲之辈，有高尚的品位和优越的生活。

真没想到，汉堡大学的几个中国的文化名人，如傅吾康教授夫妇、刘茂才教授夫妇、高级讲师赵荣琅夫妇也都在场。此外，还有不少华人，看上去都有一定的文化品位，真乃"谈笑有鸿儒，往来无白丁"了。

　　我立刻成了大家关注的焦点。这些人都是这里的常客了，彼此相熟，忽然饭桌上出现一位刚由中国大陆偷渡出来的"冒险家"，当然引起了大家的极大兴趣。谈话自然而然地围绕大陆的现状开始下去。从大家的你一言、我一语和给我提出的问题中，我很快地就能摸清，他们来自何方。这里有解放前从大陆到香港、台湾，后转道来德国做生意或读书的中国人，有嫁给德国人的太太们，还有在台湾出生长大的同胞，更有家里的财产被共产党没收的富翁和地主，一出口就对共产党没有好话。对一些过分的言辞，我也表示了自己的看法。当晚，我既能吃上可口的中国饭，还能用中国话和大家交谈，即使意见不一，我还是很喜欢这个聚会。

　　富拉托先生和太太看起来对我的直言直语很喜欢，尤其是富拉托先生，用英文和我交谈，向我问长问短。当他发现我生活拮据，就立刻主动为我在他的公司里安排了一个为邮寄产品打包装的轻松活，既能赚工钱，同时还可以向公司的其他同事学德语。我的那种乐天派天性，使我很快地成为了富家的常客。有的时候，他们还会把我一个人单独请到家里来聊天。

　　富拉托先生有个哥哥，叫盖尔德·富拉托，住在德国中部，有一次来到弟弟家做客，受到大家的热烈欢迎。真没想到他是那么的"亲"中国，把中国 1949 年的革命成功描绘得天花乱坠，使得大家都哑口无言。我心里纳闷，在德国怎么还会有这么"左"的德国人。如果有德国特工在旁，一定会把他看成中国间谍了。我问他，你怎么知道那么多有关中国的事，他回答说："我是在北京的监狱里学到的。"

　　"你在北京的监狱里？那是什么时候？"我问。

　　"解放以后。"

　　"你在解放以后坐过牢？"

　　"是的！中共把我当成外国间谍，把我送进监狱，关了两年，后来发现是个误会，才把我放了出来。"

　　"那你现在还为他们说好话？"我觉得太奇怪了。

　　"也就是这两年，我在监狱里学到了很多马克思主义理论和毛泽东思想，觉得社会主义革命对中国来说非常必要。在德国也需要这样的无产阶级革命。我一点也不责备他们。"

　　当天晚上，回到宿舍，我久久未能入睡。天底下竟还有这样的怪人。我立即又联想到自己，你不是也属于这一类的人吗！自己被视为"右派"，被"发配"青海，"文革"时受到批判，冒着生命危险来到西方，现在，你还经常为中国说好话，这到底是怎么回事啊！难道，我也是个"怪人"？

我开始解剖自己，是不是中毒太深了？你看在德国，二战后，这个国家在这么短的时期内在废墟中重建，人们生活得那么好，而我们中国解放了二十多年，老百姓活得还是那么累，穷得连穿衣吃饭还要布票、粮票，要排队登记，整天嚷嚷的就是"阶级斗争"，大家一样穷得揭不开锅，还能分出什么阶级来？老百姓在挨饿受冻，某些干部却能利用职权之便享受轿车洋房、大鱼大肉，一人得道鸡犬升天，这到底是怎么回事啊！

我再深入地往下想，又觉得我的脑子并不糊涂啊！的确，中国共产党在解放后做了不少不得人心的极"左"之事，例如，"三反五反"运动中，不分青红皂白，把不少爱国的民族资本家说成是反动资本家；1957 年，又把许多爱国的知识分子说成是反党的"右派"分子；1958 年又搞起"大跃进"，全国实现人民公社化，提前进入共产主义，说要打破旧世界，建立新世界，搞全国食堂制，既然说是最先进的社会制度，为什么还有很多人吃不饱穿不暖？全国人民必须口径统一，稍微表示一些不同的意见，极有可能被告发你是反党反国的反动分子；三年自然灾害，饿死了那么多人，再联想起之前报纸上天天"放卫星"，说亩产粮食多少斤的新闻，为什么社会主义有这么多人说瞎话呢？最后又发起轰轰烈烈史无前例的"文化大革命"，红卫兵们搞打砸抢，把许多德高望重的教授拉出去游街、用皮鞭抽、不给吃饭不给睡觉，五千年文明流传下来的文物和古迹被砸烂捣毁，说是"破四旧，立四新"，那见了领导点头哈腰，领导说的话就是圣旨，比天还大，这种做法跟腐朽落后禁锢人心的封建陋习有什么区别？一天到晚谈"阶级斗争"，发动人斗人，结果呢！亲情、友情和爱情都不复存在，人人发了疯，互相伤害，这都是在干什么啊！我们不是有着宽容博大胸怀的文明礼仪之邦吗?！

不过，话又说回来了。1949 年的新民主主义革命赶走了帝国主义，中国人再也不做亡国奴，再也不准许英美帝国主义的军舰来到上海的黄浦江边耀武扬威，中国人不是站起来了吗？而且，1964 年，中国的核试验爆炸成功，它的影响太大了。这应该说是中国的一个骄傲。新中国的辉煌成就，足以让过去一百年来欺压中国的侵略者们目瞪口呆！

可是，这个代价太大了。饭都吃不饱，人们什么时候才能过上像联邦德国老百姓这样的平稳日子啊？我越想越觉得不可思议。我忽然想起"文化大革命"时的标语："宁要社会主义的草，不要资本主义的苗"、"宁要社会主义的低产，不要资本主义的高产"、"宁要社会主义的晚点，不要资本主义的正点"等，这简直是胡说八道！面对两种社会状况的对比，我情愿中国走点"资本主义的道路"好让人人都过上幸福安稳的日子，也不想大家总是吃了上顿没下顿，穷得全家几口人一条裤子换着穿。

我脑子内一片混乱。

———————————

某天，富太太打电话给我，约我到她家，我一进门，就发现气氛和以往不同，只有一位台湾姑娘在场。富太太介绍她是刚从美国来。这个女孩长得很秀气，个子较高，但很拘谨，说话不多，在美国一家公司任职，从衣着和打扮来看，非一般女性，相当贵族化，但缺少一种我喜欢的气质，我们当晚几乎没有交流一句话。

次日，富太太打电话问我对她的印象如何，希望我约她会面。这时我才悟出，原来昨天她是在安排我相亲。但是我对那个女孩一点兴趣也没有，就很直率地表示，最近我太忙，当场拒绝了。没想到富太太恼羞成怒、直截了当地表示，她是专门把这个姑娘从美国请来介绍给我的，我这种态度，不知好歹。她在电话里，越说越生气，就把心里的话都抖落了出来。她说：

"关先生，听说你现在在汉堡大学工作，学生很喜欢你，你很得意是吧，但是你要小心了。最近外面对你的传说很多，对你可不利啊！"

我一听心里炸毛了，就问："他们都传些什么啊？"

"人家说你出来后，从来不批评中国，有的时候还为共产党中国说好话。那你从中国跑出来干什么啊？有人说你会说几种外文，吹拉弹唱都行，一定是中共培养出来的高级特务，带有特殊使命。还有人说，你到西方来，是中共用的苦肉计：周瑜打黄盖。关先生，我问你，你说你在美国有一个哥哥，大家都不太相信。是你瞎诌的。"

"那么您呢？"

　　"我无所谓。我反正什么也不怕。既没有得罪中共，也没有得罪台湾，中共也不会为我专门派一个人来监视。不过关先生，我劝你，你要小心一些，你现在太招摇晃眼，有人盯上你了。在大学最好少教学生唱中国歌，人家说你想把文化大革命带到德国大学来。"

　　我一听到这些话，简直气炸了。我发现，无论在国内，还是在国外，中国人里永远是有一帮这样的人，不专心做自己的事情，就会乱怀疑别人。而且，他们有一个特点，永远是对着自己的同胞，对外国人就会低头哈腰。我来到汉堡，时间那么短，接触面那么窄，竟然会有这么多谣言，冷风冷雨，连让你反驳的机会都没有，人言可畏啊。

　　富太太是个直脾气，做"太上皇"做惯了，她喜欢用残酷的话语来虐待人，这也是一种发泄快感的手段。有的时候她当着众人之面训斥丈夫"你这个死人，做事这么慢"以显示自己的威风，她的丈夫永远不回嘴，我们常常私下说，这么好脾气的德国丈夫，到哪里去找。我对她并无什么企求，所以平时不卑不亢，不会去刻意恭维讨好，虽然受过招待，但也没有必要一味屈从。不过，从另一方面来说，这是对我的一种变相的帮助，间接地提醒我，今后可要当心了，以后少和这些人来往。

　　"富太太，谢谢您的直言，也感谢那么多人关心我。我是什么人，我自己知道，不必让那么多的人操心。我出来，主要是私人生活的原因，没有必要骂东骂西，何况我的家属还在中国。在这儿的一些中国人里，有几个已经把共产党骂绝了，骂得那么过火，我只有解释的余地。如果出来的人，能拉会唱就是高级特务，那特务岂不满天飞了。我有一个堂兄在美国，也成了怀疑罪状之一。这些人一天到晚批评共产党，但自己做的事比共产党还厉害。我真不懂，这些胡乱猜忌我的人，想达到什么目的。落井下石？我到底得罪他们什么了？我来到德国已经够困难的了？还要听这些无聊的话。"说到这里，我就激动地把电话挂上了。

　　我们系里的确有一个中国同事，他的太太是山东人，土改时全家被定成地主成分，受尽迫害，故把中共恨得咬牙切齿，只要一有机会，就要发泄。我有时认为他太过分了，就反驳几句。联想到富太太的这些话，绝不是空穴来风。对了！去问问刘教授。

　　刘教授听后，气冲冲地对我说："不要去理这些人，我也听说了。还有人把我也带上了抱怨，说在汉堡什么样有文化的中国人都有，我偏偏找一个红色的中国人。我就回答说，我管他红黄蓝白黑，只要他有能力，能胜任工作，我就用他。"

从那天的电话以后，我决定甩开这个所谓的华人高级社会。甩开它容易，但甩开这个阴影太难了。在中国大陆，常说的一句话是，枪打出头鸟。谁有点锋芒毕露，谁比别人过得好一点，谁就该倒霉了。没想到我来德国这个洋地方，只不过在大学有了一个临时的职位，对着别人说真心话，却被我视为自己人的同胞如此猜忌。记得三国时期，有一个叫李康的人曾说过："木秀于林，风必摧之；堆出于岸，流必湍之，行高于人，众必非之。"没想到，一千多年过去了，在离中国万里之外的德国，这些势单力薄的中国人，面对自己的同胞，仍然甩不开这老毛病。

好久没做噩梦了。在埃及监狱里，我常做的噩梦是被红卫兵轮番地打，直把我打醒，才知是一个噩梦。自从听富太太一顿骂后，我当晚又做了一个梦，只身来到一个孤岛上，一只猛兽突然向我扑来，我无论怎么挣扎，也摆脱不了它。我恐怖绝望至极，大叫一声，惊醒过来，出了一身冷汗。我一再地解析那个梦的含义？是不是暗示我，不能再在这个地方待下去了？

我突然冒出一个念头：回家，回中国去。我逃出来给祖国抹了黑，可我没有在国外干损害祖国利益的事，现在回去，也许可算是将功补过，至少也具有反面教材的作用，所谓"浪子回头金不换"嘛！对！回祖国去！我一时冲动地跳下床，打开台灯，拿出纸笔，立即写了一封给中华人民共和国驻伦敦新华社办事处的信。当时，中国与西德尚未建立外交关系，伦敦新华社地址是我以前在亚洲研究所翻报纸偶然发现，并特意保存下来的。现在真用上了。在信中，我痛悔自责自己的行为并表达了强烈的思乡之情，希望政府网开一面，允许我回国，我愿接受一切惩罚。

写完后，我匆忙穿上衣服，连夜将信投入邮筒。我知道，如果此时不把信发出去，说不定我又会反悔。我已经反悔过多次了，过去人说梁启超"流质善变"，其实，世上的人，想法都是不停地在变，是极其自然的。我就属于这类人。也许这也是一种病，一种自己无法控制的强迫症。

甩脱了富太太的圈子，我决定把自己的活动范围尽量放在大学生范围内。我开始接触一些从印尼来的华侨学生。他们大部分都很单纯，也很努力学习，但毕竟文化背景和出身背景大不相同，他们不了解我心头的沉重和我对故国的感情。此外，这些学生，能到欧洲来读书，多半都是印尼华人富家的子弟，衣食无忧，零花钱在手，有的还有自己的私人汽车。只是大家除了一起吃吃饭打打保龄球外，很少有内心的交流。而我也不介意这个了，只要热闹能驱赶走我心中的空寂就行。不过，他们都很热情，常来约我一起外出游玩，因为我也没有那么多钱，不少时候总是用一些借口推托掉了。他们也不会计较，更不会因此而疏远我。这些始终如一的热情，带给了我另一种温暖。

我很喜欢和他们在一起，最主要的是因为他们都很爱国，只要从中国有些什么好消息传出来，他们都会互相传递，喜形于色。他们都公开认为自己是中国人。不像一些从台湾出来的大学生，都说自己是台湾人，很少说自己是中国人的。

22　娜维珂瓦教授

　　德国大学二十世纪的学制不同英美，人文科学这个领域实际上只有硕士和博士两个学位，学士学位是在二十一世纪初才后加进去的。读硕士当时也很难，必须读三个选科，一门主科，两门副科，都是相当难啃的专业。怪不得，在德国当你有个头衔，极受社会尊敬。在读硕士时，我选的主科是历史，副科是俄文和汉学。后来在攻读博士学位时，我的主科是文学，副科则是俄文和教育学。

　　我之所以选俄文，是经过深思熟虑的。我现在已不是年轻小伙子了，我目前修学位，虽然是想再增加点知识，但内心里不外乎是想顺利取得毕业文凭，然后在大学获得一个固定职位。如果除了学主科以外，再选两门完全生疏的学科，那我什么时候能完成学业啊！不如考虑自己的实际情况，扬长避短。我在国内学英文和俄文，都是有深厚基础的，大学毕业后做了五六年的俄文翻译，俄文水平长进不少，何不驾轻就熟，选俄文当作副科？这样想完之后，我决定去试一试。

　　幸运的是斯拉夫语系和我们的系，都在一个楼内，我们在七楼，他们在五楼。我在五楼走廊上看到一个五十开外的女士，正用标准的俄文和另一个人交谈。我有十三年没有听到俄语了，一听到这位女士的话，就感到特别亲切，脚底下就像钉了钉子一样，钉在原地，贪婪地"偷"听起来。

　　这位女士大概是觉得我长时间站在那里有些奇怪，就扭过头来问我："先生，有什么需要我帮助您吗？"

　　失礼的举动被撞破了，我有点羞愧，结结巴巴地用俄文回答说："真对不起，是这样的，我……我想进斯拉夫语系学俄语，但不知道和谁联系？"

　　"您就和我联系吧！"她和对方很快地告别了，打开她的办公室，请我进去。

　　"我是娜维珂瓦，欢迎您来我系学习。请问，您是从哪儿来的？您过去学过俄文吧！"

"对了，我来自中国，学过一点。"我用中国人一贯谦虚的方式回答她。

"很对不起，我马上要去上课，您先到我们系办公室，办一下手续。然后您就来上我的第四学期的课试试。一周两次，周二和周四，上午九点到十一点，503教室。"说完她拿起教材，把我领到系办公室，然后夹着公文包上课去了。

到了上课时间，我去了教室。学俄文的人还真不少，教室里坐得满满的。没想到我摇身一变又回到学俄文的课堂，只是同学全是西方人，心里有一种说不出的滋味。

上了两堂课之后，娜维珂瓦教授问我："怎么样？合适吗？"

我非常小心地回答说："似乎容易了一点，这些我都学过了。"

"噢！"她把我从头到脚打量了一下说："这样吧！你来上我第八学期的课。"

我点了点头。

第八学期的教材确实深多了，大多是俄国文学作品的选段。我发现，教授教的重点仍是放在语言上，大多数时间都还是在解释语法问题。我则希望教授从作家本身和作品的写作方法、风格上多加分析。每当教授提问题时，要求回答问题的人非常踊跃，我尽量在其他学生答不出来时才举手，以接受过去锋芒毕露的教训。

一天课间休息时，一个德国同学问我，我在哪里学的俄文？我说在中国北京，并谈了当时我们是如何刻苦学俄文的。言之未尽，又上课了。忽然那个"多嘴多舌"的德国学生出乎我意料地举手问娜维珂瓦教授，是否可以请教授腾出一点时间，让新来的关先生介绍一下北京的大学里的情况。其他学生都敲桌赞同。娜维珂瓦教授笑着说："可以，我同意。但是有一个条件，关先生得用俄文来介绍。不知道他本人是否愿意？"

这是一个突然袭击，我一时还没有转过弯来，但我从来没有说"不"的习惯，何况在汉堡常用英文作报告，于是很快地就答应下来了。事后一想，哎呀！用俄文讲？我已经有十来年没有说俄文了，我能行吗？

"好！我愿意把我的上课时间让出来，您什么时候可以准备好？"教授问。

"下星期可以吗？"我说。

此话一出，同学们都用惊奇的目光看着我。

想当年我为苏联专家当翻译的时候，在台上不知做过多少次的现场翻译，来到德国，也常作报告，还从来没有怯场过。用俄文讲话，这有什么困难啊！可是，一回到宿舍，我忽然感到紧张起来，我说什么呢？这可不是闹着玩的。我发现，我学德文比一般人快是因为有很多词汇和英文、俄文很相像，尤其是近代的一些新词汇，很多都是从拉丁文搬过来的，差不多。

幸亏，大学附近报摊上还有俄文报纸卖，我立即买下一份，拿回宿舍死读，真没想到还起了蛮大的作用，过去脑内储存的俄文词句和语法结构又渐渐地从脑后移到脑前来了。反正是一般介绍，词汇自己可以掌握。

上课那一天到了，我给自己用中文写了一个简单的讲话稿，大体上要说什么，都列在上面。娜维珂瓦教授把我请到讲台上，她自己坐到下面学生座位上。公开讲话，是我的强项。我向他们介绍了自己在北京俄语学院学俄文的时候，早上如何起早到空地上高声朗读；白天上课，同学之间约法三章只能说俄文，违者罚款；晚上自学、做作业。甚至到了夜里，二十多人一间的集体宿舍关灯后，有的还在被窝里打着电筒背生词。生动的细节逗得这些德国同学都笑了起来。

我整整讲了半个小时。按照德国大学讨论课的规矩，接下来是自由提问。

"你刚刚说，二十几个学生在一间宿舍里，这怎么住啊？"一个学生问。

"我做大学生的时候，国家还是建国初期，很穷，一个大房间里放着十二张上下铺的双人床，像一个军营宿舍。晚上熄灯后，屋里的动静就像交响乐。"

"交响乐？你们学生都会乐器？"一个女生惊讶地问。

我笑着回答说："有人打呼噜，有人说梦话，有人咬牙，还有人放屁，这不是交响乐是什么？"大家都大笑起来。连娜维珂瓦教授都笑出了眼泪，接着大家热烈地为我鼓掌。

娜维珂瓦教授满意地微笑着表扬我发音纯正，说得也很流利，而且还有中国式的幽默。她建议，以后每隔几个星期，由学生自己找一个题目，到讲台上用俄文做报告。她对我说："关先生，下完课，请到我办公室里来一趟。"

"您是不是在和我开玩笑！"我一踏进她的办公室，她就忽然显得不高兴地用俄文对我说，"您的俄文已经学到这种程度，为什么还要到我这里来上课？"

"真对不起。"我回答说，"我在中国大学是学俄语的。毕业后又在中国做过多年俄文翻译，所以口语比较流利。现在到汉堡大学来攻读硕士学位，但必须选两个副科。为了抽出更多时间、集中精力学德语，我于是选了俄文。"

"哦！是这样的。"娜维珂瓦教授又恢复了笑脸，"我懂了！我能理解。好！这样吧！现在除了'斯拉夫古语'这堂课，您还得修以外，我免去您的全部俄文课程，集中精力，先把您的德文学好吧！您什么时候要考硕士，再来找我。祝您成功！"说完她站起身来，紧紧地握了握我的手。

我怀着感激和喜悦的心情离开了。

第四章　爱情与事业

23 　初见佩特拉

　　与我住同一宿舍的彼得是个充满热情和活力的大学生。他专攻地理学，可以说是个天才，记性好得令人难以相信。某次他拿一本世界地图册让我考他。他说他可以把欧洲各国的地名背到县一级，并能马上指出它的所在地。我不相信，欧洲的县城多如牛毛，这哪能背得过来呢？我于是像考官似的考起他来，他不但对答如流，而且还纠正我念地名时发音上的错误。原来这个小天才还懂欧洲多国语言。

　　"美洲和拉丁美洲怎么样？"我问。

　　"差不多。"他答。

　　我又开始考他，找我从未听到过的地名问他，竟然也难不倒他。我刚要认输，他立刻摆摆手说："还没完，你还没考中国地名呢！"

　　"怎么！中国地名你也知道？"

　　"我试试看，你先考我省名和大中城市名，县名我也记得一些，但不知道发音对不对。"

　　我愣住了。难道他真的也能背出中国地名？

　　大大出乎我的意料，除了淄博在哪儿他不知道以外，我问他的，他都拿起地图立刻指给我看。我是服了。

　　1970 年秋，有一天，他来敲我的宿舍门，约我周末去他家参加他的生日晚会，并说，同宿舍的好多人也都去。我欣然地答应下来。

　　星期六下午，我和另外两个德国学生坐上彼得的大众牌甲壳虫汽车离开汉堡，上了高速公路，路宽敞而平坦，一百八十多公里的路程不到两个小时他就开到了。我被这速度吓得半死，可小个子彼得却大大咧咧地说，如果他开的车是"奔驰"的话，一个小时就足够了。我表示，我可不会再坐他这个司机的车的。

　　彼得的家在离汉诺威不远的希尔德斯海姆（Hildesheim），是西德一个中等城市，也是一个文化古城。我参观过的德国城市不多，但总体上有一种感觉，到处都是干干净净，井井有条，从没看到有人闯红灯，哪怕没有汽车来，人们都是等绿灯亮了才通过，这让我感到惊讶，甚至觉得德国人有点傻。还令我吃惊的是，德国人对老房子的爱护。虽然房子里面已经完全现代化了，但老房子的外观依然保持着三百年甚至五百年前的面貌。据说，这是法律规定，老房子的外观是不允许破坏的。我立即联想到我们中国，老的古迹都被称为"四旧"破坏了，还说这是"革命"的行动。以"革命"的名义，红卫兵毁了多少世界文物级的庙宇啊！为了建设新北京，一个传承了两千年的老北京城被完全破坏掉。想到这里，我好不伤心。

生日晚会是在彼得家的地下室举行的，房间里挂了一些彩色纸带，一张大桌上放着很多冷菜，然后就是各种酒和饮料，这是典型的德国人的派对（party），大伙聚在一起的目的不是为了吃，而是玩。除了发疯似的跳舞，便是不停地喝酒取乐。我还不能完全适应这种方式，一看桌上的食品，除了烧鸡腿以外，别的我都不敢动，因为它们大多数是生的蔬菜。母亲从小就教育我，菜绝对不能生吃，因为里面有许多细菌，吃了会得病的。我知道母亲的话并不适用于德国，可是我已养成思维定势，看到未经烹饪的就认为不能吃。另外一张桌子上摆满了啤酒和红白葡萄酒，我更不敢问津。因为我喝一点酒就脸红，浑身像发烧似的难受。

地下室相当大，有两间连通的屋子。彼得请了约三十个人。里面一间有人在跳舞，音乐声放得震耳欲聋，人们想说话就得拉开嗓门喊。我是唯一的外国人，德语说得吞吞吐吐，就找了一个角落坐下来，认真地啃我的鸡腿，不太敢和人家搭讪。别人很友好地和我搭话，我说不了几句就把英文混了进去，人家一听不对味，应付几句，就走开了。

我有点后悔：不该来这里，我跟这个气氛太不搭配了。在高中和大学时代，我也曾是晚会的中心人物，跳舞唱歌聊天，现在却因为语言不通，连个说话的人都遇不上。吃不好，玩不好。看他们三三两两聚在一起又说又笑，把我一个人晾在一边，好不尴尬！我突然领悟到，最寂寞的一种寂寞，正是在最热闹的地方！

离我孤坐的角落不远，有一帮人在喝酒嬉闹。其中有一个女孩子，看上去十八九岁，天生丽质，椭圆形的脸蛋，大大的双眼，纯朴可爱，笑起来非常甜，还有一丝中学生的单纯和稚气。她的美不是安娜那样的艳丽惊人，灼人眼球，而是清新自然，怡人心脾。我悄悄看她的时候，她也不时向我这儿瞥上几下。她的同伴大概也注意到了，笑着冲我招招手，又指一指这个姑娘，姑娘则狠狠地推他们，做出气恼的表情。其中一个男生用英语招呼我说："她正在职业学校学英文，想跟你练习练习英文。"他一边说着一边把她拉了过来。

天上掉下个林妹妹，这是我的第一感觉。她大方地走过来，我马上站起来想让个位子给她，这才发现我是坐在一条卷起来的地毯上。她毫不介意，爽快地在我旁边坐下。

她很文静，带着一种毫不张扬的气质，我觉得这位德国女孩的性格更像典型的中国姑娘，大方不轻佻，说话轻声细语，而且话不多。即使是笑起来都显得特别恬静。

我们开始用英文谈话，她的英文说得不怎么流利，有时候会带出德文的句子来。晚会的现场有些吵，可是我们聊得很顺利，她向我介绍了她自己的情况。

她叫佩特拉（Petra），十七岁时因为肾结石，动过一次大手术，因而辍学在家，未能高中毕业，以至不能入大学。病愈后，她就去商科学校读英文，现在一家进出口公司工作。目前，她正利用晚上时间在夜校补习英文，准备以后去英国深造。

"可惜我说英文的机会太少了。"她说。

"那我们以后可以多见面，我教你英文，你教我德文。"我向佩特拉提出这个建议，心里并没有其他念头，因为她比我年纪年轻太多了，我完全把她当作一个小妹妹来照顾。

"同意！下周一晚六点半，你到我学校门前等我，我们的学校就在汉堡市中心，卡尔施达特大百货公司对面。"她刚要详细告诉我地址，忽然主人把我拉走说，我可以搭顺风车回汉堡。我也不好意思再回去要地址。

———————————

星期一，晚六点刚刚敲过，我就来到汉堡最热闹的蒙克贝尔格大街上，在卡尔施达特百货大楼前后左右转，就是找不到这个外语学校。这时正是下班时间，来往的人非常多，每个对面来的女孩子我都看了，就是不见佩特拉到来。整整等了一个钟头，只好垂头丧气地回宿舍了。我一面怪那天晚上太匆忙离开，另一方面又忍不住怀疑佩特拉的诚意。

谁知过了几天，彼得叫我去接电话，竟是佩特拉打来的。她说她在学校门口等了我一会儿，见没人来，就走了。原来她的学校在一个大楼的三楼上，难怪我没有找到。我们又约了周末见面。

这一次我们终于成功碰面。我说要帮她学英文，也请她指导一下我的德文。外国学生在汉堡大学读书，必须通过一个德文考试关。这考试往往在入大学两年内举行。我最怕的是考试，尤其是这次德文考试，既有笔试也有口试。如果换了我过去年轻的时代，我的特长就是外文，我的俄文考试，成绩永远名列前茅。可是我现在已近四十，记忆力大不如前，再加上教书、打工赚钱，哪有完整的时间去学德文。因而，和佩特拉这次见面，我们主要是谈如何交换学习德文和英文，最后定下来，每周一次。

没想到，佩特拉做事非常认真严肃。她事先做好充分备课，俨然像个家庭教师，帮我默写、讲故事让我复述、让我朗读德文词句，她纠正我发音。我明显地看到自己的进步。反之，因为她背后没有考试压力，我和她一起练习英文的时间很少。我常感内疚地说："这样就不是交换，而是你给我补课了。"她总是微笑地说："等你考完后，你重点教我。"

佩特拉真纯，纯得像一块透明的宝石，没有一点瑕疵。每次我们见面，交换学习语言，她的态度都十分正经严肃，真像一个尽职尽责的老师。我们的友谊通过定期的语言交换加深了。我了解我自己，我这个人很喜欢和女孩子在一起，而且下意识地很会讨好女孩子的欢心，不像有的人，想结识女孩子吧，又不好意思去跟人家说，心怀鬼胎表面假正经。我并没有什么邪念，只要我和女孩子在一起，有说有笑，就感觉很满足。我见过一些不正派的男人，一见女人就眉开眼笑，甜言蜜语，一脸谄媚，反倒让女孩们望而生厌，避而远之。我一直告诫自己，和安娜那种突发的感情是双方在一种特定的、今日不知明日、今后生命毫无寄托的情况下爆发出来的，是非理性的。现在我接触的这位乖巧的少女，是那么的单纯无瑕，她只是我的一个小朋友，绝对不能伤害她这纯洁朴实的情感，反之，我应该保护她。

24 似曾相识来又去

自从我和富太太不再往来以后，我就好像被汉堡的整个华人社会隔离起来一样，实际上，这是我自己的问题。我总感到恶言冷语随时会出现，草木皆兵，只要有中国人聚会的地方，我就尽量保持一定的距离。但是，只要我在马路上看到长着黑头发黑眼睛的人，还是感到比较亲切。

离我办公的哲学大楼不远，就是汉堡大学学生食堂，是我常去吃饭的地方。不同肤色和不同发色的年轻人，金头发、红头发、棕头发、黑头发，什么颜色都有，如穿梭一般，出出进进。学生的穿着都非常简单随意，正衬托出年轻人的自然美。某天，我随着人群端着盛满食物的大盘子走进大堂，四处打量着餐厅里用餐的人，想找一个安静的地方就座。

当我四顾时，偶尔发现不远处有几个黑头发的亚洲学生坐在一起，有说有笑，莫非他们是中国人？好奇心让我忍不住想要知道他们的来历。我于是端起盘子，向他们的方向走去。就在这时，那一堆里有一个姑娘正好抬起了头，和我的眼光相碰，我差点惊呼起来："这不是露西吗？"

手中的盘子差点摔到地上。也不知怎么回事，露西，我近来常常想她。有的时候还会默默地唤着她的名字很久。面前这个亚洲姑娘，她的眼神，她的容貌，她的发型，甚至她的酒窝都和露西的完全一样，我几乎快晕倒了。如果真是她，那么这世界就太小了。

也许是我这神情惊吓了她，她马上低下了头，向她旁边的男同学说了几句话，那个小伙子就直起身子，抬起头来，向我挥了挥手，示意让我过去。这正中我的下怀，莫不是她也认出了我？为什么她自己不表示呢？谁知一走近他们，我大失所望，他们说的都是日语！那个看见我的姑娘，非常腼腆，长得确实极像露西，但比露西年轻，神情气质也有所区别。我刚想离开，其中一个小伙子站了起来，毕恭毕敬地用日语向我问候，并示意我坐下。我不知如何是好，回了一个躬，用英文说："我不是日本人，我是中国人。"

一语惊四座，几个日本大学生都抬起了头看我。

"中国人？你从中国哪里来？"一个男生带着特有的日本口音用英语问我。又是我到处碰到的老问题，我实在不愿回答。尤其是日本人，他们的报纸一定早已报道了我的事，一旦在他们面前暴露了我的身份，说不定会很快传出去，那我就不得安宁了。我希望我这不光彩的事被越少的人知道越好。于是我这样地回答："我是上海人。我的一个姑母住在香港，我去探亲看她，就转道到德国来读书。"我甚至也惊讶，顺口编出来的假话，可以那么自圆其说。

"你来德国有多久了？"那位小"露西"说。她的英文发音比那个小伙子好，但说起来也显得很吃力，不过笑时露出和露西一样的两个小酒窝，说话的声音也那么相像，很甜。但是她和露西有一点不一样，就是特别优雅端庄，举手投足，好像宫廷里的淑女那样卓然不凡。可惜啊！她要是中国人有多好。

"才来不久，德文还没有学好呢！"我说。

我发现，我在说话时，几个日本学生都在注意地听，虽然没有人能说像样的英文，但他们对我都很友善，没有一点敌意，不到十分钟，一个个都吃完饭告别走了，只剩下小"露西"和另一个女孩子。

"很对不起，我也该走了。"我说完，刚想站起来，那个小"露西"微笑着说："我叫西子，她叫佳美子，这是我们常来吃饭的地方。希望还能见到你。"

"谢谢！我会来的。"在走出饭厅的时候，我还一直念着西子的名字。西子，西子，你怎么也叫"西"啊！真是太巧了，我回过头去又瞭了西子一眼，发现她的目光也正在追随着我。我的神志又恍惚起来，心底浮出了一种暗暗的喜悦。

谈起日本，我的心情相当复杂。在我少年时，眼见着日本军队的铁蹄践踏祖国的大好河山，怀着满腔的仇恨把所有的日本人都看作我的敌人，到了六十年代初，我在中国人民保卫世界和平委员会工作，接待了不少日本友人。我发现，他们不但对中国人民友好，大多数对第二次世界大战时期日军侵略中国所犯的滔天罪行，都表示忏悔，相当感人。从此，我对日本人区别对待，认为总的来说他们还是善良的。对日本妇女，我没什么深刻印象，但发现她们至今还保持中国古老的文雅礼貌作风，不像中国"文化大革命"培养出来的女红卫兵，作风泼辣，"不爱红装爱武装"，骂起人来比不少粗鄙汉子还难听，令我敬而远之。

男人喜欢漂亮的女子，女子喜欢有魅力的男人，这是人之常情。我从小由母亲独自抚养，在女人圈子里长大，对女性有一种天生的信赖和依恋。无论在中学和大学，我喜欢和女孩子接近、嬉笑、不拘小节，反倒讨她们的喜欢。不像班上有不少男生，当着女孩面，笨嘴拙舌，手足无措，躲在背后，便胡说八道，乱编故事。我厌恶这样的行为。我喜欢直截了当，对哪个女孩有好感，我会直接向她示好。露西喜欢我、信任我的恐怕正是这一点。

解放后，正是我青春最旺期，中国反而成了禁欲主义的封建国家，谈恋爱还要偷偷摸摸，违反人性，交异性朋友风险也很大。现在来到德国，完全两个世界，人和人的关系好像简单得多。我发现，作为一个外国人，你语言不通，想打进德国人的圈子，非常困难，但对我来说，和从印尼来的华人相比，有一个长处，就是我能说流利的英文。我在课余之时，就喜欢和印尼华侨大学生一起去参加大学生舞会，使自己尽量排除"乡愁"。最让我开心的是，我在这个社会里，内心得到解放，除了个别的从台湾来的人外，再没有人在后面对我指指点点，说三道四。记得我读过俄国作家屠格涅夫给托尔斯泰的一封信中这样写道："如果随着青春消逝的只是美好的东西，那么这人生剩下的年岁就会极其难熬。"我那第一个青春，没有遇到什么特别美好的东西，我现在不能再让第二个青春轻易地溜走。

西子，西子，多么美的名字。苏东坡描写杭州西湖的时候赞美道："欲把西湖比西子，淡妆浓抹总相宜。"不知不觉，我脑子里一直留着西子的影子。我联想起中学时代，和初恋的露西一起乘舟畅游西子湖的情趣。如今，露西已随清风而去，我却在异国他邦痴痴寻觅她的芳踪。露西，你在哪里啊？

<hr>

说来也是缘分，某天我坐地铁到市中心去，忽然看到一个亚洲女孩子端坐在远处一个座位上，直着身，垂着头。再定睛一看，这不是西子吗？

正在我盯着她的时候，她正好抬起头来，四只眼睛对在了一起，她忽然用手捂住了嘴，似乎是在隐瞒她内心的惊喜。毫无顾忌地，我很快地走到她的座位旁边，她立即让位让我坐到她的旁边。用什么语言交谈啊？用英文？用德文？周围的人听了一定感觉怪怪的。都是亚洲人，偏用欧洲语言对话。管它呢！

"看见你真高兴！回家去？"我问。

"不！去百货公司买点东西。你呢！"

"太好了！我也想到市中心书店去逛逛。"西子听到此话，含笑地、羞答答地低下了头不语。典型的东方女子，就是和西方姑娘不一样。我想。我也不再言语，心里充满了喜悦。

这次偶然的会面，对不了解情况的外人来说，真好像是天生的幸福的一对，才子佳人，我们根本没去百货公司，在我的建议下，找到了一个幽静的咖啡店。

真没想到一个日本女大学生对中国的唐诗宋词会那样熟悉，我们开始用笔来交谈，她竟然能默写那么多李白、杜甫、苏东坡的诗句，使我感到十分惭愧。我们中国的年轻一代，1949年革命以后，不但不会文言文，现在连学校都关门大吉，下乡当农民去了。我们的国家将何去何从啊？这种想法我是不愿对她说的，这太丢我们中国人的脸面了。

西子不但喜欢中国的琴棋书画，并且，她是一个虔诚的佛教徒。她对中国的文化是那样的着迷，一直想交一个中国朋友，但苦无机会。没想到，现在来到西方，反而结交了我，感到非常欣慰。我请她喝咖啡，她请我吃晚饭，并和我约好了下次见面的时间。

情感这个玩意儿，是最难捉摸的。真没想到，我又陷入情感的陷阱里了。我变得非常喜欢西子，但是，我又很矛盾，生怕这种情感既会伤害了自己，又会伤害对方，就好像和菡丽卡那样。愚谦，你自己尚无立足之地，前途未卜，你自己也知道，她来自保守传统的东方，如果感情不能走到最后，最好不要开始为好。但是，我仍然度日如年似的盼望着和她下次的见面。

让我既高兴又烦恼的是，西子如约而至，却带着上次那群在大学食堂见过面的日本同学。我发现，在这群可爱、天真的大学生中，西子显得特别高贵，大家对她如众星捧月，精心呵护。

真没想到，中国同胞把我赶出他们的圈子，我却扎到了日本大学生堆里，他们不但不嫌弃我，当知道我是从上海来的，反而显得特别友好。我发现，这些年轻人对政治并不十分关心，对中国发生的"文化大革命"，几乎毫不知情，也没兴趣。这对我来说，也再好没有了。虽然我比他们年纪大上许多，但由于我能拉、爱唱、会跳舞，大家混熟了，他们不管有什么生日晚会、联欢晚会，也把我叫去。某次，一个从大阪来的男学生，喝得半醉，醉醺醺地悄悄对我说："你知道吗，你是中国人，能参加我们的聚会都是西子的主意。她是我们的公主，她很喜欢你。"

公主？这不可能，我想。

命运真是捉弄人啊！在离祖国万里外的欧洲，我身上一无所有，每天还要靠打工维持生活，精神空虚得可怕。但是，在艳遇上，我真是一个幸运儿。我来德国才不到两年，就邂逅了许多容貌漂亮、心地善良的女孩子，上帝对我太仁慈了。由于我第一次约会她时，她带来一批朋友，我直觉地理解，她只愿意和我做一般的朋友，上海人常说"做人要识相"，我再没有特意和她亲近，佳美子反而和我有说有笑。

某次，出乎我的意料，西子主动约我下午到城市公园去散步。她发现，我的德文有不少长进，再不那么语无伦次。我告诉她，我有了一个私人教员，是个德国女孩子。西子听后脸上微微有所变化，但是很快就消失了。她身上隐藏着的那种高贵品质和自我修养，使我更喜欢她。于是很自然地向她表述，这个德国女孩子年纪很轻，还是中学生，非常纯洁，是在一个友人的生日晚会上认识的。"她叫佩特拉，如果你想认识她，我可以介绍给你。"我说。

我这种以诚相待，好像很打动她，她很自然地说："好啊！"

我觉得能和西子单独在一起散步，就是和一般人不一样。对面不管有什么人走过，总是很注意她，投以羡慕的眼光。我也好像高了几公分似的。我也觉得，西子和一般漂亮的女子不一样，她有一种从内心里自然发出来的高尚气质，会吸引你的目光，摄取你的灵魂。

"我们一起去喝咖啡好吗？"我鼓起勇气问她。她很快地点头答应了。我们来到汉堡的一个商业区，进了一家咖啡馆。大厅里人很少，幽暗柔和的灯光陪衬着甜蜜、浪漫、轻柔的音乐，几对情侣坐在那里恩爱缠绵，给我们带来温馨和柔情的氛围。我很亲密地靠近西子坐下，她并未反对，轻轻地抚摩着我的手说："谦生，我很喜欢你。我来自一个保守和传统的日本大家族，很少能和男孩子自由接近。我将来的丈夫，是父母早就给我订好的，这是家规。我在大学读书，选的是德意志文学，我坚持到德国来短期留学，父母只好同意了。来到德国，呼吸到自由的空气，给我的生活带来了意外的乐趣。没想到遇到你。"

"哦！是这样的啊！那你和我私自这样的约会，你的日本同学不会说什么吗？"

"不！他们都不知道我家庭的情况，而且大家只不过是同学而已。我和你单独见面，当然也不会告诉别人。"

"在汉堡有那么多西方大学生，你为什么不和他们接触？"

"我也不知道为什么。我不适应他们的直出直入的男女生活作风。和你在一起，好像我们的文化背景很相似。我很喜欢中国文学里所形容的温文尔雅。"

"你一定读过西厢记吧？"

"当然读过，你有点像书里面的张生。"

"哈哈！那你就是莺莺了，可惜我们这里没有红娘啊！"

"汉堡大学就是红娘啊！"她就把脸靠到我的肩上，含羞带娇地说。

我也就很自然地扭转了头，把她的头扶起，拥抱了她，轻轻地亲吻了她。然后扶她起来，随着慢慢的乐曲移动起脚步来。我忽然发现她全身在微微地颤抖，热泪流入我的颈间。

"西子，西子，你怎么了？"

"谦生，这是我有生以来，第一次和一个男人这么亲近。我太喜欢你了。但是我是一个有教养的日本姑娘啊。"

"那又怎样，你也是个人。人就是一个热血动物，就有感情。"还没有等我说完，她主动踮起脚，柔柔地亲吻起我来。这一瞬间，好甜蜜啊！一个高贵如同公主的日本淑女，竟然垂青于我这个中国流浪汉。

晚饭后，我有些迟疑：西子受到了西方文化很多的熏陶，会接受邀请到我住的宿舍来坐坐吗？但是西子摇头拒绝了。说也奇怪，这种理性的反应，我完全接受，而且非常理解她。她是东方女子，她有她的尊严，在性的观念上，她和安娜完全不同，也反映了东西文化的差异。我尊重她，其实也是尊重自己。我知道，她很喜欢我，我也爱慕她，她愿意和我交朋友，愿意与我亲近，但是，我们双方都有一个底线。双方都知道，我们两人是绝不可能长相厮守的。东方的道德观和责任感在我们心中都起着作用。

通过和西子的友谊，我开始懂得柏拉图所描写的精神爱情的境界：当心灵摒绝肉体而向往着真诚的时候，心境是平和的，这才是高超的人性。人之所以是所谓的高等动物，是因为人的本性，胜于兽性。精神上的交流，道德上的尊重，有时会给你带来更美好的享受。

几周之后，我们约好在大学旁的国家图书馆的一个偏僻角落又见面了。她忽然很好奇地问我："你知道日本有一个很有名的人士，在北京住了很多年，名叫西园寺公一的老人吗？"一听到这个名字，我全身震栗起来。因为我不但知道他，而且是拿了他儿子的护照逃离祖国的。她怎么会忽然提起他的名字？莫非她听到什么传言了？我想。西子并未发现我的不正常的反应，接着说："我最近看到了一篇来自日本的报道，说西园寺公一一家在北京住了十二年后，回到东京了。不知你知不知道他？"

"我不但认识他，而且跟他很熟。"我说。

"什么？很熟？这个世界太小了。他家和我家是世交。"西子的两个眼睛睁得大大的，非常兴奋。

"什么？世交？"

"你知道吗，他家的祖辈有人做过首相。"

"当然知道。就我所知，西园寺公一的祖父西园寺公望是日本'桂园时代'的著名首相。"

"看样子你对日本历史还挺熟。"

"不熟，但西园寺一家对我这一生太重要了。我也是最近在这个图书馆里查到的。那你家呢？也是贵族了？"她点了点头并奇怪地看着我问：

"谦生，我也觉得你不是从普通中国人家庭里出来的，既会说英文、俄文，还会拉小提琴、弹钢琴。竟然还认识西园寺一家。"

"现今的中国和你们日本社会完全不一样，已经没有什么贵族、平民之分，更没有什么皇族了。现在的中国是工农兵的天下，有钱人都没钱了，还成为了斗争的对象。唯一的区分是文化水平的差别。我们家过去算是书香门第，受的教育比一般人多些，父亲留过学，母亲受过高等教育。我的英文是在 1949 年革命前的教会学校里学的。俄文则是在大学里学的。我过去工作的单位——和平委员会，负责照顾西园寺公一一家的生活，我又曾是主管联络工作的，所以和他们一家来往比较多。这都是偶然的。"

"真有意思，我真想什么时候能到中国去看看。"

"现在中国正在搞文化大革命，不太欢迎外国人去。我现在也流浪国外，回不去了。"

"什么！你不能回中国了？"

"你不知道吧！我是拿西园寺公一儿子的护照偷跑出来的。"

"我好像隐隐约约听说过这个国际事件，难道就是你！"

西子已经是我的红粉知己了，我绝不能向她有所隐瞒，于是向她介绍中国"文化大革命"发生的那些事。西子听了我详细叙说中国"文革"的历史，就好像听天书一样，她怎么也不能想象，天下还有这样的荒唐事。我接着老老实实地告诉她，我在中学时代受过洗，基督教会的美国牧师给我起了一个英文名字，叫 Peter。来到德国，当局发给我的临时旅行证上，写着 PETER KUAN YU CHIEN 的名字。我接着说："德国人的姓都是放在最后的，很多人都叫我 MR. CHIEN。你也知道盗取他人护照逃离自己的祖国，是很不光彩的事。我到德国来，想和过去的一切划清界限，从零开始做人。所以决定隐姓埋名，将错就错，对外都称自己为 Peter Chien。你不是也叫我谦生吗！现在我把我的故事都告诉你了，希望你不要传给别人。能答应我吗？"

西子点了点头，轻轻地说："我答应你。"

自那天和她见面后，有一段时间再未见到她，打电话给她，也无人接。正在纳闷是怎么回事，我忽然接到了一封从日本京都的来信，竟是西子写来的。原来她已经返回日本了。不告而别，我起初有点生气。打开信封，第一个进入眼帘的，是西子和我一起在雪地拍摄的照片，相片非常清晰，音容宛若在眼前，我的气一下全消了。信中她写道，她临离开德国前，几次经过我宿舍的门口，但都未敢敲门进来。因为她知道，只要我们二人一见面，那场告别很可能难舍难分，会是情感的总爆发，一旦难以控制，必会造成她这一辈子的自责。她希望和我保持永恒的友谊。

她这一番话让我想起了郑板桥写的一首诗。我把它改了一下："欲寄相思无处寄，来把那合影替。左边的是我，右边的是你，正面的是团圆，背面的是别离，还有那无尽的相思，来把那情影存枕底。"

　　和西子的友谊，我一直难忘，并像她信中所说那样，一直保持友好的联系。我们的友谊是如此之深厚，如此的纯洁。她曾写信告我，和女儿一起到中国北京、上海访问，并开始学起中国画来。后来，我曾和我的爱妻珮春一起到京都去探望她，她那时已是两个孩子的母亲了。在认识了四十三年后，西子又来到汉堡看我们，并和我们约定，一定到上海来和我们再见面。

25 　佩特拉家的圣诞夜

　　时间一晃而过，我到德国已经两年了。曾经相爱的菡丽卡不能再相见，一度爱慕非常的西子也回日本去了。我似乎是被上帝判定了要孤独一生。日子久了，我越来越适应这里的环境，也交了不少年轻的朋友，但是这些都排除不了我的思乡之情。一天之内，我会是两个完全不同的人。白天我在人前是一个乐天派，有说有笑，精神饱满，但每当我一个人深夜独自待在九平方公尺的单人宿舍里时，我会眼睛直直地望着天花板，发愣很久。无家可归的悲哀，如同病毒潜伏在我的体内，在夜深人静的时候发作起来。我的生活是那样的矛盾，心态的落差是如此的巨大，面对周围人，我一直深深地隐藏着我的低落，没想到，竟有一个人发现了，那就是佩特拉。

　　圣诞节快到了，宿舍里的学生几乎都走空了，只剩下几个外国学生留在空荡荡的大楼里，冷冷清清，没个过节的气氛。忽然我接到了一个电话，是佩特拉打来的。她问我，圣诞夜打算做什么？有没有兴趣到她家来。

　　按照德国的传统，圣诞夜只是家庭团圆的日子，一般是不邀请外人的。但是，佩特拉却说服了父母请我到她家去，使我非常感动。可是，我不希望给佩特拉带来麻烦，但她一再坚持，我只好恭敬不如从命了。

　　佩特拉的家住在离汉堡四十多公里的一个小城市巴德·奥德斯露（Bad Oldesloe），只有两万多人口，是一个典型的北德小市镇。我按佩特拉的指点，坐火车到了那里。佩特拉来车站接我。她先带我参观了市景。她上的学校就在她家的附近，自她家走路三分钟就到了。从学校整齐宽敞的外景就可想象，里面的条件会多好。我本想，两万人口，在中国就是一个偏远省份的乡村小镇，有什么可看的，谁知，"麻雀虽小，五脏俱全。"这里有大百货公司、食品商店、时装店、钟表店、首饰店、鞋帽商店，等等，应有尽有。相比起大都市的那种繁华和杂乱，这里真是清净又舒适。怪不得佩特拉会那么淳朴。佩特拉介绍说，城市周围有很多乡村，农民们要买大件的生活用品，都会到这里来。

　　到了她的家，首先出来欢迎我的是佩特拉的外祖母。她已经八十多岁了，但思维敏捷，观念开放，拉着我的手紧紧不放，十分热情。佩特拉的父母见到我，也都非常高兴，但似乎有些紧张。佩特拉牵着我的手开她爸爸、妈妈的玩笑说，他们为了今天晚上的见面，已经练了三天（three days）的英文了。她爸爸马上摆手说："No，No，No，Only four days.（不，不，不，只有四天。）"佩特拉的母亲说的英文比她爸爸好一些，还向我提了几个问题，不过，听语法和用词，显然是事先准备好的。英文说得最好的是佩特拉的姐姐，其次是姐夫，因为他们都在贸易公司里做进出口工作。

　　珮特拉的家有上下两层，楼下是饭厅和客厅，楼上有三间卧室。最让我喜欢的则是楼前朝南的大花园，此刻正被厚厚的白雪覆盖，看不到边，显然面积非常大。佩特拉告诉我，最前面种的是花，当中有好几颗水果树，最后面是菜园。菜园后面有个小池塘，非常幽静。传说中，过去经常有仙女来这塘里沐浴。但是自从这市郊建了高速公路后，她们再也不来了。

　　我到达佩特拉家中正是下午茶时间，大家坐在一起吃蛋糕喝咖啡。北德的冬天，下午四点，天就快黑下来了。全家都围在沙发上坐了下来，灯打开了，桌子上摆着饮料和糕点，大家开始聊起来。

　　原来，佩特拉的祖父和外祖父都是火车司机，属于中国人口中常说的"无产阶级"，听起来好像受尽剥削生活赤贫似的，但其实火车司机在德国是一个很受人尊敬的职业，薪水很高。她父亲在第二次世界大战期间，被征召在军队里管后勤，做财务，他很庆幸，手上未曾沾有战争的血迹。二战后，他由农业银行的一个职员，最后升为总监，所以生活条件相当不错。佩特拉开玩笑地说："各分行的经理都很怕他，就怕他找出毛病来，被炒鱿鱼。"佩特拉在家里最小，显得特别天真和稚气。大概这是第一次她把一个这么大的男性朋友带回家来，又是一个外国人，为了让气氛不那么尴尬，她更是有说有笑。

　　佩特拉的母亲极有教养，能弹一手好钢琴，特别喜欢谈历史。两个女儿出生以后，她就再没有到社会上去工作。除了料理花园外，她的最大嗜好就是看书，在这方面两个女儿受她的影响很大，尤其是大女儿。从当天的表现来看，小女儿佩特拉是个家中的宠儿，有一股犟脾气，带点任性，爸爸妈妈有时拿她真没办法。

佩特拉父亲的业余爱好，是收集邮票和古典音乐唱片。我吃惊地发现，他竟然收集了一套1949年新中国建国那天发行的纪念邮票，尤其珍贵。这套邮票，连在国内都很少看到全套。这也是他的一大骄傲。

晚餐时间到了。佩特拉家有一个传统的习惯，圣诞夜吃烤鹅或蒸鲤鱼。佩特拉的母亲是烤鹅能手，我这辈子还从来没有吃过这么香甜可口的鹅肉。她看见我吃得那么香，非常高兴，把盆子里最后一块夹起来放到我的碟子里，然后说："这块本来是留给佩特拉爸爸的。"

饭还没有吃完，佩特拉的爸爸就坐不住了，嘟嘟囔囔像个孩子似的，催着女婿快点火。于是，女婿站起身来走到客厅墙脚下的圣诞树旁，把树上的小蜡烛一个个点起来了。这时我才发现圣诞树上挂着各种美丽的小玩意。佩特拉轻轻对我说："圣诞夜真正开始了。"

"怎么？现在才开始？蛋糕、晚饭不算？"

"那些只是序曲。"

不一会儿，父亲、母亲、姐姐、佩特拉从自己的房间里捧出来大包小包的礼物，全用漂亮的礼物纸包着，按人头分成几堆，放在圣诞树下。这时，父亲打开留声机，传出了圣诞夜歌曲："寂静之夜，圣洁之夜……"姐姐关闭了屋内所有的灯，室外，月光照在皑皑的白雪上，又反射进室内，与莹莹烛光相映成趣。

"谁先拆礼物?"佩特拉的爸爸高声地问。

"说话轻一点。你等不及了，你就先拆吧!"妈妈说。

"我要先拆!"佩特拉忽然从沙发上跳了起来。

"好! 你先拆。"爸爸说。妈妈于是指了指堆成高山似的那一堆说："这堆是佩特拉的。"我一看，大大小小至少有十几包。佩特拉慢慢地把包一个个打开，大家兴奋地围着她看，每打开一包，全家都发出惊叹声。佩特拉会开心地说"谢谢"，然后再拿起一个包问："这是谁送的?"大多数礼物当然是爸爸、妈妈送的。皮鞋、毛衣、香水、香皂，每件都包成一包。怪不得那么多。单看佩特拉一个人拆包，就足足用了二十分钟。

大家有说有笑。我看着佩特拉这美丽、天真、自然的笑脸，不禁想起了北京的家。我的亲人，你们现在在哪里？在混乱与疯狂之中，成千上万个家庭又会是怎样？在我面前的这个温馨的德国之家，一家团圆，开开心心地互赠礼物，是多么的温馨和睦啊！我在北京不能享受的家庭之乐，竟然在万里之外的德国小镇见识到了。

接着是佩特拉的爸爸拆礼物。他像小孩子似的，边拆包，边说话，边笑。佩特拉说，像爸爸这样的好兴致，只有在圣诞节时看到。平时他为了赚钱养家，忙得连家庭聚会都顾不上。其实，这些礼物几乎全是妈妈买的，用的是爸爸挣来的钱，但他还是兴致勃勃。其中有一个礼物是佩特拉用自己第一次赚的钱送给爸爸的，她爸爸特别珍视它，并感叹地说："女儿真是大了。"我也得到了两件礼物，是佩特拉父母和姐姐、姐夫送的。一件衬衫，一张唱片。我本来还没有唱片机，不久后就为这张唱片买了一个。这是后话。

礼物拆完了，一个多小时也过去了。圣诞树的蜡烛烧尽了，又重新打开电灯，接下来就是大家聊天谈心的时间。由于我还不太会说德文，一开始说得结结巴巴，佩特拉的爸爸就拿出唱片，放起音乐来。他是一个古典音乐的爱好者，给我一张接一张地放他那些古典音乐唱片。我也能一个个地说出这些乐曲的名字和作者。贝多芬、莫扎特、舒伯特、曼德尔松、舒曼的作品，我全都认出来了。他们惊讶的是，一个亚洲人竟然对欧洲音乐如数家珍。

当柴可夫斯基《天鹅湖》的旋律响起时，我的激情来了。因为我对这曲子不但熟，而且曾在北京看过好几遍芭蕾舞剧《天鹅湖》，其中一场是在北京天桥剧场看的乌兰诺娃的芭蕾演出，至今难忘。几乎每一乐章，该轮到谁出场，是王子、白天鹅，还是黑天鹅，我都如数家珍。当四个小天鹅和吉卜赛人群舞的音乐奏起时，我随着节奏跳了起来，逗得他们笑个不停，最后连佩特拉的父亲也放开嗓子唱了起来。这样地欢闹到深夜，我才搭乘她姐夫的车，一起返回汉堡。

事后佩特拉告诉我，这么热闹的圣诞夜，他们家还是第一次度过。她的外祖母悄悄对她说，如果我也像你这么年轻，我也会爱上他。这句话被她母亲听到了，差点晕了过去。佩特拉知道，她的父母并不接受这么一个外国人，尤其是从"红色中国"出来的。

26 硕士学位考试

1972 年夏季，我要参加硕士学位的考试。我学的几门课程，即使是副科，依然要过笔试和口试两关。

我永远不会忘记参加俄文口试那天的经历。娜维珂瓦教授是主考，另外还有两位陪考官。按惯例，这种口试仍然用德文进行。考官提问，学生回答。这时，我已经和娜维珂瓦教授混得较熟了。她知道我的俄文好过德文，一开始就和我用俄文对话，另外两位陪考官都是德国人，对德国古文和古典文学很有研究，但口语都不行。娜维珂瓦教授问到我对俄国文学的感受，问我最喜欢哪一个俄国文豪。这该是我的强项，因为我在大学时曾"啃"过一些俄罗斯文学作品，对那些重要的俄国作家如普希金、屠格涅夫、托尔斯泰、陀思妥耶夫斯基、高尔基等文学作品都有所了解。我回答说，我最喜欢普希金的诗。

娜维珂瓦教授问我："你最喜欢的是他的哪一首诗呢？"

"是为俄国十二月党人写的《致西伯利亚囚徒》。他这首诗写的是苦难，但又给人无限的勇气和希望。"我脱口就开始用俄文背诵起来。

口试一般需要三十分钟。在我把这首诗背了几分钟后，娜维珂瓦教授叫我停下，和另外两个考官用眼睛交换了意见，宣布考试结束，给了我最高分。

硕士头衔拿到手后，我捧了一束花来到娜维珂瓦教授办公室致谢，她高兴地迎接我说，"关先生，您的笔译考试卷笑死人，德译俄，还不错，但俄译德，错误百出。幸亏我知道您是中国人，不然，这考卷肯定通不过。"

"谢谢您，谢谢您！我请您吃中国饭。"我衷心地表示感谢。

在德国，人与人之间、同事与同事之间的关系，要磨合得很默契其实很难，有的需要几年甚至十几年时间。有的则是"打字机声相闻，老死不相往来"。即使男女年轻人之间，酒吧间相识，甚至当夜一起度过，但次日早晨，你走你的阳关道，我走我的独木桥，连姓名地址都可能不留。当然，不全是如此。这里我只想说，德国人好像是个暖水瓶。虽然内热，但外面总是很冷。

但是娜维珂瓦教授是个很热情、能敞开大笑的俄国人，我们约定在一个周末见面，我做了很可口的中国饭，佩特拉也过来帮忙打杂，娜维珂瓦教授和她的另一个俄国女友参加。席间我们的主要话题还是俄国文学。我好像又回到了在北京和苏联专家谢尔盖·米哈伊洛维奇一家人一起相聚的时代，其乐融融，相处无间。

当晚娜维珂瓦教授知道我还想继续写博士论文，她就半醒半醉地对我说："你可以还选俄文为副科，你来口试，再背普希金的诗，我一定通过。"说完，大家哈哈地大笑起来。果然如此，五年后的1977年，娜维珂瓦教授依照这个酒后之约，在我通过博士毕业考试时，担任我俄文口试的主考官，陪考人都换了。她向那两位主考人回忆我考硕士时的背诗景象，大家都笑了起来。当天的口试竟然变成了交谈，我用俄文介绍了我在北京做苏联专家翻译时出现过的窘态，大家都大笑起来。一场口试就这么轻松地过了关。没想到，虽然教授抱怨我的笔试糟糕，但也得了高分通过了。

1972年11月，我终于拿到了硕士学位，这几乎是难以想象的。一个外国留学生，在这么短的时间，攻克硕士大关，连拉斯博士都不敢相信。我知道，这并不是有什么神仙和上帝在帮我的忙，而是我周围的朋友们无私的奉献为我铺平道路。如果没有拉斯博士的支持，没有恩师刘茂才在后面的鞭策，没有朋友如史特满（Klaus Stermann）和郑英这两位在柏林自由大学任教的同事抽出一个暑假时间的帮助，如果没有娜维珂瓦教授在我考试上的宽大裁定，我都过不了这个巨大的门槛。更为重要的是我身旁有一个天使陪伴，当我思乡之念使我精神完全萎靡时，当我的语言考试到最后关头，很难通过时，都是她在后面予以打气，让我振作，这就是佩特拉。

得知通过的消息之后，我一个人来到阿尔斯特湖边，面对着在夕阳下涌动的湖水，长长地呼出了一口气。我真心地感谢我生命中的这些贵人们。母亲，儿子在德国过得很好，已经取得了硕士学位，将来还要读博士，您老人家，身体好吗？

我真想彻底地放纵一下自己，给自己一次"堕落"的机会，到欧洲什么地方去痛快地游玩享受一下人生。但摸摸口袋中那薄薄的钱包，再照照自己那骨瘦如柴的尊容，算了，我还是老老实实地去批改学生的课卷吧。

人无远虑，必有近忧。我的高兴劲还没过去，担忧的事倒先找上门来了。某个星期四的中午，中国语言文化系的系主任傅吾康教授把我请到他办公室去，脸上露出很忧心忡忡的神情说："关先生，告诉您一个不太好的消息。"我的心一下子就收缩起来。

"我们中文系对您的教学工作很满意，但一直对让您做临时讲师工作很不安。因而自您向我们展示出你的教学成绩后，我们决定向汉堡市高教局为您申请一个正式讲师的位置。等了好几个月，我们昨天终于接到高教局的回信。他们表示，大学增加一个讲师编制，需要增加预算，高教局没有这笔经费。很遗憾，我们无能为力。"

"那……"我找不到合适的话来回应。系里打算聘我当正式讲师的事，我一点也不知情。虽然我心里也曾好多次幻想过，能够一直留下来教授中国语言，传播中国文化。但没有想到，围绕我的命运，还有这么多事情在发生。我之前从来没有考虑过自己这个职位的"临时"两个字的含义。现在，这个坏消息突然降临，我一时无措。

"关先生，您现在每周上多少小时课？"傅教授突然问道。

"十七个小时。"

"什么？十七个小时？可您的报酬是按四个小时课时计算的，不是吗？"

"是的。学生要求多学点，希望我加课时，我挺高兴他们这么热爱学习。反正我是单身汉，没有负担，时间宽裕，多上少上几小时也无所谓，我也很愿意。"

"不行！从下星期开始，您只能按酬工作，每周上四小时课，听见了吗？"傅教授很严肃地说。

"好吧。"我点了点头告辞了。我真有些糊涂了。为什么他让我这么做呢？为什么他通知我这件事呢？莫不是……

我边走边琢磨着傅教授的话，系里不能一直让我当助教，可高教局又不批给讲师的编制，是不是意味着我不能继续在大学待下去了？如果真是如此，那对我可是个致命的打击。我的饭碗，我的理想，不是全都玩完了吗？从傅教授的话里，我隐隐猜测到，临时的助教位置随时都有可能撤销，说不定下学期我就会失业。

我突然感觉自己就像是在一个黑黑的隧道里爬呀爬，刚刚看见远处露出了一点曙光，自以为终于重见天日，忽然发现那只是一盏灯，不是太阳，而这个隧道其实没有尽头。一种说不出的滋味涌上心头。我安慰自己说，侥幸从中国出走，成功地从埃及监狱离开，再到德国一切从零开始，比这难得多的事情都闯过来了，况且我马上就可以拿到硕士文凭证书了。就算出去自己找工作，应该会好找很多。大不了也去开饭馆当导游，就像很多同胞那样。或者，也许思路应该再放开一点吧！不要对不起自己辛苦学到的知识，人生处处有青山，对！再试一试申请去加拿大。虽然当时被拒绝了，现在我已有了德国大学的硕士学位，他们也许会接受。

就在傅教授告诉我一周只能上四个课时的当天下午，我来到 702 教室，很沮丧地对正准备上课的学生们说："从今天起，这堂课不上了。"大家眼睛都睁得大大的，不知道发生了什么事。我把傅教授对我说的话简单地跟大家说明了一下："我已经准备联系加拿大的大学，打算到那里去教书，也许那里对我更合适。"

晚上，我躺在床上辗转难眠。当如水的月光从窗外流泻到我蜗居的小屋，我的思乡之情又油然而生。"床前明月光，疑是地上霜。举头望明月，低头思故乡。"自己已经是四十岁的人了，可仍然是一个无根的浮萍啊！多想回家乡去，回到母亲的身边，可是，有家归不得，命运怎么会给我开了这么残酷的一个玩笑？

星期一一早，我无精打采地来到哲学大楼。刚迈出电梯，就看见一张大字的横幅标语，上面写着"我们要罢课！"我觉得很奇怪，平时汉堡大学其他的学生号召罢课，我们中文系学生都不积极，怎么现在自己反而要罢起课来，真是让我惊讶。谁知，刚到我的办公室门前，有很多学生在等着我，他们一脸激动，迅速地跟我讲话。听了他们的话我才明白，原来学生们是要为我争取一个正式讲师职位而准备罢课的！

我为此惊呆了！一方面很感动，但另一方面有些害怕。我担心学生们因为罢课受到学校的惩罚，更不想因此给大学校本部造成误会，认为是我在背后操纵的。毕竟我可是一个因为政治原因来到德国的中国人。

我于是很快地冲到了刘教授的办公室。刘教授见到我很高兴地说："好！好！好！这说明你受学生欢迎！这是好事！不过，大学没有钱，难啊！还有，在汉堡有台湾的政客，在背后做您的文章，以后说话要小心，离他们远一点。"

就我所知，自从1968年欧洲学潮以来，各大学罢课已是家常便饭，但到了1972年，学潮已近尾声。中文系女学生居多，一般都比较安静老实，现在忽然主动罢课，不但惊动了校长，也惊动了汉堡州的高教局。高教局立即打电话给中文系的傅教授和刘教授，问他们是怎么一回事？要设法制止他们。刘教授回答说，我们又有什么办法？我们曾向你们打报告，希望争取一个讲师位子，你们拒绝了。现在学生闹起来了，我们实在无能为力。高教局的人在电话里解释说：大学增加一个讲师编制，每年就需要好几万马克，就需要增加预算，钱哪里来？而且要求增加编制的并不只是您一个系。

"汉堡大学中文系学生为关先生罢课"，这消息很快地在汉堡华人圈子里传开了。竟有汉堡的一个同胞，真的在外面造谣说，"关先生要把国内的文化大革命带到德国来"。这是非常恶毒的手段，德国的情报机关如听到此事，会很敏感的。刘教授听了也非常生气。后来我才知道，恰恰这个台湾同胞，曾一度对我很热情，后来见我被聘到大学任教，又完成了硕士毕业考试，而他自己早就想进来而没机会，就开始和我疏远了。原来是他，真是画虎画皮难画骨，知人知面不知心。

刘教授安慰我说："你不要为此而生气，我信任你，我们系的学生越来越多，只有一个讲师，已经不能满足学生的需求，学生们对你的课非常满意，这是他们自发的行动。我们当然也想利用这机会促动一下当局，没有什么坏处。对你不会有影响。你继续好好地教你的书，别的你不要管。"

学生为我罢课的提议，中文系的教授和助教们虽不直接介入，但都采取默许的态度。两个星期过去了，高教局没有做出任何反应，一些比较感情用事的学生开始沉不住气了。他们于是联系东方学部的各系学生一起行动，其中包括日文系和非洲系学生。汉堡大学东方学部各系由消极怠课转入积极罢课，同时对高教局的官僚主义作风提出了批评。事态扩大了，谁都知道，罢课的事情一见报，问题就严重了。

　　我有自知之明，学生罢课的起源因我而起，我应该尽量不介入，因而向傅教授请了病假，在宿舍读书。

　　1972年12月，离圣诞节没几天了，大学二年级学生们说在一个私人家组织了一个跳舞晚会，约我参加。晚上八点钟我赶到时，发现学生们已经闹腾很久，一个个都喝得有点醉醺醺的了。他们一见到我，陆续拥上前来和我拥抱。

　　"你们疯了？这么早就喝成这样。"

　　他们都觉得很奇怪，为什么我会不高兴？一个女学生说："关先生，我们是在为你庆祝啊！"

　　"为我？有什么可庆祝的？"轮到我奇怪了。

　　"你难道不知道吗？你的讲师编制批下来了！"

　　"什么？真的吗？"我不敢相信，"是什么时候批下来的？"

　　"是昨天。刘教授到处在找你，没联系上吗？"

　　我一听到这个消息，高兴地喊道："拿酒来！"

　　全场大笑起来。一个个拿起酒杯为我干杯，几个男学生把我抬了起来，抛向空中。接着，我按照中国的习惯抱起了拳头，向学生们大声说："我谢谢你们！谢谢你们！"接着又是一阵欢呼。

　　当晚，我赶紧给刘教授打了电话。

　　"祝贺你！祝贺你！"刘教授在电话另一头大声地说，"我们胜利了。你知道我们系里有一个年纪较大的学生叫马提阿斯的吗？他是学法律的，有执业律师资格，他和汉堡市长有私交，就给市长打了一个电话，告诉我们系里发生的事。市长一听就急了，全市只有这么唯一的国立综合性大学，如果一上报纸，就会成为全德国的新闻，当然也会让他市长脸上无光。他立即给高教局下了一道命令，要他们同意增加中文系的一个讲师编制，他想办法解决经费问题。

　　昨天上午，高教局来电话说，同意给我们系增加一个讲师编制。按常规，德国大学有一个讲师新编制，必须登报向国际上公开征聘。但这起码要等三个月到半年时间才能完成。我于是问高教局怎么办，高教局回答说，这次是特殊情况，同意我们直接把这编制给你。愚谦，我真为你高兴，我祝贺你！你还记得我对你说过的那句话吗？只要你一只脚进来了，好好干，第二只脚也可以进来。现在，你的双脚都进来了，下一步，就该大踏步前进了！"

"太谢谢您了！太谢谢您了！刘教授！"我激动得不知说什么好。

"不要谢我，要谢谢那些可爱的同学们，也要谢谢你自己。好好干，可别给我们丢脸。现在你应该准备写你的博士论文，更上一层楼。"

我眼睛里充满了泪水，高兴啊！我怎么会有这么好的运气，遇到一个如慈父一般的恩师和那些仗义的学生。真如成语所说，"塞翁失马，焉知非福"，坏事变成好事。当晚，我破例喝得酩酊大醉。

一过圣诞节，我的正式讲师合同签下来了，而且一签就是五年。我的月薪从过去的四百多马克，一跃而至两千四百多马克，一年可领十三个月工资。我几乎不敢相信这是真的。我终于圆了在大学里作为正式讲师的梦，每当我踏进教室，看见一个个可爱的笑脸，就由衷的高兴和自豪。感动之余，我自我内心宣誓，绝不辜负你们的爱戴，一定把书教好。此外，我又产生了另一个想法：

关愚谦，你虽离开祖国，但你不能忘记，你仍是中国人。你为什么不能为祖国文化的发扬光大做点事情。从 1840 年第一次鸦片战争以来，西方的传教士随着他们国家的舰队和大炮，把西方的文化带到东方。你自己在教会学校上过学，知道文化的魅力远远大于枪炮和面包。可反过来，又有多少西方人知道中国的历史和文化？现今也该让西方人多了解一些东方的文化。大家相互了解多了，相互尊重，相互学习，和平相处，多好啊！我现在有幸在欧洲的大学里教学，就应该把中国的文化传播介绍到西方，让西方更多的人有机会了解中国，成为中国人的朋友。我要通过自己的努力，架起一座世界了解中国的桥梁。

我开始尝试自己选编教材。当时学生的上课教材，都是繁体字，我坚持学生应该学习简体字。道理很简单，大陆是中国的主体，那里有七亿人用的是简体汉字。学生们不懂简体字，将来他们去中国就会遇到直接困难。在教学中我们应该抛弃意识形态的分歧，尊重实际，为学生着想。我终于说服了系里的同事们，开会一致通过：学生们自第三学期起，用简体字的中文教材。

当然，这一举动又给一些台湾同胞以借口，说我是共产党派来搞"统战"的人。不但在汉堡能听到这样的谣言，一次我到德国南部慕尼黑去旅行，偶然邂逅了一个刚从台湾来不久的在大学搞研究的人，他不知道我是谁，听说我从汉堡来，就问："您知道吗？共产党不久前派来了一个高级特务，已经打进汉堡大学，既鼓动大学生罢课，还教他们唱革命歌曲！他的事情已经在全德国都传开了。您在汉堡听说了吗？"

"谎言重复一千遍就变成真理"。但"谣言止于不辨"，也有其道理。可是人言可畏，在谣言没有澄清之前，也会造成恶果。汉堡华人圈子就那么一点点大，一传十，十传百，传到后来，我变成了三头六臂的大魔王。两边都不是人：大陆传出话来，关愚谦是"双重反革命"，既是叛徒，又是"五一六分子"，听到我"大名"的大陆来人，像是躲瘟疫似的躲着我。台湾来人则把我当共产党派来的高级特务："毛泽东统治下的大陆，闭关锁国，鸟都难飞出来，怎么能飞出来一个大活人？吹拉弹唱他都会，英文俄文都能说，各种事情说起来头头是道，只怕是特别训练出来的！"我自打到了德国，刻意做"独行客"，远离政治，无形中更引起别人的猜测。我越不谈，别人就越猜疑，别人越猜疑，我就越躲着他们。现在，我已拿到大学正式编制，有了余钱，出去透透气，散散心吧。但是去哪儿呢？

美国曾经是我青少年时期的偶像，是我的白日梦。1949 年以后，我既恨美国，恨它欺负我们中国，但又欣赏美国。美国能在短短二百年间建成这么一个富有强大的国家，是有其道理的。况且，和中国人民为敌的是政府行为，与老百姓何干？我应该亲自用自己的眼睛去看看那块土地，看看美国人到底过得是什么生活，看看美国人强大的动力在哪里，为什么那里的大学哈佛、普林斯顿、斯坦福、伯克利、耶鲁、哥伦比亚、麻省理工，那么受人称赞、受人欢迎，那么有名。甚至连美国的汉学研究，都独树一帜。在德国，可用的现代汉语教材太少了，我现在既然是正式讲师，应该利用当讲师后的第一个春假，到美国去取取真经。

而且，我心中还怀着一个隐秘的愿望。我有一个叔伯哥哥名叫关敬谦，是关家"谦"字辈的长子，解放前就去美国念书了，一直没有回国。听说他与我叔叔婶婶尚有往来，也许他可以为我打听到母亲妻儿的消息。

在傅刘两位教授的点头批准下，我于 1973 年利用暑假，飞往美国。我事先在汉堡买了一张美国灰狗（Grey hound）旅行车的全美通用票，只要九十九马克，就可逛遍全美。

第一站是纽约。我从肯尼迪机场搭公共汽车来到纽约火车总站，在这里，我要等人来接我。一个在汉堡大学读书的美国学生，拜托了自己在纽约的亲戚照拂我。我随身带了两个很不起眼的小黑皮箱。来到车站大厅，见到熙熙攘攘的人流往来穿梭，络绎不绝。第一个美国印象竟是火车站里居然有一个无事可做的流浪汉，一个黑人在垃圾桶里找吃的，这一幕使我大为吃惊。这哪是地上铺满了黄金的美国啊？

"喔！这么漂亮的黑箱子，我这一辈子还没见过这么好的箱子。"一个老年妇女，衣衫敝旧，手上拿着一个冰淇淋小纸盒，正盯着我的小箱子，自言自语。

这是第一个主动和我说话的美国人，我想试试我的英语，看对方是否听得懂，于是就和她搭讪起来。她问我是哪里来的，来美国做什么？我则问她，她在火车站是等人还是坐车。她见我跟她说话，很高兴，回答说："我每天到这里来散步。我过去常常到这里来接我的丈夫下班回家，可是，他在第二次世界大战后，再也没回家来。现在我天天来这里吃冰淇淋。我爱冰淇淋，每天我一定要吃一盒，不然我受不了。我的先生也爱吃冰淇淋。"然后她给我讲她的丈夫是多么英俊，多么勇敢，然后她又告诉我，她一个星期的救济金是那么少，所剩下的钱，只能每天吃这样一盒冰淇淋。

我基本上能肯定，她是精神有问题了。我同情起她来，她一定是受丈夫牺牲的刺激而变得疯痴的吧？政府怎么不管呢？她的丈夫是为国捐躯的呀！美国到底是一个什么样的社会啊？

就在这个时候，一个年轻人走到我身边，打断了她的叙述："您是关先生吗？我是阿尔弗雷德。"我匆匆向这个妇女手中塞了一美元，说了一声"再见"。短短十分钟，我几十年的美国梦破灭了。

来接我的阿尔弗雷德是哥伦比亚大学数学系的学生，开着自己的小汽车，载着我出了闹市区。路上我问他，像这样的妇女在纽约有多少？他很坦率地回答说："相当多，还有不少人没房子住，他们都住在别人的屋檐下或公园里。"

"我真不理解，美国这么一个富有的国家，打一次越南战争，不知要花多少亿美元，怎么会无视这种现象。"阿尔弗雷德转过头来不解地看着我说，"我听说你是从中国出来的，你对美国一定不了解。我们这里是自由社会，谁有本事谁赚钱，你不工作，你没本事，你只好流浪街头。"

阿尔弗雷德的住所是长岛的一个外表极其朴素的小楼，房间很小，客厅则很大，东西乱七八糟，典型的独身生活。他非常信任我，当天就把房门钥匙交给我，就什么都不管了。既不问我住多少天，也不问我来干什么。这样倒也好，我可以来去自由，不必担心干扰到他的生活。

第二天一早，我坐摆渡船去曼哈顿。船上的人不多，忽然老远传来一个声音："Shoe shine！shoe shine！"（擦皮鞋，擦皮鞋！）这让我立即回忆起上海解放前中国的孩子在街头上向美国水手兜擦皮鞋生意的镜头，也是"Shoe shine，shoe shine"的叫喊声。声音越走越近，我看到一个白发苍苍、头发半秃的白人，手里提着装工具的木箱子，步履蹒跚地向我走来，满怀希望地看着我脚上的黑皮鞋。我摇了摇头，接着，那清脆的"shoe shine"的声音又走远了。

那个背影看起来很不是滋味。为什么不让他给我擦擦皮鞋？这可怜的老人一定需要这点钱。想当年，我们中国孩子给他们上海滩那些美国佬擦鞋的时候，我曾经赌气说过："什么时候我也要你美国佬为我擦皮鞋。"这是年轻的我头脑里出现过幼稚而可笑的民族主义念头。就好像解放前我曾在上海法国俱乐部门前的印度"阿三"打我时发过誓，什么时候一定来住锦江饭店一样。随着我的成长，这种幼稚的想法已经早早消失。但是现在，我突然觉得，面对一个这把年纪还要出门挣钱的老人，我可以请他为我擦皮鞋。

我又把他喊了回来。

老先生高兴地单腿跪下，忙活起来。他少说也有六十多岁了，我真有点于心不忍。我心里盘算着，问问他过去当过水手，去过上海没有，如果没有，就给他钱，不要让他再擦下去。

"你是纽约人吗？"我问。

"不！不！我是加州人。"

"你当过水手吗？"

"当过很多年。"

看！如果他到过上海，那么非让他擦下去不可。我那点可笑的小心思又开始蠢蠢欲动。

"你去过亚洲吗？"

"去过，"他开始有了兴致，"我去过日本、菲律宾、新加坡，都是我当兵的时候去的。"当兵的时候，从他现在的年纪来看，正是中国打内战的时候当兵的，他一定也去过上海。哼！非让他多擦点时间不可，我心里想。

"那么你一定也去过上海了？"我问。

"很遗憾，上海没去过。本来我们的那条船，决定去上海，可是，临时改变航向。你是上海来的？"我心里马上自我嘲笑起来：你这个人啊！多么可笑，他当年加入军队，也许是迫于生计，或是政府命令，就算是去过中国的美国人，也不一定都欺侮过中国人的。这个老水手如今年迈体弱，你在擦鞋上动小小的报复心有什么意义？

就在此时，忽然听到有叫卖"Hotdog!"（热狗）的声音，我借机让他停止擦鞋，买了两个热狗，递给他一根，并邀请他到我的旁边坐下聊聊。

他原来做了一辈子的水手，十年前就退休了。由于退休金少得可怜，每星期才几十美元，远不足生活支出，他只好靠擦鞋来补贴生活。他的老伴已亡，一子二女都长大成人，住在别处，一年也见不到一次面，更不用想得到他们的帮助了。这番话听得我无比凄凉，连忙付了他擦鞋钱。他谢过我，提着木箱子，蹒跚地离开了。

1973年的纽约，没想到社会还是乱糟糟的。从纽约中央站乘地铁到哥伦比亚大学，车开得飞快，车厢左右摇晃得很厉害。车厢内外，被五颜六色的化学笔涂得不堪入目。车内的人，白人、黑人、亚洲人，什么人都有，每个人都绷着脸，防范着周围的人，好像随时随地都会发生抢劫案似的。这种不安全感我在德国从来没有过。

我慕名来到哥伦比亚大学。哥大的中文系是世界有名的，那里出了一个写中国文学史出名的夏志清教授。既然到了他的"地盘"，哪有不去拜见的道理。怕只怕，他不愿见我这个名不见经传的小人物。

我摸到四楼，来到他的办公室门口，听到里面有人正用上海话和别人通电话，谈笑风生，让我感到特别亲切。等他打完电话，我敲门进去，用上海话问："我可以进来吗？"

"你是哪位？请进请进。"他从办公桌旁站了起来，亲切和煦，毫无大教授的架子。

"我从德国汉堡大学来，慕名前来拜谒前辈。"

他看了看手表说："已到吃中饭的时间了，我请你到附近饭店去吃饺子，边吃边谈。"他问也没有问我同意不同意，有没有时间，立即套上外套和我走出了办公室。真是一个爽快的性情中人。

　　我们一起吃饺子。他问起我在欧洲的生活，欧洲大学汉学界的情况，并报出了几个大学教授的名字，可惜我是刚出道的，对欧洲汉学界了解甚少。他口若悬河，向我介绍他正在研究的课题，我几乎插不上话。难得有如此好的单独谈话机会，我也愿意做他的听众。

　　当他知道我来美国的目的是想收集一些中文语言教材，立即在纸条上写了一张名单，让我去找他们："就说你是我的朋友，他们一定会热情接待你的。"我拿起这名单一看，吓了一跳，他们分布在全美国，从纽约直到加州的斯坦福、伯克利、洛杉矶，还有夏威夷大学，都是响当当的名教授。

　　在夏志清教授的陪同下，我参观了哥大汉学系，收集了一些资料，可谓是满载而归。满意地告别他之后，我准备乘电梯下楼，可是电梯久久不来，我就决定徒步下楼。刚走到二楼，忽然看见一个满头白发的人和两位中国女士在楼梯边谈话。他们的声音传入我的耳中，那位"老"先生的普通话字正腔圆，毫无衰老之态。奇怪的是，他的声音怎么那么熟。我侧过身，想从他们身边绕过去，回头时看到了他们的脸，咦，这不是乐五爷乐姨夫家的小秃吗，怎么头发全白了？我忽然想起乐姨父，他过去正当盛年时不也是一头白发嘛。遗传性的少白头，父子一样。

　　"乐铮？小秃？你不是小秃吗？"我激动地大喊道，小秃看到我也愣住了，两眼瞪得大大的。他的惊奇，还远远胜过我。

　　"小秃？你叫小秃？"其中一位女士打趣地问。

　　"没！没！这与你们无关。"他慌了手脚，说话语无伦次，一会儿对那两位小姐说："我们再找时间谈话吧！"一会儿又对我说："你先别走，我和这两位再谈两句，你先到楼上健身房等我。"

　　1949 年乐姨父为躲避战争混乱，把全家都送到了台湾，他自己和大儿子乐铜则留在大陆，不料从此天各一方，他再也未能和妻子家人见面。后来听说他的大女儿和台湾一个"高干子弟"结婚并移居美国，其他人仍留在台湾。一晃二十四年过去了，这次竟在哥大的楼梯上"狭路相逢"，如梦一般，他乡遇故知的喜悦，真是笔墨难以形容。怎么会那么巧呢？如果不是电梯迟迟不上来，可能此生此世，我再也不会看到他。

　　我在空荡荡的健身房里等着，眼前又浮现出我们年幼时一起游戏、一起上学的情景。我回忆起了中药老铺宏仁堂、乐家公馆里的珍贵家具、被称为"三朵金花"的乐家三姐妹、小秃的奶妈、乐姨夫送我的小提琴……那时候小秃不像我那么调皮捣蛋，是个养尊处优、活泼阳光的乖小孩，后来去了台湾，没有经受国内政治风波的冲击，没有我那么坎坷，但是本来和乐融融的家庭骤然离散永不相见，会不会也让他痛苦万分？

我等了足足四十分钟，才听到了小秃沉重的脚步声。我也许能从他这儿打听到我堂哥的消息，他也一定想从我这儿了解他的父亲和哥哥的情况。我们两人坐在练健身操的软垫子上，相对默默无语，不知道怎么开头说话为好。最后还是他打破了沉默：

"你是从中国直接过来的？还是……"

"我从德国来，出来已经四年多了。"

"我爸爸，好吗？"他好不易从嘴里挤出这句话。

"自我离开上海后，好久没有他的消息。只听说他受到冲击，到底怎么样我也不知道。"

"你是什么时候最后一次看到我父亲？"

"大概十年以前。我出差去上海，住在你们家的老房子，只是下面还住了另一家人。"

"爸爸在上海一个人，生活怎么样？"

"我回上海次数不多，详情也了解不多。我在北京倒和你的大哥乐铜有往来，他一直在北京协和医院做骨科主治大夫。我娘生病住协和医院时，他还常来病房探望。"

"九大妈？她老人家好吗？"

"她一直挺好，我出来后，就不知道她怎么样了。"我低声说。

"你是怎么出来的？为什么要出来？"

"一言难尽……"在老朋友面前，我毫无保留地告诉了事情的经过。

"真佩服你的勇气。你真幸运，能这么快在德国大学找到工作。"

"为什么？难道在美国不容易吗？"

"别说了，来美国几十年了，永远是第二等公民，除非你自己开公司。只要大学有一个空缺，几十个中国人都去抢，抢得头破血流。"

"有这么严重？"

"中国人不团结是有名的。我本来在耶鲁任教，后来因为几十个中国人在那里搞宗派，一部分人支持统一，所谓的钓鱼台派，另一部分支持国民党，还有一派支持台独。大伙不但不团结，而且你告我，我告你，大学当局一气之下，就把汉学系解散了。”

“那不是大家都失业了吗？”

“当然。我还算幸运，转到了哥大，好些人到现在还失业着呢！”

“我本来还想到美国来碰碰运气，看样子还是老实点在欧洲待着吧！”

“欧洲多好啊！风景好，气候好，姑娘又漂亮。”这一瞬间，小秃脸上闪过了当年常见的活泼，不过马上又恢复忧郁的神情。

“你大姐二姐三姐呢？她们都在哪里？”

“大姐三姐都在美国，二姐几年前过世了，生病死的。”他说着又垂下了头。

小秃在美国现在用的英文名是 Roger Yue。他与小时候大不一样了，变得沉默寡言，郁郁不乐，一副心事重重的样子。他自来到美国，很不得志，把在大学教书只看作是谋生手段，觉得人生没有什么奔头，做一天和尚撞一天钟，他对美国白人的自我感觉优越的性格很反感，对美国社会也毫不欣赏，总是感到寄人篱下。

“你知道我的堂哥关敬谦吗？”我问。

“敬谦哥哥？我们初来美国的时候常有接触，后来就失去联络了。听说他去了欧洲。”

“去了欧洲？哪个国家？”

“我也说不准。”

“我这次来美国，就是来找他的。这么大的美国，我到哪儿去找？”

“他难道没和你们家里联系？”

“不知道，我一直和家里没联系上。”这回该轮到我伤心了。

“别着急，他如果在美国，慢慢总能打听到的。”小秃安慰我说。

朋友重逢，欢笑谈如旧，萧疏鬓已斑。随着时间的逝去，我们之间在各个方面有了很大的距离。我们一共只见了三次面。我到他 New Jersey 家里去了一次，房子还不错，独门独院，妻子也是上海人，长得很漂亮。但他似乎有难言的苦衷。我从他那拉胡琴的神态和曲调里听出来的。这我太能理解了。有国不能归，有家不能回，这样的滋味叫人怎么忍受。

离开了纽约哥伦比亚大学后，我接着去了波士顿，访问了心慕已久的哈佛大学和我父亲读过的耶鲁大学。在哈佛，我见到了费正清教授，不巧他正准备一次旅行，我们的见面时间很短就结束了。然后我用"灰狗联票"去了华盛顿，经纽奥林，再往西，经大峡谷，来到加利福尼亚州的洛杉矶和旧金山，访问了加州大学的洛杉矶分校和伯克利分校。

这上万公里的路程，使我对美国的印象矛盾异常。我不但拿她和中国比较，也拿她和德国比较，我发现，美国虽然富足，但不是我所向往的天堂。我最不习惯的是美国人的浪费，东西吃不完，用不完，就白白地丢掉了。而且穷富之间差别那么大。穷者头上无片瓦，富者敌国万顷田。

美国给我留下的最深印象，是黑人的社会地位。在中国时，就听说美国的种族歧视很厉害。在纽约时，朋友劝告我，黑人住宅区千万不要去，尤其是哈兰姆黑人区。到了华盛顿，又有人警告我，这城市百分之七十都是黑人，除了规定的旅游点以外，不要乱走动。可是，我坐的灰狗旅行大轿车，绝大部分都是黑人旅客，我没有受到一点儿不礼貌的待遇。

最使我不能接受的是美国南部的纽奥林城，城市很美，具有意大利或西班牙的城市风情。但我万万没有想到，距离林肯解放黑奴已经过了一个多世纪，这里处处还可看到种族歧视的痕迹，酒吧间，咖啡店，棒球场，要么黑人白人仍然分开，要么黑人做堂倌、端盘子伺候白人。使我感到非常不舒服。我从小生活在受外人歧视和压迫的十里洋场，知道民族不平等的痛苦滋味。我对美国产生的一些好感又被冲得无影无踪。在洛杉矶，我曾和两个久住美国的华人辩论。他们说黑人不争气，既不好好念书，也不好好工作，不但懒得要死，而且到处招摇撞骗，打砸抢是他们的本色。我则认为，"不教而诛"是不公正的，黑人孩子入不了学，受不到好的职业教育，当然就业成问题，没有工作，为了生活，只好被迫铤而走险。

但在另一方面，我也深切地感受到，美国真是自由，你有能力，人们就尊敬你，你有本事，你就有发展的可能。而且，美国人没有那么多的清规戒律和森严等级。他们大部分友好热情，愿意帮助人。在这一点上，德国就表现得比较差，德国人颇为讲究身份地位，外来者想打入德国人的社会，比上天还难。

为了找我的叔伯哥哥，我沿途查看各城市的电话簿，希望查出个蛛丝马迹来。但是一点信息都没有。洛杉矶大学的一个美国教授奇怪地问我："你怎么可能通过电话本找到你的哥哥呢？在美国同名同姓的人很多，姓关的中国人在美国也不会少。即使你看到一个同样的姓名，你怎么能证实他就是你的哥哥呢？"

"我们这一辈的兄弟姐妹排行都是'谦'字，放在姓名的第三个字，姓关的在中国不是大姓，尤其和'谦'字联名的更是少，在美国应该更是微乎其微。只要我在电话本里见到 Kuan Jing－Chien 这三个字，八九不离十，就是他。"我回答说。悲哀的是，我翻遍了所路过的城市的电话号码本，没有找到他。

虽然是走马看花地看了一趟，但我对美国大学的教学制度印象极深，比起德国的大学制度我觉得优秀得多，同时也总结了德国大学的一些弊病。

美国大学的中文系都比较重视现代汉语，每年学期终了都有考试。例如我教的汉堡大学汉学系，在教学内容上相当保守，对现代的中国社会和文学很少研究，对现代的汉语也只是蜻蜓点水，把古汉语当作主要科目，让学生钻到古书堆里。学生毕业以后，脑子里还是一片空白，不会说，不会用，白进了大学门。还有的学生，在大学注册完，几年不来上课，但还一直享受大学生的各种福利，如交通工具、健康保险、打工扣税，等等。有的学生已经做了十几年大学生了，始终不见毕业。

美国大学制度与欧洲相比，更具有竞争性，大学对老师和学生都要求很严，老师每年要发表学术论文，参加学术会议，学期结束学生要给老师做出书面鉴定，提出自己的意见。而在我工作的汉堡大学中国语言文学系，有一个德国女同事，上课之前不备课，本已经老掉牙的教材用了几十年不变，板书的时候错字连篇，除了博士教授论文外，就再没有见过她发表任何学术著作。她似乎更热衷于权势而非学术，总是很积极地谋求升职，小动作不断，人缘极坏。当同事们批评她时，她竟到学部委员会那里去哭诉，说中文系男同事欺压妇女。由于德国的教授是终身制，是政府公务员，除非她犯法，不然无法免职。如此教授，对学生怎能有益处。

美国的学生考核采取学分制。只要凑齐足够课时的单子，就可以申请参加硕士和博士考试。在德国大学，要想获得真才实学，一切都得靠自己，好学生和差学生差距相当大。混个学位，在德国比在美国容易得多。汉堡大学还没有实行学分制，不像美国有期末学分考试。例如，有一个懒汉学生，上我的文学课，三天打鱼，两天晒网，从来不好好复习功课，即使来上课，也总是躲在一个墙角，一言不发。最后几堂课，他倒按时来了，这就让我很犯难，不给他开上过"中国文学课"的证明，他就会跟你争得面红耳赤，甚至告到系主任、部主任那里；给他证明吧，我又不甘心，觉得对不住那些用功的学生。

这趟美国之行，访问了那么多名大学，和不少教授和学生座谈，我发现自己的英文不但恢复了不少，而且词汇量也比过去增多了。尤其让我惊叹的是美国哈佛大学图书馆和斯坦福大学旁的胡佛图书馆，竟然见到了大量在中国内地的图书馆查不到的古书珍本，还可以调出德国波恩国家图书馆的存书目录。当时还是二十世纪七十年代，电脑刚刚起步，图书馆就如此先进，真令我大开眼界。

此外，我真正体会到美国的自由社会，还是比西欧国家开放得多。例如，在美国，在汉学系当首席教授和普通教授的美籍华人相当多，但在欧洲几乎是凤毛麟角。中国的知识分子在欧洲，往往只能起到西方教授的助手作用。虽然一本著作主要的研究和考证都是中国助手的功劳，但能把你的名字放在著作里就已经不错了。这种明显的歧视和不公，亟待改进。

从美国回去后，我就自作主张，引进美国的经验，实行期中考试，第四学期学生必须通过现代汉语的口试和笔试考试，才能上我的高级班的课。口试时，采取会考制度，请系主任及其他老师一起参加。后来，系里接受了我的期中考试制度试验，现代汉语、古汉语、中国史地等课都要经过期中考核，不及格的重考，不然不发证明。这也是我美国之旅的最大收获。

29　关先生，您可要小心了

　　高高兴兴地从美国返回汉堡，我立即应邀到刘教授家去包饺子，向他汇报美国之行，并告诉他我拍摄了照片，制成了不少幻灯片。刘教授听到后高兴万分，建议我为我系里的师生做一次《访问美国大学归来》的幻灯片报告。恩师的建议，我当然当件大事去办，但我不愿搞得太严肃，于是去和学生宿舍管事人商量，可否借用地下室的大厅一用。这个宿舍是新盖的，设备相当齐全和先进，主要是租给硕士和博士生用的。我搬来才几个月，是唯一的一个亚洲人，和大家相处得很和谐。她一口同意了，还说那里的厨房和运动房我也可以用。我太高兴了。

　　自从我到中国语言文化系来，学生并不多，总觉得气氛太严肃，师生保持一定的距离。我发现，德国人和俄国人一样，人和人的关系，恪守礼仪，不像美国那样随和。美国人都是"you（你）"来"you（你）"去。在德国还有"Sie（您）"和"Du（你）"的精细区别，遇人总要斟酌再三，生怕用错。我就不管那一套，我和学生都用"Du（你）"，显得就亲近些，因为我自己也还是学生嘛！

　　办晚会，在北京时我就是能干。于是，邀请教师、联络学生、张贴通知、布置场地，各种忙活。当晚，我还请两个印尼华侨大学生做帮手，做了几道简单的中国和印尼菜请大家边吃饭，边看幻灯片。饭后，我还和学生们一起唱我教他们的中国歌，还进行了几场乒乓球比赛。中文系高级班三十多位学生都来了，包括系主任刘茂才和傅吾康两位教授，爱泼斯坦和舒特博士两位教授助理，还有系办公室秘书克劳瑟太太。当晚，一直联欢到深夜，师生关系非常融洽，感染了两位教授。自此以后，逢新年、过春节、放复活节春假，我们中文系一直有郊游、大联欢、聚餐等活动。学生们还用中文演话剧，师生融洽无间。大家公认，我从中起到了一定的作用。学生也通过这些活动，了解到中国的一些文化在生活中是怎么样表现的。

　　万万没想到，这次晚会对我这一生是那么的重要，几乎救了我的命！从美国回来后不久，有天我到秘书室去取信，只有秘书克劳瑟太太一个人在房间里，她悄悄地对我说："关先生，您在汉堡一定有了敌人，您以后可要小心一点。"

她这一句话吓了我一大跳，我立即问她："怎么回事？您听到了什么？"

"没有什么，我只是想提醒您一下。"她含含糊糊地回答。脸上显得很不安。

这里一定有文章，我想，就直截了当地对她说："克劳瑟太太，我们已经共事很久了，您也了解我。如果您听到什么对我不利的消息，一定要告诉我。我向您保证，我不会将您的话再传给别人。请您相信我。"

克劳瑟太太犹豫了一会儿，说："好吧！几天前，联邦德国的秘密情报机构'宪法保护部'，给我们系里打来电话，是我接的。对方问您是不是利用假期，偷偷地经美国回到共产党中国去了。言外之意是您回中国做秘密汇报了。我立即回答说，不可能。他又问我，我怎么能够这样肯定地下断语。我说，因为关先生现在已经回德国了。他从第一天到美国，直到最后一天离开美国，都有幻灯记录，并放给大家看了。我问他，他是从什么地方得来的消息？对方回答说：'是一个在汉堡的外国人写信告的密，很可能是他的同胞。'"

"是我的同胞？他们为什么要陷害我？"

"我看，是出于嫉妒或政治目的。"克劳瑟太太说，"我听说，自从傅教授和刘教授支持您拿到讲师的位子后，他们也被人骂进去了，说他们支持红色中国的人。不过，关先生，您不用害怕，我们中文系的师生都站在您这一边，我也说服了那个打神秘电话的人，估计他不会来找您麻烦的。"

"太谢谢您了，克劳瑟太太。我也不怕他们来找我麻烦，因为我没做亏心事。不过我心痛的是，我们的同胞怎么会做出这种见不得人的事来。"我忽然想到小秃讲的美国耶鲁大学中国同仁之间互相告密的事，真让我为中国人丢脸。

"这种事，无论哪国人，只要人品不好，都做得出来。自从您来我们系后，我们的系比过去活跃得多。而且，作为一个外国人，能在德国国立大学工作的人不多。说闲话的人总是有。更何况，这里面还有政治因素。"克劳瑟太太说。

"您认为，我被德国政府怀疑秘密从事政治或间谍活动？"

"您是从共产党中国出来的人，当然比一般从非社会主义国家出来的人身份敏感，联邦德国的秘密情报机构对您当然会比较注意。那封告密信一定写得很厉害。幸好，您回来后，做了详细的幻灯报告，这是最好的证明。况且，我们大学是学术机构，没什么情报可以窃取的。"

"太谢谢您了！"

克劳瑟太太这番话，使我非常感动。我们之间只是同事关系，但她无私地尽其所能保护我。而我的同胞中却有人无中生有，暗中构陷。这未免太卑鄙了。

说真的，对于窃取情报这种无中生有的罪名，我一点不害怕，因为，真要查起来，诬告我的人可能还会受到法律制裁。但我总觉得心里凉凉的，很不是滋味，中国人为什么总爱整自己人呢？我恨死政治了。我在中国，从未曾想投身政治，可政治阴影一直跟随着我。也就是因为这龌龊的政治，我才跑到海外。谁知在海外，这阴影仍像一个幽魂似的，不断地跟随着你，来自另外一个方向，使你永远不得安宁。可怕啊！可怕！

当晚，我没打招呼就去了刘教授的家。刘教授大为吃惊。这在德国是非常不礼貌的。可是当他见到我的精神状态与往日不一样，立即说，屋里坐！屋里坐！把我请进了会客厅。

"愚谦！发生了什么事？"这是刘教授第一次当面称呼我"愚谦"，我感到很受用，而且觉得非常亲切。我当即把克劳瑟太太告诉我的事对刘教授讲了一遍。刘教授哈哈笑了起来说："没事，别去理他们。我为什么要你安排这次旅美幻灯晚会？因为我已经听说，有人想打你的小报告，我也知道是谁，你也不要问。只要不做亏心事，半夜不怕鬼叫门。你这次的晚会，是最好的一次证明，再也不会有人在后面瞎造你的谣言了。你知道，在德国国立大学能拿到一个讲师职位，非常不容易，是要公开在欧洲以及美国登报征聘的。现在给你拿下了，多少人会嫉妒你，何况你又是从大陆出来的。一些从台湾来的人，心态不平衡也很自然。你不要管那么多，就按你现在的热情直爽待人，为人正派，谁也不会拿你怎地？你从现在开始，好好考虑写你的博士论文。什么时候，你有了博士头衔，路就宽广多了。"

在回宿舍的路上，我的身心轻快很多，扑哧地笑了起来。刘教授一定把我当作他的亲人，和我说起东北话来了。愚谦，你可别丢了刘教授的脸啊！

在汉堡大学工作两年多来，我发现我们的汉学系，虽然傅、刘几位教授都很重视现代汉语的教学，比德国其他大学的汉学系好很多，但我仍觉得有点老气横秋，学生们上了两年现代汉语课，就转入主科，基本上就是与古文为伍了。学出来以后，除了能看些古书外，既不能看中文报，也不能说中国话。这怎能正确地了解现代中国呢？

不过也有非常有利的地方，傅、刘两位主持工作的教授都开明大度，对我的教学非常信任，绝不插手，并且非常鼓励我进行教学创新。因而我决定从我那一班开始，加强现代汉语的听、说、写、读的训练，多用中文上课，课后，我还教他们演中文戏，唱中国歌，我在住处每周三下午组织中文茶话会，欢迎中外同学都来参加，但有一个条件，只能说中文，违者受罚。

这一举动受到学生极大的欢迎，一直坚持了好几年。尤其是在中国开放，派出许多高中生到德国留学以后，我的家几乎成为了中德学生集会之所了。到了新年、春节更是热闹。说中文、包饺子、打桥牌。有好几对中德学生就是在我们家认识，后结为夫妇的。

我们的汉学系在欧洲颇享盛名，凡是由汉堡到大陆或台北深造的德国留学生，很长一段时期，被对方认为是欧洲水平最高的，他们回来后，有的能说相当流利的中国话了。二十世纪七十年代，正逢中国与世界上不少国家建交，欧美国家掀起了中国热，由德国各地以至有美英法日的学生，纷纷慕名到汉堡来，使我们中文系发生人满之患。教室不够大，师资不够多，不得不开始限制学生人数，提高门槛，规定分数线，只有平均分在1.8以上的高中毕业生，才能进入我们的系。

前后教了三十年书，我教出近千个学生，自谓是桃李满天下。我退休以后，常被邀请到欧美和国内各大学和企业去做报告，几乎处处都遇到我的老学生，大多数都与中国有关，真令我高兴，我也为之骄傲。

第五章　新的生活，新的世界

硕士毕业证书拿到了，正式教职也获得了，我却不能停下。因为还有更大的考验在前面：博士论文。我的日常生活，除了教课，就是集中精力写我的博士论文了。

我的指导教授是当时世界驰名的汉学家傅吾康（Wolfgang Franke）教授。傅教授是汉堡人，他的父亲奥托·傅朗克先生（Otto Franke）是德国汉学研究的奠基人。最初他作为外交官在十九世纪末被派往中国，在中国任职期间，与李鸿章和荫昌等权贵重臣常有来往。有趣的是，他回国后又在中国驻德使馆担任秘书，成了中国政府的外交官。老傅朗克在汉堡大学成立了德国最早的汉学系，他的《中国通史》一书，成为德国汉学研究的经典之作。晚年他完成了《回忆录》（*Erinnerung*）的创作，被认为是极具史料价值的传世之作，可惜至今没有被翻译成中文。

傅吾康是在"中国氛围"中长大的。六岁时，在父亲装满了中文书的书房里，他双手叉腰，向家里的佣人宣布："你们谁对我好，我以后就带谁到中国去。"后来他果然选择了汉学作为终身职业。在柏林完成了博士论文后，他于中国的抗日战争爆发前到了中国，在北京的德国外交部所属的研究所工作，后来又在燕京大学和四川大学任教。他说一口流利的中文，娶了一个天津女子为妻，过起了完全中国化的生活，如果不是发生政权更迭，他一定会在中国待一辈子的。

回到汉堡后，傅吾康教授长期担任汉学系主任，专注于明史的研究，为的是遵循父亲的嘱托，完成《中国通史》中未完成的明清部分的撰写。但后来他决定放弃续写父亲的代表作，因为他觉得自己与父亲的观点有较大差异。他说，父亲那一代人有非常强烈的民族主义思想，这是他所不能接受的。他当然也为此感到内疚，没有恪守父亲遗训，他说自己在这一点上是"不肖之子"。他也常常强调，他这一代与父亲一代研究汉学的最大区别是，上一代多受到政治的影响，而下一代是纯粹的学术研究。

　　傅教授荣休后，定居在吉隆坡的华人区，因为那里可以更近距离地观察中国。他每年夏天会回汉堡小住月余，会会朋友。他父亲早年在汉堡大学购置的一栋房屋已毁于二战的战火之中，作为汉堡人，他在故乡其实已经没有自己的家，每次他来汉堡或住旅馆，或住在大学的招待所。我们几乎每年都见面，他必是西装笔挺，系着领带，脚下却是一双传统的中国黑布鞋。一不留神，常常说"我们中国"如何如何，"他们德国"怎样怎样，真是一个极可爱的老人。一谈到中国，他的记忆像是早已储存在电脑芯片上似的，非常准确。人人佩服他的过人记忆力。我觉得，像傅先生这一代汉学家，真正是因为爱中国，才去研究汉学的。到后来，不知不觉地把自己也看作是一个中国人。在他撰写的回忆录里，充满了对中国文化的感情。

　　跟随这样一位学者学习，我实在是太幸运。不过在选择博士论文题目上，我们还是花了些时间。我的强项实际上是比较文学，原因是我看过一些俄英德原文的外国古典文学作品，它们和中国的古典文学是那样的不同，如果在不同的文化背景、人物性格、风景描写、写作方法等方面进行分析和比较，是多么的有意思。我于是专门开了一门比较文学课。当我选用中西一些作家的文学作品，把描写男女恋爱、人格情操、生活习惯、思维方式和气候变化等所用的写作手法进行比较时，学生们大感兴趣，还因此吸引了其他系如英语系、斯拉夫语系、德国文学系、历史系的大学生来旁听。

　　可是傅教授是汉学家、历史学家，与比较文学没关系，如果我以比较文学作基础，选一个博士论文的题目，就得换一个系，另找指导教授。傅教授认为，我既然已经在大学汉学系任教，那么还是找一个博士论文的题目，与中国的文学史有关更好。

　　当时是二十世纪的七十年代，中国大陆和台湾正在开展对孔子和曹操这两个历史人物评价的讨论，说是学术讨论，其实是一场针锋相对的意识形态领域的斗争。凡是大陆否定的，台湾就予以肯定；当时大陆大赞法家，大贬孔子，台湾就大捧孔子，举行祭孔大典。大陆的理论家迎合毛泽东"曹操是法家典型的代表人物"的说法，台湾就引经据典大骂曹操。这正应了毛泽东的两句名言："凡是敌人拥护的，我们就反对；凡是敌人反对的，我们就拥护。"

两岸的论争，不但表现在行动上，还付诸行动，一时间很多有关这方面的书籍纷纷出版，材料更是满天飞。这倒是可以节省不少我寻找材料的时间。于是在傅教授的支持下，我选择东汉为考察范围，以曹操思想为主线。一方面，我本人也想弄清曹操到底是什么样的人物，在历史上起过什么作用；另一方面，更想进而设法认识当前"历史为政治服务"到底是怎么一回事。

傅教授是一个学术上既严格但又随和的人。他要求学生自觉约束自己，自由发挥，从不硬性规定完成论文的期限。而人总是有惰性的，在德国，有的博士生，把论文拖上十年，也交不出来。可是我，始终觉得自己是大学里的特殊学生，年岁已过四十，且是半路出家，"日月逝矣，岁不我与"，并且身兼教师职务，更应亲身表率，我有一种很强烈的紧迫感。于是我给自己定了期限，四年之内一定要完成博士论文。我把这一想法郑重其事地告诉了傅教授，实际上也是我给自己施加压力：说出去的话如泼出去的水，不能收回，必须履行自己的"诺言"。

学生中流行这样一种说法：论文都是写给教授看的。这就是说，指导老师是唯一和最终的"审判者"，写得好不好，谁说了都没用，只有导师点头才算数。但我暗自下定决心，我的论文不仅要赢得导师的赞同，也要有真材实料的价值才行。我不能丢中国人的脸。

真没想到，在德国，写人文科学方面的博士论文比自然科学的论文难度要大得多。自然科学的论文一般是和你的科学实验相结合的。例如你在数学方面或化学方面要想得出一个新的数据，就必须花去很多时间进行换算和实验，即使你换算不成功，实验失败，但只要你论证充分，把你不成功的理由完整地写出来，也是一篇很好的论文。可是人文科学的论文完全不同，你不但要读大量的参考书，引经据典，标注出处，还要写出你自己的观点和理论。章节要完整，思路要清晰，逻辑要有深度。你不能抄袭别人已经谈过的意见。对其他学者的不同看法，也要有根有据地提出你的意见。这就是所谓的西方研究学问的"方法论"。如果，你不掌握这"方法论"，只是泛泛地、夸夸其谈地写一番东汉史或曹操的生平，无评无论，那你的论文就失去了学术性，充其量也就是一个介绍文。

我认识一位博士候选人，闭门造车七年，辛辛苦苦写了两百多页的博士论文，期间一次也没有和指导教授交换过意见，等到他兴冲冲地把博士论文交上去后，指导教授毫不客气地打了回票，要求他必须大幅度修改，那几乎等于重写。这位仁兄差点为此得了神经分裂症。我真庆幸自己有此前车之鉴。因而，我每写完一章，就拿给傅教授看，请他提意见。通过和他的讨论，我逐渐掌握到他的思路和要求的重点，减少了不少弯路。

为了写博士论文，我几乎取消了所有星期六和星期天的休息，更谈不上节假日了。白天教书之余抽空查找资料，晚上阅读，做笔记，抄写卡片。当时还没有电脑，真没想到卡片会在我下笔时有那么大的作用。我积累不计其数的卡片，最后翻查卡片也成了费时费力的事情。

暑假是非常理想的写作时间。为了防止打扰，暑假来临，我和一个德国好友、汉学系的同事许翰为（Hans－Wilm Schuette），搬进了挪威一个偏僻的乡村别墅，远离尘嚣，埋头苦写各自的博士论文。在挪威乡村住了近三个月，平日里看不到什么人烟，如果有一辆汽车经过，对我们来说都是件大事。

这里就更要提到佩特拉了。她自告奋勇陪我们一起去挪威，不但给我们做饭，而且兼任我的私人秘书。我的德文虽然经过五六年的锻炼，已比初来时大有进步，但是要我用流利的德文写出论文来，还是有非常大的困难，尤其是涉及古代历史，有许多的古文言词句，我读中文有时也要查中文大词典，更何况要把它译成德文，太艰苦了。佩特拉的耐心，真让我吃惊，她为了融会贯通，比我还要辛苦，先要读德文的东汉历史资料，然后再帮我查字典，我的性子又比较急，遇到一些困难就想打退堂鼓不写下去了，她反倒还会要来安慰我。

我有时问她，为什么她会有那样的耐心，她说：这也是我学习的最好的机会啊！

31 她长成大姑娘了

自从我跟佩特拉相识，并约定互帮互助之后，我们的来往相当频繁。那时候，我还在苦苦攻克语言关和撰写硕士论文，同时要准备助教的课程，紧张得每日都像打仗似的，自己的衣食住行，常常顾不上，忘了时间饿肚子是常有的事情。

某天早上，我发现学生宿舍属于我的那个冰箱格里出现了黄油和面包，把我吓了一跳。我清楚地记得，我这冰箱格昨晚还是空荡荡的。莫不是上帝派天使给我送来的？我还记得，上周我身上一分钱也没有了，当时的西德，到处都有打工的机会，只是我那两天事情多，来不及等到打工挣钱了。没钱买食物，就得饿肚皮。真是一分钱难倒英雄汉。情急之下，我放下脸面，到一个比较有钱的台湾学生那里去借五个马克来救急，并表示下周打工拿到钱就还他。谁知他一口拒绝说："我哪里有钱借给你？"说完转身就走了。我全身的血一下子都涌到了脸上，顿时感到受到了莫大的侮辱，因为我这一辈子还没有向任何人开口借过钱，也从未料到素来亲善的同胞会如此待我。

莫不是台湾同学回心转意，暗暗给我送来的？不！不太可能！但那是谁把食物塞到我的冰箱格里呢？我脑海中开始对自己在汉堡的熟人挨个"过滤"了。啊呀！佩特拉昨天来过，难道是她？我从没向她表示过我经济拮据啊！我于是给她拨了电话，佩特拉笑着回答说，她发现我不好好吃饭，就买一些食品，悄悄地放在我的冰箱格里。真让我太感动了。

自从西子返回日本，佩特拉对我来说是最大的安慰，她帮助我学习德文，帮助我熟悉德国社会，给我带来了很多快乐。这两年来，佩特拉也已不再是那个带着学生稚气的小女孩，她已经长成了一个亭亭玉立的大姑娘了。我清楚无误地感觉到，佩特拉已对我产生感情。然而，我心中矛盾极了。

我知道，她和其他一些女孩子不一样，她不是那种追求时髦性解放、和你欢愉一晚就潇洒离开的姑娘。正因为如此，我必须更对她负责，决不能滥用这样一个纯洁女孩的感情。这样的女孩子，是任谁见了都应当娶回家里珍爱一生的。可是，来到德国后，我好不容易得到人身的自由，但一直处在一个不稳定的临时状态，在这里我举目无亲，每一天都要为明天的衣食住行担心，虽然我在大学，但我不知道自己是否能够成功实现自己的梦想。现在的我，只是一个穷学生，没有财产，没有地位，没有固定的工作，组建一个家庭？这对我太奢侈了。我连自己都难以养活，让人家姑娘跟着我喝西北风吗？

况且，在经历了一次失败婚姻之后，我对婚姻已经产生了心理阴影，真不愿意把自己又绑到这辆马车上。何况我们的年龄相差那么多，我虽然很喜欢她的可爱纯洁，但我从内心里永远不能接受，如此纯洁可爱的姑娘将青春托付于我这个异国的中年流浪者。她是我的女友，那种非一般的女友。我绝对不能伤害她。我曾经借着一个谈话机会，告诉她我在中国国内的全部实情：我已结过婚，还有一个儿子。她竟然微笑地回答我说："我很喜欢你这个人的性格就是了，我并没有想得那么远。"这份坦率和深情，既令人感动，也让我更加不安。

我曾经半开玩笑半认真地对她说，我不想再结婚了，过去的婚姻生活使我心有余悸。一般夫妻间的爱情不能超过七年，七年之后，就会因互相厌倦而发生移情别恋。何况你这么年轻，如果嫁给我，七年之后，你把我一甩，我孤苦伶仃一个老头，在异国他乡怎么活呀？佩特拉听了以后，很为触动，眼圈立即红了，好像我侮辱了她的品格。于是好长一阵子，我们的谈话，都小心地避开了这一话题。

————————————————

某次，我和佩特拉见面，她忽然心血来潮地对我说："比德，你有一个英文名字，我也希望有一个中文名字，给我起一个吧！"

"你要一个中文名字干什么？"

"你们汉学系的学生，每人都有一个中文名字，将来到中国去就可以用得上。我也想要一个。"

"他们都是学中文的学生，可是你现在在进出口公司工作，和中国又不打交道，要中文名字没什么用处。"

"那你怎么知道以后就没有用！"她固执地说。看着她那固执而可爱的样子，我说："好吧，我们一起来想想。你的德文姓是 Haeling，中文可以写成海林。Petra 的中文音是佩特拉，按照我给德国学生起中文名字的习惯，一般是用第一个音节，你的中文姓可以叫海，名字的第一个字可以叫'佩'，或是'珮'。珮玉的'珮'比佩服的'佩'好听。第二个字就难了。'特拉'是无论如何变不出好听的中文字来的。你是哪月哪日生的？"

"二月五号。"

"二月……二月……中国有一个电影叫'早春二月'，对了！'春'字很适合你，你是春天生的，春又代表青春，富有朝气，你就叫海珮春吧！"

"你写给我看看！"

我用中文把"海珮春"三个字写了下来，她就开始在纸上一本正经，一笔一画地描了起来。她是那么的用心，描了一遍又一遍。我最喜欢看她那认真的样子，边描边撅起小嘴，煞有介事的样子，这正好流露出她那少女的天真无邪。

正在我如醉如痴地欣赏她的侧颜时，她忽然抬起头来微笑着对我说："我有一件事，想征求一下你的意见。"

"什么事，说说看。"

"我想进夜中学补完我高中的课程，然后进大学读书。"

我一听高兴地喊了起来，"这当然太好了，还有什么可犹豫的！"

"我对商业一点也不感兴趣。我从小就想学医。"她继续说，"可是，学医必需修完中学课程入正规大学才行。自从认识你以后，接触了那么多大学生，我发现自己的知识有限。所以我想进大学深造，能不能学医先不管它。"

"想法不错。你还年轻，那么聪明，你能重回到正规中学去完成学业吗？"

"在德国，有这样的补完中学学业的夜校，它是专门照顾在职职工的，白天上班，晚上上课。不过，这样的生活会很紧张，有许多人坚持不下去。我把我这想法和爸爸、妈妈、姐姐、姐夫商量过，他们都不太同意，怕我身体吃不消。可是，我自我感觉很好，我认为我是可以坚持下来的。"

"你为什么不辞去工作，专心一致的把高中读完呢？"

"那不行。这种学校是政府专门为工作的人开的。学费虽不贵，但如果我辞职，就没有经济来源了。"

“珮春，我支持你的想法。我在汉堡大学读书还没有固定工作的时候，你不是支持过我吗？在我写硕士论文的时候，你还帮了我许多忙。我现在是正式讲师，工作固定，收入比以前高很多，该是我帮助你的时候了。你入学夜校以后，不要再工作了，生活费由我来负担。赶快去报名吧！”

珮春忽然开朗地笑了起来说：“经济上我没问题，我也存了不少钱，我就是想听听你的意见。我明天就去报名。”

“那你还要学多少年才能入大学呢？”

“三年。”

“三年！好！我希望在这三年内我能写完博士论文。咱们比赛！”

“好！”珮春高兴地举起酒杯，一饮而尽。我也把半杯啤酒咕咚咕咚地灌进肚子里。

———————

来到德国的时间并不长，竟然会遇到那么多各种各样的人，还有各种曲曲折折、奇奇怪怪的事。也被人欺负嘲讽过，也被人误解中伤过，但也认识了生命中的贵人们。刘教授是如慈父一般的长辈，对我的学业和生活都很关心；珮春不知不觉已经成为我生活中的一部分，但我却越来越想和她保持一定距离，我害怕未来的变化。

别看我描写的故事那么多，最多的时间还是我一个人在单独的学生宿舍房间里。像我这样一个对新鲜事物很敏感的人，既不知“家事”，家里怎样了，发生了什么事？也不知“国事”，国家现在怎样了？“文化大革命”还在搞吗？总想知道国内的消息啊！为此我还买了一台德国先进的手提式收音机，有时可以收到北京广播电台发出的新闻。只是官样文章，形势一片大好。从新闻中我得不到任何想知道的事情。

母亲怎么样了？她受了那么多年的苦，为我操了那么多年心，没有了我在身边，她老人家会怎样？会不会整日以泪洗面？我幼小的儿子，没有了爸爸相伴，他怎么成长？每每想到这里，我都禁不住泪流满面。悲恸之余，我同时也感到庆幸：我现在终于是自由人了。我想做什么就做什么，想说什么就可以说什么。不用担心我的言行随时被人揭发，接受批判。随着时间的推移，我比刚到德国来现实得多了。我对祖国的那片痴情也冷静很多。我把自己这生命划成两部分，过去的悲哀的我，已经逝去，现今的我，一切从零开始吧。

越和珮春常见面，我越喜欢她，也就越害怕。感情这个玩意儿真是不可捉摸。我一直把珮春当作一个小老师，也是我德国的小妹妹，小心翼翼地呵护着她，给她讲中国有趣的历史故事，和她说英文，让她开心。可是我也担心，珮春把这种爱护全部放在心里，对我感情越来越深怎么办？我岂不是在拒绝人家的同时还有意勾引人家？不行！我绝不能伤害她的淳朴感情。

有一天，珮春愉快地通知我，夜校已经接受她的报名，她可以去上课了。她从现在起，白天上班、晚上上课，和我见面的时间要少了。她嘱咐我自己要多小心。接了她的电话，我心里确实不高兴了好一阵，太矛盾了。这么可爱的姑娘，给我带来不少乐趣，我很喜欢跟她相处；另一方面，我想，这样也好。我记得英文有句谚语："Love comes from frequency.（频繁接触就会产生爱情。）"我们之间少了接触，也许对双方都有好处。况且我也要集中全力，写我的博士论文。可不能陷入情网，到时候"剪不断，理更乱"，耽误了人家姑娘，还把自己学业荒废了。

某天，我正好下课要到我的办公室去休息，在哲学大楼七楼我们系教师办公室的过道上，看见一个亚洲姑娘正在东张西望，看着每一个房间门前挂着的牌子，上面印着该房间主人的名字和身份。这引起了我的好奇心，走上前去问："您找谁？"

这位姑娘长发披肩，神采奕奕，两眼炯炯有光，是一张中国人的脸，可是，中国人里面，少见有这么长的睫毛和大眼睛的。说她是西欧人吧！肯定不是。南欧人也不像，他们的皮肤不会那么白嫩。莫不是从苏联或者哈萨克斯坦那边来的？

她见到我也很吃惊，马上用流利的普通话问我："这里是中文系吗？我想找一个姓关的先生。"她找我？真有意思。

"我姓关。有什么事？到我房间来坐。"

　　"波鸿大学有位教授认识您，知道我要到汉堡来，就叫我到汉堡大学中文系来找您，说您为人热情，乐于助人。"

　　"你叫什么名字啊？"

　　"我姓刘，就叫我小刘吧！"

　　我们聊开了。她竟然是从上海出来的。父亲是上海人，在上海一家光学仪器厂做总工程师，母亲是有犹太血统的德国人。几年前，母亲受不了中国的政治气氛，带着她哥哥回德国了。她则陪伴着父亲留在上海。不久前，她得到母亲病危的消息，赶来德国探望，但已经太迟了。她现在下决心留在德国上大学，不准备回中国了。

　　她说的普通话字正腔圆，声音底气很足。当我和她用几句上海话搭讪，说我也是多半个上海人时，她竟然高兴地呼喊起来。她那开朗的性格一下把我镇住了。在远离祖国万里之外，忽然冒出一个从家乡来的人，对我来说就已经是件大喜事，何况又是这么一个俊俏美丽的姑娘。

　　一见到她的眼睛，我就好像触了电、看到自己的故乡似的，她每说一句话，她的一举一动对我来说都非常熟悉，又是那么的亲切，带着典型的上海女学生那种自信和骄傲。毕竟有好几年没有听到如此亲切的家乡话了。我发现，她似乎也被这出乎意料的相遇和融洽的谈话气氛弄得不知如何表现为好。她那种喜悦，在话语和神情上表露无遗。

　　由于我还要上课，就把她送出哲学大楼，并且相约次日见面，她一口就答应下来，还给我来一个热情的拥抱才离开。

　　那一堂课我是怎么上的，是怎么结束的，我都记不清了。在我的脑子里一直有一个倩影在晃动，强烈地撞击着我的神经，我好像着了魔，太不可思议了。下课回到我的办公室，我尽量让自己安静下来，总觉得，这一切来得太突然，一个活生生的中国人、一个迷人的上海女子，不久前才离开中国。我天天想、时时想，想了好几年亲人和祖国，好不容易淡忘了它们，现在又被这个突然出现带着家国气息的可人儿，弄得我神魂颠倒。我多想知道，离开中国这五年多来，到底发生了什么事？

　　第二天下午，我和她约在离汉堡大学不远的著名的阿尔斯特湖畔见面。因为是办公时间，游人稀少，小刘已经等在湖岸边了。我在一片有一个如足球场那么大的草坪上找到两个靠背椅，和她面对面坐着。周围没有一个人，陪伴我们的是那温暖的阳光。

　　混血姑娘确实有与众不同的地方，既有东方性格，又有西方气质。

她的鼻子和两颊好像是上帝亲自为她定做的，比例协调，弧线优美。上海滩的女孩会穿衣服，过去在亚洲是有名的，她当然更不例外。大领的中国白绸衬衫外面，松松地围着一条浅蓝色的纱巾。外面则套着一件深褐色的短夹克。下身则是一条紧包臀部的藏青长裤，干净利落，充满活力。她背光而坐，阳光从她背后斜射下来，把她脸部的轮廓勾勒出一道柔和的白线，更是动人。这样的一个品位高雅、气质出众的美丽女子，如果不让人爱慕，简直太对不起造物神了。

在那个时代来到德国的中国人，最需要的就是互相扶携。我先问她住在哪里，有什么困难要帮助，然后就直截了当地问起她今后的打算。她见我开门见山，也就毫不隐瞒地告诉我一切。她告诉我，父母都是受过高等教育的人，对两个孩子的教育很严格，要求也很高。她从小就能说一口流利的德语。她想留在德国，上大学预备班，然后在大学读书。至于说今后做什么，她还没有往这方面想很多。从她的谈话中，我发觉她是一个极有进取心的女孩子，感情爆发力很强，但迷恋西方的一切，尤其是对美国的崇拜，极尽疯狂，远远超出我的想象。

我一边听她说话，一边不由自主地拿她和安娜、丽娜、菡丽卡进行对比，发现她完全来自另一个世界，想法和思路完全不一样。我又拿她和西子、我的前妻美珍和初恋露西比较，更是不同。一个年轻的女孩，有这么一个率直、透明的性格，和我那么相近，我还从来没有遇到过。

"你难道不想回中国了？"我问。

"回中国？我死也不会回去。我恨死了文化大革命，恨死了毛泽东的政治。"

当她一提到"文化大革命"时，忽然像是完全变了一个人，脸上的肌肉在痉挛，五个手指也紧紧地攥起，毫不掩饰的憎恨之情溢于言表。

"小刘！别激动！快告诉我，最近几年在中国发生了什么事？"

"发生的事太多了！多少人被打死，多少人自杀。只要某某造反派说这个老师或干部是'地、富、反、坏、右'，那就是'黑五类'，他们就遭了殃，被辱骂、被批斗、被殴打、被抄家。我就是因为母亲不是中国人，在学校受尽白眼和欺侮。父亲做工程师，也是一条罪状。幸亏我母亲早几年就回到德国，不然，我们全家更不知会有什么下场。我听说，在上海有一个混血儿，他父亲也是一个工厂的工程师，母亲是荷兰人，结果父亲活活被红卫兵逼死，母亲则上吊，这个孩子被说成是混血魔鬼。他还未成年，就变成了一个没人管的孤儿，在街上讨饭。这是什么国家啊！这种国家还回去？我根本不承认我是中国人。”

听她这些话，我的每根汗毛都竖立了起来，浑身在颤抖。这简直太可怕了。我当即想到我的家人，我的母亲，我的儿子。他们都安好吗？我太自私了。为了我的自由，一时冲动，逃离祖国，家人却背上了“叛国分子”家属的黑锅。这太可怕了！小刘她可以完全不接受她是中国人。可是我，我没有外国血统，祖祖辈辈生活在中国这块土地上。中国是我的祖国！国内现在所发生的一切，是和个人有关，祖国没有承担这些责任的义务。而且我认为，这种现象只是暂时的，不会永远继续下去。

怎么安慰她呢！我于是也把我的出走中国，来德国后一无所有，现在从零开始的经历，原原本本地告诉了她。说到伤心处，我黯然泪下，把她也惊住了。她反而安慰起我来。仅仅通过这么短暂的交谈，我们的友谊建立起来了。

小刘的哥哥住在慕尼黑，她一人暂住在汉堡的德国亲戚家，正好需要人照料。而且，她在汉堡大学外国人入学预备班读书，俄文和英文都是她的选科，我正好对这两门，在语法上花过很大工夫，算是个强项。于是我们的来往很快变得很频繁。另外，在我的潜意识里，强烈渴望一个能够了解我内心世界的伴侣，珮春对我十分体贴，但是她并不能分担我内心的苦闷和烦恼。和小刘在一起，只要我随便和她聊起中国社会的一些琐事，或说一个中国笑话，她马上就能回应，并且可以捧腹大笑。有时笑得我们两个人都直不起腰来。谈起在国内的失意和遭遇，我们也极有共鸣。我发现，自从认识她以后，我把许多心中的烦恼都置之脑后，对她的感情直线上升。

自从珮春进入夜校后，白天还要工作，空余时间越来越少，家又住得那么远，每周大约在周末见一次，有时候还见不到。平常的沟通，也主要通过电话。这些生活上的变化，特别是小刘，我都如实地告诉了珮春。我知道，珮春是一个气量很大的人，知道了这些的话，她心里会明白感情是不能勉强的。我在大学教书，身边女学生很多，而且女学生喜欢老师的事情也是一种经典的恋爱方式。珮春从来不过问我与其他女性来往的事情，但我绝不愿做事偷偷摸摸的，就专门安排一次珮春和小刘的见面。珮春显得礼貌和大方，她友好地和小刘谈话，问了很多关于中国"文革"的情况，她也发现，在我认识小刘以后，精神上有很大的变化。从她的表现上，我感觉得到，珮春对这次的见面并不十分愉快，如果我事先告诉她要见到小刘，她一定不会来。这种会面，对她是一种折磨。但是，我的良心告诉我，我不能不这样做，这关乎诚实。

自此以后，珮春主动地对我冷淡了。尽管我们有时还通电话，问寒问暖，但很少见面。小刘确实很可爱，她完全知道珮春对我的感情，有时还责怪我不应该对珮春如此冷淡；但另一方面，她对我的依赖有增无减。她刚来德国没几天，母亲就病故了。现在她离开家人在汉堡求学，对德国社会还非常陌生。他哥哥也听说我在照顾她，心里放心很多。她也的确什么都听我的。我则完全陷入了情网之中。但是有一点我们两个人有很大的不同，那就是对中国的政治态度。

我向她表示，中国共产党不属于一个人，它是会改变的。你现在能自由地来到德国，说明共产党在变。但她每次提及中国时所表现的憎恶与愤怒，那种完全的否定和偏激的言辞，让我无法接受。

我曾和珮春谈过，我明白她的感情，但我担心不同文化背景和年纪悬殊，会打破长相厮守的美梦。如果能和一个中国女子结合，我们彼此的理解和想法的契合度高，应该会幸福很多的。我坦率地把这些话跟珮春谈了，但她不以为然。她认为，种族文化不同，并不会影响爱情，相反，可以通过文化互补来增进和完善爱情。

和那位上海姑娘接触多了，我觉得珮春的话是对的。我逐渐发现，这位上海姑娘情绪很不稳定，她忽然从一个禁欲极深的国土来到自由世界，追求之大胆比西方女子有过之而无不及。珮春虽然是西方人，但文静、含蓄、矜持、真诚，更具有东方女性的气质。我那么在意国籍和血统，以至于忽略了人的内心才是最重要的。上天为我派来了一位天使，我却愚蠢到一度想要推开她。幸好，天使用她的爱心和信任包容了我，也把我渴望的幸福最终带给了我。

33　银河街 24 号

得到讲师的职位之后，我在经济上已完全有能力为自己租一套公寓了。多年的漂泊生涯，让我更加渴望有一个自己的窝。

1975 年的秋天，在一次大学生晚会上我遇到了一个很久不见的朋友——教育系的教授诺伊戈保尔先生，他虽然不是汉学家，却是一个中国迷，每次一见到我，总是提出一大堆五花八门的中国问题，他最喜欢把汉字大卸八块，然后总结汉字的规律。玩起这种智力游戏，他乐此不疲。

那天一见面，他却意外地关心起我的住房问题：

"关，你现在住在哪里？"

我一愣："就住在离大学不远的地方。"

"一个人住吗？"

"和另外两个学生合租一套公寓。怎么，你有什么好房子给我住？"我随口问了一句。

"是啊！我们住的那家楼上的一套公寓房子空了，房东要我替他找一个房客，他说最好是大学里的人。你不是对它感兴趣吗？"他兴奋地说。

"什么？就是你住的银河街的那所房子？"我去过他的家，那所公寓坐落在汉堡市区的黄金地带，距离美丽的阿尔斯特湖才二百米左右，离市中心也不过三四站公共汽车的路程，而且又在大学边上，真正是闹中取静的好地方。我早就"垂涎三尺"了。

"是啊，有兴趣吗？"

"当然。不知房租贵不贵？我住得起吗？"

"房租非常便宜，而且那个房主是一个非常善良和正派的老人，你一定会喜欢他。"

"我什么时候可以去看看房子呢？"

"明天就可以。你真运气，我正犯愁不知道怎么找你，竟然在这里碰到了！”

我回到住处，心中兴奋极了。不知怎么的，我第一时间想到了珮春。我们的关系虽然已经恢复了，但想到我曾一度故意疏远她，甚至做出让她伤心的举动，心里就特别内疚。我想租下房子后就邀请珮春同住，算是正式确立我们的关系。既给她一个惊喜，也弥补我的过失。我给珮春打了一个电话，请她给我当参谋，一起去看房子。如我所料，她确实被吓了一跳。

青年男女不结婚而住在一起，是欧洲“六八学生运动”的产物，到七十年代一直还是很时髦的事。本来德国人在男女关系上比起英法等国要保守得多，可是在“妇女自我解放”潮流的影响下，男女学生纷纷联合起来租公寓同居，学生宿舍反而冷清了。这情形与美国有点类似，最早的美国移民是英格兰来的清教徒，生活作风很严谨，讲究“男女之防”，但性解放运动兴起后，美国的年轻人一下子就冲破了传统的堤坝，比欧洲人走得更远。珮春一直想和我搬到一起住，我一直拖着，一方面我的观念还很“守旧”，不愿意接受“同居”一词；另一方面，我怕东西方文化差异会引起争吵。毕竟文化背景不同，会有不同的生活习惯和观念，万一争吵起来，伤了感情怎么办？

银河街 24 号，是一所二十世纪初盖的老房子。这是一幢白色的四层楼房，带一个很大的花园。楼层之间的距离很高，不像新盖的公寓楼，房顶低得让人顿生压抑之感。珮春和我一进到第三层的公寓，就立即喜欢上了。这所房子不大，住宅面积一共有八十多平方米，但房屋布局很好，两室两厅，客厅和餐厅相当宽敞。美中不足的是厨房和卫生间没有现代设备，冬天取暖还是用煤炉。

慈祥的老房东端详了我们一阵子后，喜笑颜开地说：“这套房子对你们一对很合适，一个单身汉住太大了，我也不太愿意租给单身汉。你们租下来，可以做自己喜欢的室内装修。”我转过脸去一语双关地问珮春：“你觉得这套房子对我们两个人合适吗？”

珮春立即回答说：“我很满意，你呢？”她含情脉脉地看着我，眼睛里闪着光。

“这房子我们要了。”我一字一顿地说。

跟房东签了合同之后，我邀请珮春去吃法国大餐。举起酒杯，我高兴地说："为我们的新生活，干杯！"

"你不会后悔？文化冲突？失去自由？"珮春调皮地问我。

"没关系，有冲突才会有融合。自由的日子虽然结束了，但我有了一个家！值得！你知道，家对我的意义有多大吗？怕只怕你那么年轻，也许以后你会嫌我老，忽然对我说拜拜啦！"

"也不知道谁会对谁说拜拜。"她用眼睛瞪了我一下，笑了起来。

"真有意思，像是命里注定。住进了'牛奶街'，我们一定不缺牛奶喝。"我打趣地说。

"什么意思？我们住的可是银河街。"珮春不解。

"这里有个故事。二十世纪上半叶，中国有位年轻的语言学家，名叫赵景深。他在翻译英语著作时碰到一个词'milky way'，德语叫'Milchstrasse'，与英语是同样的意思。赵景深也没有深究，就按字面意思翻译成了'牛奶路'，闹了大笑话，被鲁迅先生当作'硬译'的典型予以批评。赵先生当然是偶尔失误，他还是有学问的，后来成了上海复旦大学中文系的著名教授。我也是翻译出身，这下住在银河街，岂不是时时提醒我不要闹出'牛奶路'的笑话。"

珮春笑得直不起腰。

正好珮春拿到了高中毕业文凭，有了一段假期，她开始专心致志地布置我们的新家。她自己动手糊墙纸，刷墙粉。房间客厅房顶上本来有石膏雕花，但因为多次刷浆，已被石灰填满了，我们就用小刀一点一点地把它抠出来，恢复石膏雕花的原来面目。单单这项工程就花去了我们一个多月的时间。别看珮春平时文文静静的样子，可干起活来，登高爬梯，绝不亚于一个男子汉。

那时德国刚刚开始经济腾飞，老百姓有钱了，家家户户都在添购新家具，旧家具就丢在马路上，口袋还不充裕的大学生和客籍工人就把这些上好的旧家具拣回家。我们也如法炮制，上街拣沙发、桌椅、冰箱和电视，把我们的小家布置得有模有样。珮春自小喜爱艺术，什么地方放灯，窗帘应该配什么颜色，墙上应该挂什么画，都有她独到的眼光，布置得优美温馨，我便坐享其成了。

新学年开始，珮春梦想成真，当上了大学生。爱情改变了她学医的计划，她决定要学汉学，做我的学生。这怎么成呢！学校里还没有人知道我和珮春的关系，可是珮春偏偏要成为中文系的学生。我只好和她"约法三章"，不准在学校暴露她和我的关系。

珮春表现得的确不错，我是她的老师，她是我的学生，相安无事。有一天早上，珮春对我说："我昨天没有复习功课，今天你可别叫我读课文啊！"我笑了笑，没说话。等到上课的时候，我挨个让学生回答问题，读课文，轮到珮春，我竟然忘了她的嘱咐。她满脸通红，答不上来。回到家里，她向我提抗议说："你这不是让我当众丢丑吗！"

我笑着对她说："你不是回答得挺好吗？"

她气呼呼地说："如果你下次再这样让我下不来台，我就当众走到讲台上去亲你一下，看你怎么办？"

我一听忙说："下次不敢了。"

我们生活得非常和谐快乐。以前她母亲料理家中一切，她被"宠"得饭也不会做。我索性另起炉灶，开始教她做中国饭，她很有兴致学，不到半年她就基本掌握了要领。

她是我的德语老师，我是她的汉语老师。我们两个都喜欢读书，常常读书讨论至深夜。她的中文很快达到阅读报纸文章的水平，我便给她开出书单，让她了解中国的历史和文学，她越来越喜爱中国文化了。而她也是我的好助手，她替我到大学图书馆查找西文资料，帮我校对改正德文稿，然后一个字母一个字母地在打字机上敲打出来。

珮春比我小十好几岁，但是我们没有感到年龄差距在我们关系里有负面的影响，相反，我们双方都从中得益。原因是，我们的性格具有互补性，我是急脾气，直性子，有啥话肚子里藏不住，又很乐观；而珮春虽年纪轻轻，却为人处世圆融成熟。我们虽然来自两个截然不同的社会，出生于两个完全不同文化背景的家庭，但是我们都在努力学习对方的语言，了解对方的文化，并且爱慕和欣赏对方的文明。渐渐地，一方跺一下脚，瞪一下眼，另一方会马上心领神会。我们为此感到无比欣慰。我曾戏言，如果民族与民族之间也能像我们俩这样进行文化沟通和交流，这世界上将免去多少流血和死亡的悲剧呀！

我们也有吵架的时候，再大的不快，在我永远是三分钟过去就没事了，而她则不依不饶，撅着一个小嘴，半天不理人。但她有一个原则，事情不过夜，谁是谁非，睡觉前一定说清楚。我告诉她，中国有句俗话，叫做"天上下雨地下流，小两口打架不记仇"，就是劝人及时和解。

后来我们之间一出现僵局，她就会做着鬼脸唱这句顺口溜。总的来说，我俩几乎没有大吵过。楼下的邻居诺伊戈保尔教授和他妻子常常闹别扭，一闹就跑到我们家来诉苦。有次我和珮春因为选择旅游地点争执起来，诺伊戈保尔教授竟像发现新大陆似的激动："多好啊！我终于看到你们两个争吵了。"

我是刘教授家的常客，他们父子俩都是我的朋友，我当然没有向他们隐瞒我和珮春的关系。有一次，刘教授在教室里和学生闲聊，暴露了我和珮春的"地下身份"。于是我们就请全班同学来我们家做客，师生关系更融洽了。

到我新家里做客的中国朋友越来越多。印尼、新加坡、中国香港来的居多，偶尔也有台湾来的学生。我家成了中国留学生的聚会场所。大家一起包饺子，有时一直闹到天亮。珮春扮演起了"阿庆嫂"的角色，按照中国人喝茶的习惯，她提着茶壶不停地给客人添水。学生打趣地说，这分明是咱们中国的媳妇。珮春很害羞，大家说中文，她总是在旁边微笑地静听，一言不发，或者自己一个人到厨房里给大家准备饭菜，人人对她赞不绝口。

与珮春的感情越深，我心里的包袱也越来越沉重，因为我还不是一个自由人。我仓皇出逃，没有办离婚手续的机会，我和美珍在法律上仍是夫妻关系。有时我觉得自己太放纵了，从道德的角度衡量，我既有愧于美珍，也对不住珮春。

34 香江喜结连理枝

　　1975 年年底，一个中国文艺演出队来汉堡演出，我高兴极了。在北京的时候，我家就住在和平里，与中央乐团和东方歌舞团为邻，认识不少人，真希望能看见一个熟人。因而我在演出中间休息时，悄悄地溜到后台。哪有这么凑巧的事，其中一个团员竟是和我们过去极熟的和我关系非常好的邻居。我真是喜出望外，终于见到了家乡的人了。但她一看见我，先是一愣，如同见了鬼。我本来满腔的激动和喜悦也瞬间冷掉了一半，定了定神，我急切地问她："美珍好吗？你还常见到她吗？"她先是看了看四周，这才很严肃地回答说："那还会好得了！在你出逃不久，你全家就遭到不幸，美珍也被卷了进去。美珍现已与你正式单方面离婚了，和你断绝关系。"

　　得到此消息，我并不感到惊讶，作为一个"叛国者"，我已经被国内公安局看作人民的公敌。我的妻子美珍，即使过去与我感情很好，现在也得与我彻底划清界限。我真希望多从这位邻居口中知道一些家人的情况，谁知她一扭头就走了。

　　我一点也不责怪她的反应。她肯跟我说上几句话，已经很勇敢了，被人发现，说不定回去还要做检讨。只是听了这几句话之后，我心里阵阵悲哀不断涌起，已没有心思再欣赏节目了。

　　当晚我辗转反侧，彻夜难眠。想到母亲和小新，美珍的形象也不断出现。俗语云，一日夫妻百日恩，我回忆起我们恩爱的片段，多么美好啊！如果没有那些政治运动，我们也许不会两地分离，相互猜忌，争吵不断，也不会最后决裂。到底是什么毁掉了我们？！

　　悲愤之余，我同时也感到一丝宽慰：我已是自由人了，我可以正式向珮春求婚，圆她一个梦，同时也了却我的心愿，否则我无以报答她那纯真而善良的感情。那时珮春正和一个德中友好代表团在中国旅游，我每天等着她打电话来，我好想马上告诉她这个消息。

　　珮春知道我和美珍已经解除了婚姻关系之后，就开始多方打听，一个外国人在德国结婚，需要办什么手续。根据德国法律，外国人与德国人结婚必需出具以下证明：一是出生证明；二是未婚或是离婚证明；三是护照。这三者我一样都没有。我身上只有一本德国政府给予的"无国籍外国人留居德国旅行证书"。我曾想拿这本旅行证书和珮春到印度尼西亚、马来西亚和新加坡去旅行，结果处处碰壁，屡次被拒绝入境。

珮春很沮丧，为了不让她太失望，我就安慰她说："我们先订婚，然后找适当的时机结婚。如果在德国一直不能登记的话，咱们到美国的拉斯维加斯去办理结婚手续，那里不需要这么多证明。"珮春的心情这才好起来。

1976年，我长达一百六十二页的博士论文终于完成了。严格地说，这论文的完成一半归功于珮春。我来德国不足十年，平时用德文写出一篇完整的文章来，就得花去一两天的时间，何况一本论文。许多章节，都是我先用中文完成，然后在珮春的帮助下翻译成德文。临到交稿之前，时间紧迫，珮春把全家动员起来。她负责把我的博士论文原稿通审一遍，妈妈负责校对，爸爸定稿，姐姐和珮春负责打字，我负责装订和做饭。那天晚上，为了帮我整理博士论文，大家一直工作到天明，我感动得不知如何是好。

现在我成了博士。德国有尊重文化和知识的悠久传统。一个人拥有博士头衔，是人生一件光荣又重要的大事。由于这头衔得来不易，所以显得异常荣耀，旁人称呼的时候，一定会在名字前面加上"博士"一词。自我正式拿到学位那天起，我的居住证、身份证以至所有与官方往来的文件，都被自然而然地加上了博士的头衔。学校秘书对我的称呼，也从"关先生"变成了"关博士"。

珮春的父母更是高兴万分，因为他们家还从来没有出过一个博士，我这个"准女婿"给他们家带来了光荣。对于我们的结合，他们也渐渐松了口，过去总是有各种疑虑，现在则主动问我们何时举办婚礼。我们就把订婚的想法告诉了他们，他们很高兴。

订婚那天，我把刘教授夫妇请到珮春父母家做客。我一直把刘教授夫妇看作我的再生父母，他们是作为男方的长辈出席的，更确切地说，我是把他们当作我的父母，他们是我们婚姻的见证人和担保人。珮春母亲忙了一整天，烧了一桌好菜。天下父母一样的心，小女儿订婚可是他们家里的大事啊。不过在这当口儿，还闹了一个大笑话。

　　刘教授夫妇按时来到，一进门，珮春的父母亲立即迎了上去，刘教授用德文亲切地问了一声你好，珮春的母亲马上用中文回了一声："他妈的！"刘教授一下子就愣住了，不知说什么好。我在旁边一听，知道是我闯下了大祸，可又觉得非常好笑，一下子笑得直不起腰来，差点钻到桌子底下去。珮春母亲见状不对，立即追着我要问个究竟。

　　这其中有一段缘故。有一天晚上，我在珮春父母家做客，她母亲说："比德，你教我说一句中文好吗？"

　　"好啊！你想学什么词？"我说。

　　"当然最容易学的，比如，两个人在路上遇到以后，怎么问好？"她说。

　　我立即想到我年轻时做俄文翻译时，一个和我很熟的苏联专家学到的第一个中文词是："他妈的！"这个词又清楚又好学。我于是就怀着恶作剧的念头随口说出了这个词，没想到珮春妈妈真把它记住到今，而我早把这件事忘了。

　　当我把这一故事告诉给刘教授后，他笑得前仰后合，狠狠地用食指指着我用德文说："你这个顽皮的孩子！"

　　珮春的母亲执意请刘教授给她翻译这个词的意思，这就让他为难了，因为这个词不能直译。忽然他想起德文有一句不雅的口头语："讨厌的屎"，凡是人们不顺心的时候，就用这句话。当刘教授把这个词说出来后，珮春的母亲抄起一个坐垫就扑过来要揍我。这么一来，全家的气氛就活跃起来了。本来不苟言笑的珮春爸爸也开怀大笑起来。刘教授一再在珮春父母面前夸赞我的能力，使我听了都有点脸红，不过呢，珮春父母看起来特别受用。

　　1977 年夏天，珮春为了提高中文水平，决定去台湾学习六个月。我正好有休假时间，于是我们安排了一个出行计划：我和珮春一起到香港去度两周的假，然后她再启程去台北。

　　一到香港，看见满街黄皮肤、黑头发的中国人，我竟兴奋激动得不能自持。毕竟去国已近十载。香港和旧日的上海有很多相像之处，我熟悉那里人们的生活，除了他们说广东方言以外，我几乎没有一点陌生感。最让我感动的是，我在汉堡总要设法躲避大陆和台湾两方面猜疑的眼睛，而到了香港，不论左中右，都向我伸出热情之手。

　　十年来，我没有吃过香喷喷的大饼油条、生煎包子，十年来，没有说过那么痛快的中国话，所接触的人又都熟悉中国近代历史和大陆发生的一切，你不需再费唇舌去解释，大家心有灵犀一点通，这是一种什么样的感受啊？我仿佛又回到了故乡，从头到脚畅快极了。

一天，我和珮春在香港中环尖沙咀海岸边散步，偶尔看到一块香港市政府的牌子高高地挂在一座楼前，走近一看，上面写着"婚姻注册处"。我并没有在意，就迈步继续向前走。不一会儿，忽然发现珮春不见了。回头一看，珮春还停留在那幢楼的前面，却笑着向我招手。我只好转身走回去。

"这是婚姻登记处，我们进去问问好吗？"珮春拉着我的手说。

"这是给香港居民办理婚姻登记的地方，与我们无关。"我说。

"进去问问怕什么？"珮春拉起我走进了大厅。

"我可以帮助你们什么吗？"一位年轻女士看见我们进来，非常礼貌地用英文问。

"我们想问点事情。"珮春略带羞涩地说。

"请坐！"

坐下来后，我便开口问道："你们是否也为外国来的人办理婚姻登记手续？"

我问出这一句话的时候完全自信会得到对方"No"的答复。

"请问，你们是从什么地方来的？"

"德国。"

"你们的护照带在身上了吗？"

珮春拿出我们的证件交给了她。她接过去仔细看了一下，从桌子上拿起一个大本子，里面密密麻麻全是时间表。她翻阅了一会儿，说："如果你们想在香港登记，三个月以后，有一个空闲时间。"

她的回答意思是说我们的证件可以在香港办理结婚手续，这几乎是难以想象的。这一消息完全冲击到了我们，以至于我愣了半天才清醒过来。

"很遗憾，我们只能在这里逗留两星期。"我说。我刚想站起来离开，看见珮春却仍坐在那里看着那位女士出神。她大概是被珮春的样子感动了，忽然站起来，抱起那本大本子说："请你们稍坐片刻。"然后就走进另一个办公室。

不一会儿，那位女士微笑着出来，说："祝贺你们。由于你们远道而来，我们给你们特别安排了一个时间，十天以后，你们可以在我们这里办理结婚登记手续。”

十天以后？我的妈啊！我一点思想准备也没有，难道这一切真的是发生过的？

“我们需要办什么手续？还要带什么文件吗？”珮春问。

“两本护照就行了，还需要两个结婚证人。这里是两张表格，请你们填一填。”

填完表格，走出大门，我的衣服已被紧张的汗水湿透了，珮春则高兴得跟孩子一样，两眼眶含着泪水，非拉着我去买衣服不可。这一刻，我完全被珮春的一心一意的纯洁爱意所感动。珮春真是太赤诚了。我这一辈子做了什么好事，哪里修来这样的福气，会打动这么一个纯洁美丽的西方姑娘。多少年后，一位易经大师告诉我说：因为您母亲辛苦一生，把幸福都给您留下了。

谁来做我们的证婚人呢？最理想的当然一方是中国人，一方是德国人。中国人容易找，德国人就难了。这是在香港的街头，到哪里变出一个德国人来呢？忽然珮春想到她来香港之前，有个朋友给了她一位在香港住的德国年轻人的电话，说有急事可以找他帮忙。“为什么不去拜访他呢？”珮春得意地说。我很佩服她的细心。

“这怎么行？我们根本不认识他，怎能请人家做证婚人，那还不如从马路上随便拉一个大鼻子算了。”我笑着逗她。

“反正我要去找他。”珮春说。

没想到，更巧的是，从那个青年人处得知，我们的好朋友、在柏林大学任教的克劳斯·史特满竟然正在香港做短期研究工作。我们找到他，他高兴得不得了，请我们喝茶以示祝贺，因为他是虔诚的佛教徒，吃素，不喝酒。

珮春的证婚人解决了，我的证婚人该选择谁呢？总不能在大街上拉一个吧，人家又不认识我，何况结婚又是一件多么严肃的事情。

就在我们回旅馆的路上，珮春突然拉了拉我的袖子，用手指了指前面的一个行人，说：“那个人好像小李。”小李是我们在德国认识的好朋友李永敏，他曾在汉堡留学，两年前回香港经商。当年我们非常熟悉，可惜他回港后，断了联系。

我心里也没把握，索性大喊了一声：“小李！”

　　他回头了，果然是他！他高兴得像个小孩子，扑上来拥抱我们。我把当前的情况告诉了他，他欣然同意。真没想到，在这么大的香港，在我们急需证婚人的时候，他就这么送上门了。真合了"踏破铁鞋无觅处，得来全不费工夫"的老话。

　　我告诉珮春，这是命，德国"不让"我们结婚，我们本来打算去美国碰运气。可上帝眷念我们即将分别六个月的痛苦，也眷念我作为一个中国人的家国情怀，特意安排我们在分别之前，在我同胞中间，完成我们百年秦晋之好的大典，将我们之间思念的性质由恋人变为夫妇，"人居两地，情发一心"：我越来越相信命运；从那天以后，我们俩携手走过了三十六年，人老情弥笃。

　　在证婚人和好心的工作人员的注目下，我们终于结为正式夫妇。捧着结婚证书，我们立即赶去德国中国驻香港总领事馆加盖印章，细心的珮春早已打听好一切应办的手续，为的是回到德国后，确保我们的香港结婚证书能得到"死板凳"的德国官方的承认。

　　当天晚上，朋友们为我在九龙弥敦道订了一桌酒席。珮春特地穿了一身白色套装，胸前别了一朵红玫瑰，她不爱化妆，那天也只是轻描淡抹，喝了一点酒，两颊透着红晕。我不知怎样形容她的姿态和容颜，只记得当时我极不恰当地引了徐志摩的诗，"浓得化不开"。其实，我想表达的是我们感情的浓烈，而她那晚的美，我至今还没有找到合适的辞藻。那种美，既有西方的，也有东方的。

　　往事再次涌上心头。我想到母亲，想到美珍，想到儿子小新。如果母亲知道我和一个洋女子结婚，会做何想？小新见我带着新"妈妈"回国，又会如何反应？还有美珍，对于最后的决裂和离婚，我知道那是政治压力的结果，而且我们的婚姻其实早已濒于死亡，可毕竟一日夫妻百日恩啊，我们曾经那么相爱过，何况我们还有一个儿子。"自古穷通皆有定，离合岂无缘？从今分两地，各自保平安。"美珍啊，不知道你此刻在哪里，但我衷心祝愿你也能再次找到幸福。

　　回到我们的"新房"，桌上的花瓶里有一束开放的红玫瑰，原来是珮春让旅馆服务员事先准备的。西方人就会制造情调，我吻了珮春的额头，说："珮春，一切都是真的，不是梦！"

　　那天是阴历八月十五，月亮是一年中最圆的。香港的夏天已经快过去了，清风拂来，还有一点凉意。

"愚谦，遗憾的是你父母不知道我们结婚的消息。我们已经站在大陆的大门口，可是不能进去。别着急，总有一天我们会回去的，我会像中国媳妇一样照顾公公婆婆，他们一定会喜欢我这个洋儿媳妇的，我有信心。"我将她紧紧搂住，我的眼泪滴到她仰起的脸上，而她的脸上，早已挂满了泪花。幸福和心酸，同时交织在心头。

"我马上就去台湾了，你要好好照顾自己。我会天天给你打电话，你要实话告诉我，每天吃了些什么。周末要常去我爸爸妈妈家，妈妈会给你做好吃的。"珮春依依不舍地说。

"要不要告诉你父母，我们已经在香港注册结婚了？"我底气不足地问。在西方，儿女婚姻也是件大事，没有告诉他们就结了婚，我觉得很对不起他们。

"还是不要告诉他们，等我回到德国再做解释吧。"珮春主动要挑重担。

"按照我们中国人的习惯，真正标志结婚的仪式是婚礼，登记结婚只是履行官方手续。等你回来以后，我们举行一个大型婚礼晚会，让你父母亲高兴高兴。"我想起一个补救办法。

"真的？"

"我们的习俗是，选择吉日，广邀亲友，大宴欢庆，那才是大喜之日，注册登记还不算正式的。"

"不过我们德国的习俗是在婚姻登记那天为结婚日。既然姑爷是中国人，就以中国风俗为准。相信父母亲会理解的。听博士的总没错。"珮春竟然把"姑爷"这词都会用了。

"以胶投漆中，谁能离别此？"这首古老的汉乐府诗，成了我们新婚离别心情的真实写照。珮春一走，我忽然感到寂然无趣，饭菜不香。我已经习惯有珮春陪伴在侧，现在只身走在香港街道上，百无聊赖。

就在我返回德国的前一天，我向李永敏随口谈起想翻新汉堡的公寓，不知哪里有中国家具可买。他便带我来到九龙广东道，那里有好几家卖红木家具的店铺。在其中一家，我见到了一张大书桌，四面皆是浮雕，正面雕刻的是"刘关张三英战吕布"的故事，尤其令我过目难忘，不忍移步。店主也就是木雕师傅，从上海来的，见我恋恋不舍看了很久，就爽快地说："这桌子是我亲手所雕，费时一年，但是桌子体积太大，又没人懂行，一直卖不出去。如果你想要，我愿意贱卖给你。"

　　我大喜过望。我们的新家，面积虽不太大，但至今还没有像样的家具。我很早就发现珮春对中国的器物非常喜爱，如果她从台湾回到家中，一眼看到这么好的红木家具，一定非常高兴。既然她高兴，我为什么舍不得花这份钱？况且折合成马克，价格比西式家具还便宜，我立即订了一套。

　　回到汉堡，守着空荡荡的大房子，我更觉得孤独寂寞难耐。我开始一个人"折腾"起我们的房子来。珮春是一个勤俭持家的人，我多次想撤掉煤炉装暖气，把厨房和卫生间重新装修，她总觉得花好几万马克装修太贵，而且一修整房子，几个月静不下来。所以我们一直没有动手。有一天，家里来了一个德国同事，他给我提供了一个信息说，如果我向煤气公司购买用煤气的中央暖气设备，不但可以分期付款，还可以享受优惠价格。这正合我意。现在珮春不在，我正好可以"大兴土木"，把这个老房子的内部进行彻底改造，再配上香港来的新家具，给珮春来一个大大的惊喜。

　　周末，我去看望珮春的父母，姐姐和姐夫也在。一家人坐在一起聊天。我向他们说起装修房屋和购置红木家具的事，珮春的姐姐克里斯蒂娜着急地问："你们打听好了吗？在德国结婚需要办什么手续和证明？你们开始办了吗？"我只笑了笑，摇摇头没说话。

　　"我替你们问了一个律师朋友，他说不一定非要出生证明。你只要到公证处去宣誓一次就可以了。但费用很贵，需要五千马克。"珮春妈妈接着说。

　　"五千马克！简直是发神经！那不如到美国拉斯维加斯去一趟，什么都办了。"姐夫尤尔根说。

　　"你真的不能在中国想想办法，补办一个证明？"姐姐一直很关心妹妹的事情，总是提出各种建议。

　　看他们全家替我们的事操心到这种地步，我真于心不忍，很想把真话全部端出来。可是我答应了珮春要保密。怎么办呢？我的内心陷入了挣扎之中。我感觉我快顶不住这压力了。

　　我的表情出卖了我。我这个人，平时心里想什么，就会不由自主地在脸上表现出来。聪慧的姐姐突然发现我的表情有些反常，她侧着脑袋看着我问："你们两个是不是把事情已经办妥了？"

　　这句突然袭击让我找不到什么话来掩饰，只好低着头不做声，珮春母亲、姐夫也都走近我坐下来，形成一个包围圈。珮春的父亲一言不发，坐在餐桌前看报，看起来聚精会神的样子，实际上他的目光不时地投向这边。

群众围攻的场面我在"和大"已经经历过，现在则是被一帮可爱的"洋鬼子"围攻。幸福和温暖也包围着我。

我再不交代实话，太有负他们的真情。于是我一五一十把在香港的详细经过告诉了他们。姐姐、姐夫大为高兴，姐夫重重拍了一下我的肩膀说："我们从此该以兄弟相称了！"姐姐乐呵呵地说："这就是我的妹妹，只要她想做什么，总能办到。"

可是珮春母亲的脸一下子就拉下来了，珮春父亲则头也不抬，继续看他的报纸。我紧张坏了：一不留神宝贝女儿就被轻轻松松地"拐"走了，还故意瞒着他们。他们自然有点小小的生气，得快点想办法让他们心里的疙瘩解开。

"我知道你们在想什么，"我对珮春父母说，"这是一个没有办法的办法，你们不是刚刚还替我们发愁吗？我是一个中国人，香港的民间习俗也是中国式的。中国人正式结婚的日子以家庭庆祝为标志，登记注册只是法律手续形式。"

"可这里是德国，得按我们德国的习惯！"

"没错，可是德国官方目前还不能接受我这个外国女婿。我们无奈才动起'歪脑筋'，何况，在香港办手续也是很偶然的，我们来不及与你们商量。歪打正着，既然我们在中国结了婚，就不妨按中国的传统办。将我们结婚的消息对所有的亲朋好友广而告之，举办宴席，邀请他们……"我滔滔不绝。

我发现珮春父母有些被我的"大论"说服了，我又乘胜追击说："本来我和珮春商议好了，结婚的事，现在谁也不告诉，等她一回来再正式宣布，并且大宴宾客，当然主要是你们的亲友，那一天就算我们的结婚日。谁知，我肚子里藏不住话。珮春回来又得找我算账了。这都是克里斯蒂娜的错，到时候你们得救我的驾。"我大笑着说。

"我行吗？恐怕需要爸爸妈妈出面才行。"姐姐也笑着说。珮春这个姐姐，比她大六岁，处处维护她的小妹妹。她在政见上属于绿党，常到汉堡的波斯尼亚难民营去慰问难民，是一个开朗善良的好人。

珮春妈妈的气显然消了，笑着问我："你预备怎么迎娶我的女儿呢？"

"我都想好了。第一，到那时我的博士头衔已经下来了，我用汉堡大学关博士的名字广发请帖；第二，邀请对象：你们的亲朋，我的大学同事和朋友；第三，男方代表请刘茂才教授致辞；女方代表请岳父海林先生讲话。"

"不！不！我不讲话，我最讨厌在当众讲话。"珮春爸爸立刻推辞道。

"你非讲不可！"我说。

"那我不参加你们的结婚晚会。"

"你别勉强他讲话，他的确不善于讲话，讲出来谁都不爱听。"珮春妈妈说。

"这点我可以证明。有刘教授讲话就够了。"姐姐说。

文化差异真有趣：这么重要的时刻，女方家长竟然不露面说两句，在中国可是会被宾客指指点点的。

"你们预备在哪儿庆祝呢？"父亲问。

"我想好了。大学宾馆旁边有一个外国留学生俱乐部，地方很大，可以容纳一二百人。"

"一二百人？你哪里请得到这么多客人？"珮春母亲虽然摆着手，但已经眉开眼笑。

"我怕还不止，单单我们系的师生就有一百多人。"我说。

珮春的母亲和姐姐、姐夫忙碌起来，他们马上拿出一张纸，计划如何发请帖，请帖用什么纸，父亲则搬出打字机，挖空心思构思请帖的用词遣句。为此他们又热闹地争论了一番。

一个民族有一个民族的个性，德国人就是认真，或者说，死板？当晚，我与珮春通了电话，报告了最新的情况。珮春在电话里笑得前仰后合。真的，看不见，但我感觉得到。

35　孔夫子的智慧

我已忘了具体是哪年哪月了，还是在我担任助教的时候，有一天，我正在大学办公室里备课，一位服饰华贵的德国女士来找我。她说，她从小就对中国文化和历史有兴趣，父亲又在中国做过生意，想学习中文，"可是，系里的课上得太快，我跟不上。我想找一个私人教师，秘书就把我介绍到您这里来了。"她说。

"您贵姓？"

"薇拉·克劳森。"

"您一个星期想学几次？"

"每星期两次，每次两个钟头，行吗？我付您学费，每小时二十五马克。"

一星期四个小时，一百马克，一个月下来，有四百马克进账，饭钱就不用愁了。我立刻答应了这份工作。

我的这个学生，年近五十，举手投足，文雅气派，有大家风度。她学习很用功，她学中文的主要目的，是打发时间，顺便增加知识。有的时候，她索性倒过来教我德文，还照样给我付工资。当我拒绝时，她就说，关先生，您能陪我聊天，就是付出了劳动。再说，您需要钱，何必和我客气呢！

和大学签约，有一条很重要的规定，就是不能身兼二职。如有临时赚钱任务，不得超过工资的百分之二十。多赚一点外快，当然不坏，而且又是秘书处介绍来的，我还是为此事请示了刘教授，他一摆手说："没问题，这是好事，可以教。"

克劳森太太对待学习十分认真，准时上课，准时交作业，甚至连支付给我的学费，都特别准时。我们相处时间久了，彼此熟悉起来，就成了好朋友。有时，她遇到心中不痛快的事，常常向我诉说。她明明知道我帮不了她什么忙，可是她把话说出来，心里就痛快好多。我则常常用中国古人待人处事的哲理开导她。

记得某次，她很不高兴地对我说："您看，我先生，这么大年纪，快八十岁的人了，忽然异想天开，开起摩托车来了。摩托车上还有对讲机，通过它，他结识了一个青年朋友，谈得很投机。他还准备约他到家里来。关先生，您知道吗？我先生是汉堡拜耳斯多夫化学公司的副董事长，遇到坏人怎么办啊？他竟然还戴着防风帽、黑眼镜开着摩托车去参加公司董事会，这成什么体统啊！他的董事长哥哥很生气，我也因此和他争吵起来，弄得双方很不开心。"

"克劳森太太，这就是您的不对了。您的先生人老心不老，能驾驶摩托车，说明他心境还是很年轻的，结识些比他年轻的朋友，又有什么不好，总比成天和那些正襟危坐的总裁、总经理们在一起轻松得多，换换环境嘛！他心里一定很高兴。我相信您的丈夫不会那么糊涂，把坏人带进来。您来学习中文，不也是为了换换环境，多和年轻人打交道！只要他高兴，家里的气氛就一定会好，家里气氛好，您不是也很高兴吗！要是我是您，我一定支持他，但要他注意小心驾驶摩托车，不要冒险。我相信，玩了一些时候，他就会腻了的。"

听了这些话，我发现克劳森太太的眼里发出异光，好像接受了我的劝告。过了一个星期，克劳森太太非常高兴地告诉我说，她的先生想请我到他家去吃饭，"他很欣赏您。"

"我？他并不认识我，怎么会欣赏我？"我问。

克劳森太太回答说：

"您上星期给我的劝告，非常有用，我不但不再反对他骑摩托，而且还很关心他，把他那位通过对讲机认识的朋友请来喝咖啡。当我先生看到对方满脸胡子邋遢，头发又长又油腻，衣冠不整，恨不得他马上离开，好像对骑摩托车的兴趣也打了折扣。我就把您的建议讲给他听，他说，这是孔夫子的智慧。一定要和您见面。"我听了不禁笑了起来。

说真的，自从我到大学当老师以后，不断有大学生来找我，和我谈心，谈心里事。最初，我本以为这是德国人的习惯，后来才知道，正相反，德国人是不会随便向一个人谈自己的心里事的，更何况一个外国老师。

某次，我刚刚吃完中午饭回哲学大楼，见到一位我班的漂亮女生陶乐蒂坐在我办公室门外的一个长凳上，两眼含着泪。我很奇怪，走过去问："陶乐蒂，你怎么了？是来找我的？"她点点头。"来！来！来！到我房间里来喝杯水。"

　　当我问起她有什么心事时，她又掉下了眼泪慢慢说道："我现在有两个男朋友，他们对我都非常好，我也很喜欢他们，他们各有各的长处，但是，这令我很苦恼，我有时为此还不得不撒谎，结果，把两个人都得罪了。你看我应该怎么办啊？"

　　听她这些话，我总算安心下来。再看看这个姑娘如此诚实地将心里话全部告诉我，这份信任让我很感动，我一定要给她一个正面回答不可。我忽然想起孟子说："鱼我所欲也，熊掌亦我所欲也，二者不可得兼，舍鱼而取熊掌者也。"唐朝张九龄则说过："情莫不有偏，而以中正者为则；性未能无僻，而以和平者为度。"我于是借前人的想法回答说："交朋友和找终身伴侣不一样，交朋友看得比较近，图眼前的痛快，合则留，不合则去。选终身伴侣可不一样。你要从长远考虑才行，要考虑自己，也要考虑对方，脚踩两只船，最后你自己会跌下水的。"

　　"我已经跌下水了，你看我现在该怎么办？"

　　"那太好了。从水里才能看出谁对你真正的好，谁只是看你的容貌。真正跳下水救你的人，才是你真心的朋友。再爬起来。你就知道上哪条船了。找终身伴侣，不能只看人的外表，而要看他的内心，是否正派？是否大方？是否与人为善？太过自私的、器量窄小的、过于妒忌的，虽然长得帅，有很多钱，但你不会永远幸福。你必须选择一个对你合适的，能长相厮守的才行。你还这么年轻，又那么漂亮，也不要那么着急嘛！"陶乐蒂听了以后，眼睛一亮，高兴地笑了起来。

　　"陶乐蒂！你为什么来找我谈这些私事呢？"

　　"因为我不知道找谁谈好。爸爸妈妈不会理解我。和常接触的朋友谈，他们会传出去，你在课堂里常给我们讲中国古代的一些成语故事，我觉得很新鲜，很有哲理，所以我来请教你。你刚刚那些话，对我很有帮助。我要考验考验那两个朋友。而且我也不必着急嘛！"

　　到德国来，用中国的交友和处事之道来解他人之忧，这简直是一种享受。我在国内从出生到成长，生活了三十多年，总是别人来教我如何做人。母亲讲儒家处事之道，牧师讲基督教爱世人，马克思主义讲革命救国，毛泽东讲"造反无罪"，把我年轻头脑的神经，一扭再扭，忽松忽紧拧，使我不知所从。这实际上对我也是个锻炼，无形中成了我的精神财富。来到欧洲，这个拧紧的弹簧忽然松了下来，再没人管我，无拘无束。我开始有了自己的逻辑思维和处事之道。我变成了一个中西文化的综合体，还能帮助其他人解惑。想到这，我心里美滋滋的。

我给克劳森太太上了一年的课，她的情绪很不稳定，有时很高兴，有时则垂头丧气。她告诉我，她有轻微的忧郁症，经常会发作。我不懂忧郁症是什么，就随口宽慰她说："我教您一个秘方，对什么事情不要太认真，just take it easy，我从中国来，与家里亲人断绝联系已多年了。我也忧郁啊！但是，我给自己定下了一个原则，忧郁不得超过十分钟，找其他事情做，忘掉它。还真有效果。"

"真的吗？我试试看。有时候，我心里有些话，甚至不愿和家里的亲人谈，但是我告诉了您。您用东方的哲学思想，帮我解决了许多解不开的扣。"

"是吗？我自己并没有意识到。"

"我的先生很想和您见见面，您有兴趣到我们家里来吗?"

"当然很高兴。"

　　克劳森夫妇的家位于汉堡西部的富豪区，那里皆是独立的花园洋房，没有足够的钱是住不起的。他们家相当大，共三层楼，在老上海，类似这样的花园洋房我也见过一些，但是花园没有那么大。第一层是客厅、饭厅和书房，四面都是敞开式的窗子，被绿色花园围绕着，还有一个很大的露天游泳池。二楼则是主人的卧室。三楼本是儿子住的地方，现在他是大学生，有了自己的社交生活，就搬出去住了。我最初以为拜耳斯多夫化学公司，就是拜耳化学医药公司，后来才知道，完全是两码事。偶然在他们客厅里发现一本杂志，一张广告图片进入眼帘，那是扁平蓝色的铁盒，"NIVEA"的名字印在铁盒的当中，非常显眼，好不熟悉。它让我想起我小时候用的妮维雅牌雪花膏。我还傻呵呵地对克劳森先生说："这个雪花膏，在我小的时候，家里常用它。"

　　"这是真的？这是我们公司的产品。"

　　"什么？您公司的，您的工厂生产 NIVEA？它可是德国的老字号啊！"我将信将疑地说。

　　"是啊！我们的工厂有百年的历史了。在上海，过去也有我们的分公司。现在，我们公司希望再次进入上海。"说到这里，他微笑地看着我，眼里露出骄傲的目光。"关先生，我的夫人常常在我面前提到您，您的行为举止不像从一般普通中国家庭出来的。"

　　"不！我是从一个普通家庭里出来的。只是爸爸妈妈多读点书而已。爸爸是留学过美国的。您对中国很了解？"

　　"不！但我读了不少有关中国的书，而且我的父亲多次去过广州、上海、天津、青岛。"

　　自从和克劳森一家认识以后，我才陆续知道他们这一家的背景，原来属于德国"豪门万户（die oberen Zehntausend）"之一。所谓的"豪门万户"，是德国人的一种形容和概括，就是说德国上层豪门，数量并不多，不过万户而已。这些人都是传了好几代的大银行家、跨国财团首脑、大公司大企业的董事长、总裁之类的头面人物，新富是不被承认的。拜耳斯多夫化学公司原来属于德国百年老字号的大家族公司，一代传一代传到现在。此外，克劳森先生还拥有自己的船舶航运公司和房产。他的最大乐趣是玩汽车和驾驶帆船。可是从他们的住房来看，并不显得那么奢侈，和美国电影里所拍摄的富豪家庭来比，低调朴实得多了。一位很懂得德国人性格的美国学生丹尼斯对我说："德国人是有钱不爱外露的民族。"我觉得这话很对，由于与克劳森夫妇认识的缘故，更令我了解了德国的上流社会（High Society）。

High Society，在德国和在英国有很大的不同。在英国，皇室家族（Royal Family）至今仍是 High Society 的主干，但是，德国的皇族王室早就没落了。工商业和银行界大户才是德国的主流社会。德国政府的首脑也得听他们的意见来制定政策，即使打着社会主义招牌为普罗大众服务的社会民主党也是如此。其实这一点毫不奇怪。德国的经济看政府的能力，要充分发挥能力，必须有钱才能办得到。钱从哪里来？靠国家税收。而税收的主要来源是工商界。工商界的地位自然就高了。我自认为与钱无缘，当然也就毫不企求高攀上流社会了。但是，我发现，在金钱之外，真正的上流社会还有一些重要的品质。

来德国以来，交往的人日益增多。但往来频繁的，除了华侨和大学生以外，就是刘教授一家和克劳森一家了。通过我，克劳森先生和刘教授也做了朋友。

某天邮差送来了一封信，打开一看，那是一份非常讲究的请帖，请我参加克劳森先生六十大寿庆典，地点是汉堡阿尔斯特湖畔最高级的五星级四季大酒店。请帖的最下面写着："请着晚礼服入场。"我把此请帖给珮春父母看了，他们几乎都不相信自己的眼睛。因为，普通的德国人，很多一辈子也不可能被邀请至这样的一流场合。珮春的父亲虽然是银行总监，也不过是银行的一个高级职员而已。"离 High Society 还有一定距离呢！"他曾这样对我说过。

我却没有为这一邀请开心，而是在发愁：到哪里去弄晚礼服呢？书本上介绍，晚礼服是欧洲上流社会在重要社交场合上的标准服装。女人晚礼服最复杂，一方面要华丽入时，另一方面又要庄重脱俗。不能太暴露，又不能不暴露。男人晚礼服，皆为黑色高级布料特制，不同于一般西装，裤腿、袖子要用黑绸缎轧边，上装领呈半圆形，也是用特种黑缎子做成。白色的衬衫不准露扣子，袖口扣则是金银制的活动扣，和女人的首饰一样，可以经常更换，白衬衫领上戴蝴蝶结。据说，这是那些养尊处优、闲暇时间太多的英国贵族首创并延续下来的。现在的规矩已经比过去简便得多了。晚礼服一般都需要去量身定制，方能显得合身有型。我打听了一下，定做这样一套衣服，少说也得一千马克。

为了一个晚会花上千马克买一套晚礼服，一辈子也用不上几次，我还真舍不得。克劳森先生一生富贵，一定不会事先想到，世界上还有很多人没有晚礼服。但是这样的大场面，我还真想去看一看。珮春想了想说："刘教授和你的高矮胖瘦都差不多，大教授一定有这样的大礼服，可以问他借。"

这是个好主意，但刘教授在电话里告诉我，他也被邀请了，正在发愁晚礼服。珮春的姐夫也没有。可见，这个"上流社会"挺脱离群众的。无奈，我只好下决心花钱去买。再也没有那么巧，在我家附近的一家高级商店里，我找到一套因为缺码而半价出售的晚礼服，大小我穿上正合适，用德文一句俏皮话说，"合适得像是用石膏浇灌出来的"。我马上告诉刘教授，但是已经晚了，他已买下了一套，价格比我的多出一倍还多。他后悔不迭。

当晚的四季大酒家华灯高照，空气中充满了香槟酒的香气，所有贵宾都等待在装饰华贵的前厅，饮酒寒暄。七点整，悦耳的钟声响起，一面木制的墙壁徐徐开启，一个辉煌的、古色古香的大宴会厅呈现在眼前，一个个贵妇挎着身边绅士的手臂排队入场，到固定的座位上坐下。我如同"刘姥姥"一般傻站在前厅中，不知如何是好。眼见队伍渐渐缩短，我正在奇怪，这些绅士怎么知道自己的座位时，一位打扮入时、优雅高贵的女士轻快地走到我的面前用英文问道："您是关博士吗？"我点了点头。她高兴地对我说："我终于找到您了。今天晚上我是您的女伴。我是彼得森（Peterson）夫人。"

"喔！我很荣幸。对不起，彼得森夫人。我刚来德国不久，还不懂德国的礼节，请您原谅。"我忙抱歉道。

"不要紧！现在您挎着我的手臂，跟着大家入场吧！"

"我们坐在哪里呢？他们怎么都知道自己坐的地方，可是没有人事先通知我。"我茫然地问。

"在大堂那个角落里，有个落地木牌，上面写着客人名字和座位号以及他（她）们当晚的伙伴是谁。"她用手一指，我才看到一块大木牌，上面密密麻麻写着很多的字。我还以为这是酒店的通知，也没去看。真是丢人啊！我赶快拿出手绢来擦了擦汗随着她走入大厅。

这是一个豪华的、气派非凡的大厅，几十张桌子的桌面都是特制的，排成一个椭圆型，奇大无比，就好像开国际圆桌会议似的。近百个贵宾围桌而坐，脸对脸。大厅侧面一角有一个回廊，上面有一个小的音乐演奏台，年轻的弦乐手们正在演奏着轻音乐。每个客人的桌位上摆放着双套碟子，都是极精美的高档瓷器。碟子两旁则排列着三套崭亮的银制刀叉。这说明，当晚有三道菜。

落座以后，我尴尬极了，不知道该与坐在我右手边的彼得森夫人和左手边的人说些什么。我四下看看大厅里的人，有些人的面孔好像在电视和报纸上见过。我于是悄悄地问彼得森夫人："今晚的客人，您认得多吗？"

"认得一些。"她如数家珍似的介绍起来：这是某某银行总裁，这是某某海运公司总裁，这是某某机械公司总裁，这是某某总领事。然后她指指我的左边说："坐在您左手的那位绅士是克劳森先生的哥哥，拜尔斯多夫化学公司的总裁。"这时我才注意他面前的牌子上写的是"克劳森博士"。他见我在看他，很礼貌地点了点头对我说："关先生，从我弟弟和弟媳的口中常常听到您的名字。很高兴能认识您。"我也礼貌地回了礼。

这场生日晚会对我来说如坐针毡，因为这是我有生以来第一次参加如此豪华奢侈的上流社会宴席。大概所有的夫人们把她们首饰箱里最贵重的首饰都戴在身上了。坐在我附近的贵夫人们的手指、手腕、脖子、耳朵、头发都佩戴着闪闪发光的钻石饰物，在灯光的照射下，闪得人眼睛都睁不开。彼得森夫人是从瑞典过来的，她丈夫是一位银行家，当天也在，他远远地坐在椭圆形长桌的那一头，也有一位漂亮的女士作为女伴。原来，德国贵族都有这样的礼仪风俗：在宴会上，宾客夫妇是分开坐的，各有一个异性伙伴。彼得森先生是瑞典人，太太则是德国人。她不但漂亮，也极有风度，端庄动人，英文说得非常流畅。当我向她问及欧洲贵族的人情世故时，她滔滔不绝地讲了起来。

"汉堡是一个商业海港，"彼得森夫人说，"商人属于主流社会，不像德国的一些君主所住的城市，王亲贵族为主角。但是，这只是表面上的。您看今天的宴会，有王亲贵族血统的也不少。凡是姓的前面加一个'冯（von）'，就是出身贵族家庭。这里所有的礼仪和摆设的规格，都和欧洲其他的王亲贵族举行的宴会类似。"

原来彼得森夫人本身也来自德国贵族家庭，她的先生是真正的王亲，是英国维多利亚女王的后裔，与现在的英王伊丽莎白二世有血缘关系。她现在斯德哥尔摩一个中学教历史。这简直太妙了。在这晚宴上能了解欧洲王家现代史，这样的机会哪里去找？我于是把自己当作一个小学生，请她细细道来。不听不知道，一听吓一跳。

彼得森夫人说西欧国家倡导民主、自由、人权、平等，但很少触及如何消灭君主贵族阶级和平民百姓的差距。欧洲国家所涉及的自由、平等是在法律监督下的自由平等，例如，英国、荷兰、比利时等许多国家，目前还执行着一百多年前保护王家贵族利益的条款。在西欧的君主立宪国家如现在的英国、荷兰、比利时、西班牙、丹麦、瑞典、挪威等国，至今还很讲究社会成分。王室成员永远比一般国人享受高人一等的待遇。

她这一席话，给我的印象极深，它帮助我从另一个角度来看待欧洲的等级社会。我发现，在欧洲，即使你有了钱，也不见得能进入他们的所谓的上流社会。家庭出身、教育程度、文化修养等等都起着关键的作用。哪怕就是首相、总理、总统这样位高权重的人，他们在位时都红极一时，但一下台，就销声匿迹，很少听闻。而王室则永远在人们的注目之中，他们的一举一动都要符合人们的期望，显示出古老文化沉淀出的气质和修养。

37　骑马俱乐部和奔驰大跑车

　　我之前从来没有想过要和克劳森夫妇这样的名门富豪打交道，而且，我有自己的正当职业和收入，对他们毫无所求。因而在他们面前，我很自信，想什么，说什么，毫不矫揉造作，也从来不懂阿谀奉承，无形中反而增加了他们对我的信任。

　　"关先生，您会骑马吗？"某天克劳森太太问我。

　　"不但会骑，而且骑得不错。我在青海当记者的时候，马是我的交通工具之一。"我说。

　　"骑马是非常好的运动，我几乎天天骑马。离我们家不远，有一个骑马俱乐部，我丈夫是俱乐部主席。他邀请您来参加俱乐部一年一次的聚餐会，并准备给您介绍一些我们的朋友。"我高兴地应允了。

　　当天的晚会上，相当热闹。穿什么样衣服的人都有，相当随便，但大多数都出于名牌。幸亏我曾在香港量身定做了一套深蓝色西服，穿在身上很是精神，在众人面前并不逊色。克劳森夫人当晚把我介绍给大家时，使我立即想起了一些西方文学小说里描写贵族们审视新来的陌生人那种评头品足的景象，更何况我是当晚的唯一的一个所谓的有色人种——亚洲人。大概因为我是克劳森先生请来的客人，大家对我尊敬有加，说明克劳森先生夫人在众人面前的地位是多么崇高了。

　　不过说句心里话，我在国内大大咧咧惯了。在汉堡大学，和年轻的学生们在一起联欢，拿起酒瓶直接喝酒，互相拍着肩膀大声说话，无拘无束。可是在这个上流社会的氛围里，必须屏息凝神，一言一行格外注意，真有点不习惯。可是，另一方面，我感到不虚此行。过去在国内，读到西方小说，描写西方上流社会的场景，只觉隔靴搔痒，无动于衷。现在我身临其境，见识了一回。只见端咖啡、送酒的侍应生都穿着大礼服和戴着白手套，人们从侍应生手中接过咖啡杯时，必须连碟子一块端起，慢慢拿过来。说话绝对要细声细语，要彬彬有礼，不得大声喧哗。我隐隐约约地感到，有无数只眼睛从四面八方，通过人的脑袋和肩膀注视着我，"一个从中国来的'关博士'"，我可不能丢人现眼啊！

当骑马俱乐部的教练员来到克劳森太太面前打招呼时，克劳森太太边介绍我边说："关先生已经是我们俱乐部的朋友，我们家的那匹年纪较大的马给他骑，您每个星期给他安排骑马的教练时间，费用由我们支付。"

我知道骑马属于德国高级社会里的高消费行为，一般来说，每个家庭都有自己的马，单单饲马、养马费就很高，一般家庭是支付不起的。当然俱乐部里也可以租马，按每小时计算，包括租场费，教练费，花费也不小。我连忙阻止说："克劳森太太，不！不！"

还没等我说下去，克劳森太太高兴地说："骑马是最好的锻炼方式，您不要拒绝，这是我先生的心意，您只要准备一套骑马的行头就行了。"说吧，她把我留给教练员，自己走开了。

主席带来的客人，教练员怎敢怠慢，他知道我以前曾骑过马后，就拍拍我的肩膀说："下周一来吧！"当我从教练员的嘴里知道，骑马的行头包括马靴、马鞭、骑马衣、骑马裤、骑马帽、皮手套等就把我吓了一跳，"加起来大概要多少钱啊？"

"不贵！两千多马克！"

"什么，两千马克？"我一听，心里凉了半截。我一个月的工资也不过两千多马克，还要支付房租、生活费、汽车分期付款、各种医疗、事故、火灾保险费、水电、煤气、汽油、车库费，这种奢侈的运动，我怎么承担得起？可是我又不愿意辜负克劳森夫妇的好意。怎么办呢？只好硬着头皮去买行头。幸好，善解人意的售货员暗暗对我说："您刚刚开始骑马，不必买那么多，马靴也不必买皮的，有一种橡皮靴，价格便宜好几倍，穿上去也挺舒服。等您真正成为俱乐部成员，再买不迟。"

第一个钟头的骑马时间到了，我来到马场。教练员大概看我的行头寒酸，不像是个富人，就拉出一匹高头大马说："您今天是第一天，我给您挑了一匹好马试试！看看您的骑术如何？"

我一看见这匹高头大马，两条腿已经开始发抖了。我过去在青海骑的蒙古马，都比较矮小，而且，有好多年没骑了，还行吗？可是我的大话已经说出去了，老远看见克劳森太太也来了，坐在看台上看着，这个脸怎能丢。

于是，在教练员的帮助下，我咬着牙跨上了马鞍，套上脚镫，摆好了姿势。教练员一放手，这匹马就发起疯来。又跑又跳，后腿连环纵起，臀部拼命往上撅，显然是想把我甩掉。我立即想起我在青海第一次骑马时的情景，也是一匹劣马，也是这种姿势。我于是用两胯拼命夹住马腹，收紧马缰，提起马头，狠狠在马屁股上打了好几鞭。这匹坏脾气的马见甩我不下，渐渐安静下来。这时，只见克劳森太太气呼呼地慢步跑过来责骂教练员尼布宁说："为什么给关先生挑这匹劣马？您可知道它曾使好几个人受过伤。"

"他不是说，他会骑马吗？"教练员说。

"那也不应该挑这匹马给他骑，赶快换我的那匹马来。"克劳森太太真是生气了。

"没什么！没什么！我不是好好的吗？"我说。

"如果不是您过去有过骑马的经验，您一定摔得不轻。这事我一定要告诉我先生。"克劳森太太等教练员走远了后对我说。

"不要因为我伤了和气，他也是想逗着我玩玩的。"我嘴里虽然这么说，但我真有一点后怕。这个教练员满脸横肉，心术不正。在德国待了几年，遇到过各式各样的人，有的很友好，有的就是势利眼，看不起第三世界的人。也不知道他们为什么那么傲慢！

和教练上了四次课，我对他已有了成见，就处处防着他。教练员大概也受到克劳森先生的指责，对我永远板着一张脸，教我骑马就好像练兵似的。一二、一二、一二，提臀，挺腰，一二、一二。他对克劳森太太说，我学骑马比初学的人还难，他得首先把我过去的骑马姿势纠正过来，然后才能开始学习基本动作。我也承认这一点。在德国骑马是为了好玩，漂亮，讲究姿势。在中国塞外骑马是当作运输工具，能骑着走就行。德国人从来没听说过"走马"这一术语。德国的马高大雄壮，但是没有持久力，相比起来蒙古马矮小很多，但有耐久力，你可以骑着它一天一夜也不累。

第一阶段的八个星期过去了。我这个人很猎奇，对新鲜事物很感兴趣。但是当克劳森先生还要替我延长时，我谢绝了。在这八个星期内，我确实接触了不少德国上流社会的人，看起来克劳森先生也希望把我拉入他们的所谓 High Society，但是对我来说，我感觉和这些人接触，精神上很累。你随时都要注意你的服装、言行，如果言行对我的文化提高有好处，那也不错，但有时我感到他们之中有些人很虚伪，带着一种莫名其妙的傲气。并且，从克劳森太太的谈话里，我听说了不少富人之间钩心斗角的故事。有些所谓的上流社会的人，身份地位挺高，但思想和行为相当下品，对下人很不客气，还自命清高，不可一世。有时，我也过于敏感，只要某人对我爱理不理，我就主观地认为，因为我是一个外国人，所以你对我如此冷淡，我并非有求于你啊！我在大学里生活，大家都平起平坐，我为什么要到这里来受这样的洋罪呢，没有必要啊！但是我又不愿让克劳森夫妇看出来我对高级社会的蔑视心理，因为我觉得他们一家相当正派和有教养，他们很喜欢亚洲人，真心想和我做朋友。

一天，克劳森太太来上中文课，又愁眉不展地说："你看看我的先生，他是多么神经病啊！我现在开的汽车，还没开到一万公里，他现在又给我订了一部新的。再有两个星期，新车就要到了，可旧车怎么办啊！"

"什么？就是您开的那部乳白色的奔驰牌跑车？"

"是啊！就是那部。"

"多漂亮的一部车啊！在整个汉堡，数这部车最漂亮，两个门，流线型。真可惜！"

"您现在开的是什么车？"

"一部老宝马。不过我挺喜欢它。"

谁知当天晚上克劳森先生亲自给我打来了电话。他劈头就问："关先生，听说您对我太太的那部汽车感兴趣，我告诉您，那部车开起来特别顺，一点杂音也没有。我就贱价卖给您吧！"

"不行！那部车太豪华了，我在大学教书，就是校长也没有这么好的车。何况，我也买不起。"我直率地说。

"关先生，我是四万马克买来的，这部车开了才一年多，公里数就更甭提了。卖给您一万三千马克，怎么样？"他根本就不听我的解释。

"什么？一万三？一部普通的汽车也比这个贵，真太便宜了。可是我还是买不起。"

"您银行里有多少钱？"

"才七千马克。"

"那么您就先付七千，什么时候有钱，什么时候再付。"说完，没等我答话，他就把电话给挂了。

"这简直是强迫我买车！可是我要那么一部大车干什么啊？"珮春正

在台湾学习汉语，于是我打电话给珮春的爸爸，征求他的意见。

珮春爸爸听了大笑说："这是你自己的事，你决定。或者你打电话到台湾，问问珮春的意见。"

"她一定不同意。"我太了解珮春了。

"那你问问珮春姐夫尤尔根的意见，他对汽车很在行。"

我立刻给姐夫尤尔根打了电话。

"当然要了！"姐夫尤尔根一听，立刻在电话那头大喊了起来，"这简直是一个半白送的礼物。这样的车，二手货，即使跑了十万公里，也要卖三万，何况它和新的一样，如果你不要，我要！"

于是，我拿着七千现款来到克劳森先生的家，他说："您还是先试试车吧！"

驾驶着这部漂亮的乳白色跑车上了高速公路，轻轻一踩油门，它就像飞起来一样：170、180、200、220……只见公里表的数字嗖嗖地往上蹿，而我人坐在驾驶盘前，一点没有什么感觉。坐在车里的两个台湾大学生大叫起来："不要再踩油门了，不然车真要飞起来了！"

想着克劳森先生对我如此慷慨，我不能长久地欠着买车的钱。正好在我班里有一个大学生克里斯蒂安，兼职做旧车生意。他在四天之内就把我的旧宝马卖掉了，卖了七千多马克。周末，我立即把尚欠的余款还给克劳森先生。他摇摇头赞扬说："关先生，我根本没有计划让您还这钱，您太诚实了。"

"为什么？难道欠账不还？那还有什么信用！"

"不是不还。做生意的，一般都要用信件去催才会付钱，哪有在几天之内就还回来的！"

1977 年冬季学期开始了。我像往常一样来到教室准备给学生们上课。异常的是，学生们窃窃私语，看他们表情，好像是谈论我的事情。我顿时不高兴了，他们是怎么回事，怎么能私下议论老师，还是当着我的面。

下课以后，我把一个我平常很喜欢的学生叫到办公室："你们在教室里都谈些什么？"

"关先生，您真的不知道吗？"

"什么知道不知道，我最不喜欢背后议论别人。"

"我们不是在议论您，而是准备为您到校长那去请愿。"

"为我请愿，请什么愿？"我急忙问道。

他知道说漏了嘴，结结巴巴地不知如何说下去。看他为难的样子，我就让他走了。

我越想越奇怪，为我请愿？我干什么了？又出了什么事？我赶紧跑去问刘教授。

"你也知道了？"刘教授皱着眉头对我说，"这件事，我们本来想瞒着你，怕影响你的情绪。是这样的，你已经在我们大学做了五年讲师，而且你现在也拿到了博士学位。按照大学规定，工作满五年的人，要么拿终身职，要么终止合同。我和傅教授给你申请了终身职的高级讲师职位，谁知被校长否决了。"

"什么？否决了？那是不是就意味着我将要失业了。"我忽然紧张起来。

"你先别着急。坐下来！坐下来！"刘教授安慰我说，"我们于是又写了一封信给校长，说你在我们系里起着非常重要的作用，是别人不能代替的，学生们也非常欢迎你。没想到，校长又给驳回来了。"

"他为什么不愿意要我呢？是不是我做了什么错事？还是他听到谁说了些什么？"

"我也觉得很奇怪。但是我听说，的确有人，还是在汉堡研究所工作的中国人，和你还挺熟，在外散布谣言说，你在汉堡大学教书不怎么样，还把中国造反派那一套搬过来影响学生，还教他们唱中国大陆的革命歌曲。这个人不怀好意。但是，谁了解你有我多。你不要去理他。你把我们全系学生带动起来，师生关系比过去好多了，大家都像一家人，谢谢你还来不及呢！我又给校长打了一个电话，要求就你的问题与他面谈。我们，傅教授和我，已经和校长约好了一个谈话时间。"

"有可能争取得到吗？"

"我们一定努力争取。搞不好学生又要罢课，对大学没有好处。你先不要着急，踏踏实实好好上课。"刘教授嘱咐道。

我心灰意冷地回到家里，情绪低落到极点。好不容易获得了博士头衔，万一我真的失业怎么办呢？我很清楚，在国立大学里拿到一个职位，享受公务员待遇，就已经非常不易。如果得到终身制，那就高枕无忧了。但如果失去了这份工作，我就一下子变成没有经济来源的穷光蛋，坐吃山空了。

要不要把这件事情告诉在台湾学习的珮春呢？不！不行，不能让她替我着急。再说，没准还有一线希望呢！

我这个人总是太自信，明明知道自己的合同期已满，就觉得大学理应给我延长聘用期。现在好了，一切计划都泡汤了。我瘫坐在沙发里，用手拼命地捶打自己的脑袋。那两个星期我也不知道是怎么过来的，就像一个犯人在等待最后的审判一样，焦虑不安。最痛苦的是，没有一个人好商量，刘教授对我虽然很好，但他比我更着急，我怎能再逼他。

刘教授、傅教授和校长见面的那一天到了，那天我没课，如坐针毡似的在家里等待消息。我知道，一有消息，不管好坏，会有人立即打电话给我。约定的时间是上午十一点。时针一秒一秒地往前走，十二点，一点，两点，三点，电话铃突然响了，我冲到电话机旁，刘教授高兴地在电话机里嚷道："办成了！办成了！你快到学校里来一趟！"

我骑着自行车朝大学狂奔。一路上，我双手撒开车把，展臂向天，恨不能拥抱上苍，又恨不能亲吻大地，我是多么的幸运啊！在德国，一个高等讲师的位置相等于教授位置，又是终身职，这是连德国人都做梦想得到的呀，我竟然得到了！我最先想到的是母亲，亲爱的母亲啊，您知道吗？您的儿子之所以有这样的荣耀，都是您从小教育我的结果。我现在的奋斗和努力，也都是为了报答您的爱，所有的成功都是为了献给您，为了弥补儿子给您带来的大不幸啊！可是，母亲啊！你在哪儿？你现在好吗？

"事情经过是这样的，"刘教授高兴得连手都颤抖起来，"原来校长根本不知道你的情况。他不愿意给你一个终身教职的原因是，我们系里已经有了一个高级讲师，他希望留一个机动位置可以随时邀请中国的教授来当客座。但是我们再三强调，目前请中国国内学者出来的条件还不成熟，像你这样在德国现成的老师很不容易找。他最后表示，已经签出去的决定是不能收回来的。我们知道事情很难挽回，就向他告别了。就在我们告别时，我说了这么一句话：'如果学生为此闹事，我们不负责任。1972年他们已经为关愚谦的事闹过一次。'我们走了不多时，系教授助理组和系学生会又先后给校长室打了电话，说要面见校长谈你的延长问题。结果一个小时前，校长秘书处打电话通知我说，校长没想到你在系里的人缘会那么好，决定撤回他原来的决定，签字同意给你终身职！"刘教授高兴地说："今后好好干，可别给我丢脸啊！今天晚上到我家来，我们好好地庆祝一下。"

我拿到终身职的消息很快传开了。学生们都纷纷跑来向我祝贺。他们这才透露说，同学们已经开会研究过了，如果校方坚持己见，他们就会像上次一样罢课。我自从来到德国后，轻易不再流泪水，觉得自己的泪水已经流干，而此时此刻，我感动得热泪盈眶。系办公室的几个秘书也偷偷地开了一瓶香槟酒为我祝贺。按理说，工作时间教职员工是不准喝酒的。

我的同事高级讲师赵先生在延长我的任期上，一直保持低调。学生到他那里去争取支持，他都不表态。不表态就是一种表态。我得知这些情况后，起初很气愤：大家都是流落异国他乡的游子，何必如此呢！如按我年轻时的脾气，我非和他干起来不可。可是经过国内那么多政治运动的洗练，我的忍受力强多了。而且学会了设身处地为他人着想，我不但原谅他，也理解了他。赵先生原籍安徽，在北京长大，说一口字正腔圆的漂亮北京话。1949年前他去台湾，然后应聘来到德国汉堡大学任教，工作了十来年，做事极度负责，为人正派，在学生中有口皆碑。但忽然从中国大陆来了一个小伙子，年纪轻，资历浅，活泼好动，改革教学方式，组织同学又唱歌又演戏，举行各种聚会、郊游，和学生打成一片，把汉学系弄得热火朝天，连主任和德国教员都在背后支持他，风头太盛，这怎么让赵先生舒畅得了。

如果我是他，也照样会不高兴。现在我拿到终身职，还挂上了博士头衔，中文系一共只有我们两个中国人，我不能为这事而与赵先生闹得不欢。他毕竟比我年纪大一轮，学问也比我高，我应该尊重长者。因而我一如既往常去他办公室请教，约他一起吃午饭。我创立的汉学高级班口试，也一直请他来共同主考。有一天，赵先生终于忍不住了，在一起吃午饭的时候，忽然问我："关先生，有一件事我憋了很久想问您。您也知道，我过去对您的态度并不友善，可是您一直对我很不错，这是为什么？"

赵先生是一个非常内向的人，心里有话可以藏上三年，他能说出这句话，是对我坦率和信任的表示，我于是很高兴地回答："赵先生，我理解您的心情。第一，我要是您，心里也会让这个新来的喧宾夺主的人搞得不愉快；第二，您比我年长，阅历比我深，应是我的长者，我理当尊敬您；第三，您是南京中央大学中文系毕业的，科班出身，我是学外语的，当然我得时时向您请教；最后，也是最重要的，在汉堡大学汉学系，仅有我们两个中国人，如果我们俩闹不团结，互相不理睬，岂不让人看了耻笑。"

赵先生听了我的肺腑之言，非常高兴，他说："今天这顿中饭，我请客。"自那以后，我们的关系大为改进。赵先生是个正人君子，从不搬弄是非，挑拨构陷，我们一直保持君子之交。在他退休时，我和同事及学生们为他组织了一场大型欢送晚会，令他非常感动。退休后，他晚年大部分时间在美国和家人在一起，享受天伦之乐，直至告别世界。

有人形容"海水到处，便有华人"。我想补充说：华人到处，便有不和。我对中国同胞之间互相整人和拆台的事情深恶痛绝。戴高乐将军在 1964 年中法建交时谈论中国人的一句话给我印象极深："中国是一个伟大的民族，是地球上人口最多的民族，几千年来，他们这个民族以个人的耐心、辛劳和勤恳的能力，弥补了他们的集体在方法上和团结上的缺陷，建立了非常深奥、非常独特的文明……"几十年来，我眼见许许多多我的同胞在极其艰辛的生存条件下，运用他们的智慧勇敢、坚韧隐忍、吃苦耐劳的精神，在异国他乡为自己和后代开拓出新的家园，我诚心诚意地为自己的同胞感动而骄傲。如果有那么一天，世界上像海水一样众多的华人，能如兄弟般地团结在一起，不再钩心斗角，尔虞我诈，那将会给这个地球上增添多少和谐和友谊啊！

难熬的六个月终于过去了。这期间发生了不少事情，还好都有惊无险地过去，我特别高兴的是，珮春终于要从台湾回来了。于是全家出动，爸爸、妈妈、姐姐、姐夫、外甥都到机场去接她，我驾驶着崭新的奔驰跑车开到停车场。珮春的爸爸在银行干了大半辈子，也没开上奔驰，他一直抿着嘴笑道："看珮春见到这部车会说什么？"

珮春一见到全家都来接她，高兴得不得了。她在台湾待了半年多，红光满面，精神焕发，显得很健康。大家把她簇拥到停车场，我打开车门请她入内。

"这是谁的车？"她看见这部雪白的豪华车吓了一跳。

"怎么样？喜欢吗？"我问。

"怎么！是你新买的？我不坐。"珮春撅起嘴说。她父母看到这个场面大笑起来。

我知道珮春的脾气，要是我说是我买的，她就要马上打破沙锅问到底，然后才上车。我于是说：

"这是我专门借来欢迎新娘子的。"

这才把珮春哄上了车。父母和她姐姐一家都自开自的车跟在后面。她前后左右看了看车内部，再用手摸摸皮椅子问："告诉我，这个车是怎么回事？"

"你喜欢吗？"

"太豪华了，我们的身份不配用这种车。是哪里来的？"

"这个车你过去见过，不记得了？"

她想了想说："和克劳森太太的车很相像。是她借给你用的？"

"不！是她丈夫卖给我的。"我挺直了身子，把这车的来龙去脉都抖了出来。

"那你还欠了克劳森先生六千马克呢！"

"我都还清了。"

"怎么还清的？"

"我把那部老的宝马卖了，正好还债，第二天就给克劳森先生送去了。他一再夸我守信用，说我如果做生意一定能成功。"我得意地说。

"怎么！你想做生意？"

"如果大学的终身职没有下来，我只好去做生意了。让我教一辈子书，好像也挺枯燥的。"我说。

"那也不见得。你应该把你现在的课时调整一下，多往文学的方面发展，你又读过不少西方的书，将来开比较文学课，研究的范围比语言课宽多了。我在台湾就遇到了一个研究比较文学的教授，他掌握的语言还没你多呢！做生意，不是你的专长，你肯定会赔本的。"一日不见，如隔三秋，珮春去了台湾一趟，比过去成熟了好多。

自从我拿到高级讲师待遇，薪水和教授一级并列，不用为财务发愁了。为了欢迎珮春回来，我专门请人把公寓粉刷一新，厨房和卫生间也新装修了。珮春从一个房间跑到另一个房间，喜笑颜开。随同我们一起来的爸爸妈妈姐姐姐夫也没想到，我还有这么一手，大为赞扬。

当她看到我从香港买来的全套红木家具时说："你哪里来那么多的钱，买这么好的家具？"

"我本来是想顺便做一笔生意，把它运来后再卖掉，可是你爸爸妈妈不同意。"说着我看了看她那今天特别高兴的双亲。

珮春母亲发话了："这套红木家具太好了，留下来自己用，钱由我们出，算是送给你们的结婚礼物。"

"妈妈！这个礼太重了。"珮春说着上前亲了亲她爸爸，和她妈妈则拉了拉手。珮春母亲是典型的北德人，像个热水瓶，里热外凉。自珮春十岁以后，她可以和父亲又亲又抱，但是母亲不习惯这一套，和女儿见面也只相敬如宾。

"那么，这个汽车算是我送给你的礼物。"我说。

"这个车太豪华，大学校长也不会有这么高档的车。而且如果我开它，它在路上抛了锚，我一点办法都没有。"珮春说。

"这点你用不着害怕，像你这么漂亮的姑娘，开这么一部豪华车，只要它一抛锚，至少有十个小伙子停下车来帮你修。"姐夫说完大笑不已。

珮春的心情好极了，她从箱子里好像是变戏法似的，拿出一件又一件的礼物，送给全家每一个人，件件都富有中国民族的特色，还细细讲解了一番。我发现，经过台湾此行，她对中国文化的爱好比过去又深了一层。

"你该休息了，我们走了。"母亲说。

"我们一起下楼，我想试开一下那部新车。"珮春说得大家大笑起来，我更是得意万分。

珮春回来后不几天，全家集合在她父母家，议论的第一件大事，就是何日举行婚礼。我和珮春都知道，珮春父母对我们事前办理登记没有通知他们一事一直"耿耿于怀"。我们也完全理解二老的心情，因而决定把这次晚会办得特别风光热闹，一定要让他们高兴。时间则选在我生日那天，二月十八日。

同事和我的学生一听我们将举行结婚大典，而且新郎是老师，新娘是同学，这场婚礼立刻变成了全系的一件大事。我的朋友爱泼斯坦教授把同仁们召集到一起，研究给我们送什么礼物。学生会肩起布置婚礼会场任务，用彩色皱纸把所有的墙壁都包装起来。我那班的学生则负责当晚的节目表演。

"大学留学生俱乐部"一般周六不对外，该俱乐部的负责人戴尔玛斯博士恰是我过去的德文老师。一听我要办婚礼，立即表示，愿意提供会场，还免去我们的一切费用。中国饭店"杏花村"的老板余庆泉先生大方地包了当天的晚餐，作为我们的结婚礼物。

当晚，来了二百多人，俱乐部的大厅被挤得水泄不通。大学里来的人最多，中文系、日文系、斯拉夫语系、英语系、教育系、历史系、地理系、经济系的同事和学生就占了一百多。其次是新闻界、经济界、法律界、医生、画家，还有从外地特地赶来的。从地域来区分，有大陆、香港、台湾来的，新加坡、印尼来的，美国、英国、法国、日本来的，当然德国人居多，连克劳森夫妇都来了。

刘教授事后对我说："真没想到你在德国不几年，竟结交了这么多朋友。这个晚会搞得太好了。"的确，我们系的学生太可爱了。几乎所有的班级都动员起来组织节目。博士班花了很多时间做了一条长长的龙在大厅舞了起来。另一个班挑了六七个和珮春差不多的女孩子，都用同样的被套从头到脚，把全身套起来，随着音乐在大厅内起舞，让我坐在台上一边看，一边找，看哪个是我的妻子。这个捉弄人的点子真亏她们想得出来。全场的客人则拍手助兴。我看了很久，最后发现了珮春一个小动作是别人没有的，终于没出洋相。晚会一直闹到深夜，才逐渐散去。珮春的父母总算如愿以偿，非常满意。一连几个礼拜，他们都在谈论那天的晚会情景。到现在，我还一直和珮春争论，哪天是我们的结婚日。我说二月十八，她说八月十五。这倒好，一年庆祝两次。

在大学已经工作了整整七年，越干越有劲，我真正爱上了我的职业。我和学生的关系是那么的融洽，每到我上课进入课堂的时候，看见一个个那么可爱的笑脸，学习中国的文化如此认真执著，就打心眼里感到高兴。过去几年，刚来欧洲，心静不下来；为了安身，想的也并不那么多。现在，情况完全变化了，我有了固定的理想职业，有了那么可爱的人生伴侣，在汉堡高级住宅区有了自己的公寓房子，有了那么高级的轿车，人生至此，还有何奢求？我唯一痛苦的是不能回到自己的家乡。如果，我亲爱的母亲知道我现在的环境，她会多么的高兴啊！我还记得，母亲常对我说："愚谦！我对你的唯一希望，不是要你今后抚养我，赚很多钱。我只是希望你，一切以国家社稷为重，做一个正直的人，一个善良的人，一个为国家做出一番事业的人。我就心满意足了。"母亲这句话让我永生难忘。

在我自己心中，一直都想做一些对祖国有利的事情，过去没有什么机会，现在机会来了。我在西方的大学里教书，多翻译几本书！多写几本新教材！让西方的大学生多了解中国文化，这不就是为祖国做好事吗？如果在国外的中国文化人，都往这方面去想，让西方的知识分子更多地了解中国，这不也是为国家服务的一个好事吗？

　　我当年乘飞机离开祖国，是冒用了西园寺一晃先生的日本护照，到了埃及被关押，罪名之一就是"盗窃他人护照"。然后来到德国，户口证、居住证、身份证全无，如果不是我进入了大学，恐怕连德国也待不下去。我以那样的方式里离开了中国，户口册上只怕早已被注销，中国国籍是没指望保留着了，自然也不会有护照。起初的几年，我没有在意这件事，因为德国不像中国那样没了身份证件就寸步难行。后来这个问题慢慢变成了困扰我的大事。

　　1977年的夏天，一个曾在德国留学的印度尼西亚华人朋友欧盈源邀我到印尼去玩。我当时拿的还是驻开罗的德国使馆给我办的外国人旅行证——Travel Document。印尼驻汉堡总领馆把我的证件翻来覆去看了看说："这是无国籍护照，我们不能给签证。"陪我同去总领馆的一位印尼人朋友，与总领事认识，他们用印尼话唧唧咕咕说了好多话，然后拉我走出领馆说："总领事认为，唯一的办法是你到雅加达以后，塞给关卡一些钱，他们也弄不清德国护照和旅行证的区别，也许会让你蒙混过关。"

　　能去印尼这个国家看一看，这机会太难得了，我决定试一试。果然，在会说印尼文的欧夫人陪同下，我居然蒙混过关，进去了。第二天，欧盈源就帮我到雅加达外事局，又花了钱，补办了手续。我想，我既然已经花这么多钱来到亚洲，为什么不借此机会到泰国和马来西亚一游呢？谁知到吉隆坡机场，被马来西亚边防拒绝；在泰国机场，边境警竟怀疑我有特务嫌疑，又盘问、又搜身，我感到受了人格的侮辱，和他们争吵起来，差点被他们拘捕，幸亏有珮春在旁边护驾解了围，才免让我受二遍牢狱之灾。

　　郁郁不乐地回到德国，总感到这口气咽不下去，我堂堂七尺汉子，在大学任教，门下学生数百，竟然因为我的无国籍证件，处处受此屈辱和刁难。我已经做了近十年的无国籍游民，这残身也不知道能依附在哪里，真可谓"人生无根蒂，飘如陌上尘"。

就在我拿到终身职后没这多久，大学系办公室我的邮箱里接到汉堡市政府移民局的一封来信，信中问我已经拿到大学终身教职，是否有意加入德国籍？我一开始读到此信后，很不是滋味。我一直认为，我生是中国人，死，我也愿做中国鬼。加入德国籍，我还有什么脸见母亲？但是和几个中国朋友、包括找赵先生讨论后，他们都认为，拿一本德国护照改变不了我们皮肤的颜色和容貌。但是，有了它，出国交流和旅行起来方便得多。更何况，我目前无国籍，想想我在东南亚诸国过境时的待遇，我很快回信接受了。真没想到，当我获得了德国正式公民身份和获得大学终身职以后，我的工资、福利补助、健康保险、养老退休金等等的手续也都办得顺风顺水。自此以后，我这几十年来，从来不担忧自己的工资、退休金、国家补贴未汇到自己的银行账号里。我百分之百地相信他们。

德国汉堡，二月的风还带着寒气，办完了国籍手续的我走在大街上，浑身不停地战栗，我突然被一种强烈的失落感所攫住！从今以后，遥远的东方那块生我养我的古老土地，一下子与我断了血脉联系。我的心残缺了一角，那将是永久的无法弥补的残缺啊。我拿到了德国国籍，从形式上似乎有了归属感，可在心灵上，我却有一种强烈的被抛弃之感，你有了德国籍，可又有谁承认你是德国人？你自己也不会承认啊！我一心所向的故国啊，却不能回去。我的心隐隐地在流血：我亲手斩断了我与祖国的联系，可我是迫不得已的啊！

关于我出走德国的传说，在德国也有好多"版本"。最极端的说法，就像我在本书前几章已叙述过的：我是中共训练的最高级特务，中英德俄语、吹拉弹唱，无所不能，是用周瑜打黄盖的苦肉计送到西方，窃取西方情报的；也有说我逃离中国，是有中共高级领导人在后面撑腰的结果；还有的说，这个姓关的出来，不反中共，有时还替他们说好话，肯定里面有名堂。

每每遇到此种情况，我一般在心里暗暗对自己说："愚谦，当年你在国内挨整的时候，你没有权力反驳，也不能保持沉默，你必须检讨自己，承认有罪。而现在，你虽然可以出来辟谣，但还是保持沉默为好。沉默是金，是最好的自我保护的武器。你一方面沉默，另一方面好好干，做出一番成绩来，也是对那些无稽之谈的最有力回答。"

第六章　回家的路

虽然是冒着生命风险离开了祖国，日子也越过越好，比在国内的时候自在很多，但我心中深藏的回家念头，一直没有停止过。从到达德国开始，我就时常幻想着，祖国派人来接我，告诉我国家和人民已经原谅了我的错误，我可以回家见母亲。

大约是 1971 年秋初的一天，我忽然接到一个陌生人的电话，他自称是新华社驻波恩记者，叫王殊。他说他接到了从伦敦转来的我的一封信，很高兴我回心转意，愿意重返祖国。他希望能和我见面。我立即记起了，那封信是我一时冲动发出去的，自从不和中国移民的小圈子打交道，一脑袋钻到德国和日本朋友的圈子中以来，尤其常和珮春在一起后，我的情绪稳定多了。现在突然接到这样的电话，不知是祸是福。

那人在电话里继续说："我刚刚从北京来，还带来了你母亲的亲笔信。如果方便的话，下星期我可以到汉堡去看你。"

一听母亲给我写了信，我无比激动，恨不得当即和他见面。我马上说："太好了！我们可以在大学我的办公室见面！"

"不！不！我们还是在汉堡火车总站的邮局见面吧！我们来两个人，长得都比较胖，身穿一身深蓝色的西装，我手里拿一份中国报纸，你会认出我的。"电话里的人的口气很神秘。

其实我发出那封信后，很快就后悔了。我对国内的政治情况还是有点了解的。记得我还在北京时就听说过一件事，有一个中国女大学生，和一个在中国读书的非洲男学生恋爱上了，费了不知多少周折，才由周总理亲自批准结婚。谁知到了国外，这个女孩实在忍受不了该国的生活条件，就要求回国。起初驻该国的中国大使馆不同意，但她强烈要求回国，最后中国方面也同意了。回到北京机场，她刚下飞机，就被公安局逮捕直接送去劳动教养了。我这情况可比她严重多了，回去的下场可想而知。我刚发出信后，就存一丝侥幸，希望那信在邮寄过程中遗失了才好。久久未见回音，我以为它真丢了。

接到那个电话，我有些心惊肉跳。我不知是否应该与那个人见面，不知会不会出现什么意外，我心里实在一点底都没有。珮春见到了我，见我很不正常，就问我发生了什么事。我本来不想拿这事打扰她，让她操心担忧。但是，埋在心里更痛苦，我于是原原本本地把那个陌生人的电话告诉了她。没想到，她平时像个天真的孩子，但是考虑起问题来，理性而缜密。

她说："你可要小心，在德国有美国情报员，肯定也有中国情报员。你这么多年没有和中国联系，现在他们突然对你感兴趣，事情的背景也许没那么简单。"

我看了看她，不由自主地问她："你这么一个年轻的女孩子，怎么想问题会这么成熟啊？"

"这很简单。我的爸爸妈妈都是在第二次世界大战德国法西斯统治之下担惊受怕活过来的。至今，只要有点风吹草动，就把门关得紧紧的。我当然受他们的影响。"

她的分析帮我梳理了思路。但是，这个人带来了我母亲的信，我一定要去见他不可。

"这样吧，我和你一起去见北京来的人。"珮春关心地说。

"不行！我才来德国不久，就带一个德国姑娘见祖国来人，要传到北京去，那还了得？再说，如果有异常情况，我会撒腿就跑。你跟我去，反而行动不便。"听了我的话，珮春撅起了小嘴，但没有再说什么。

按照约定的时间，我与王殊先生在汉堡火车站的小邮局门前见面了。他递给我一张名片，上面印着：新华通讯社驻波恩首席记者。随他还来了一个年纪比较轻的人，一言不发地跟随左右。

王殊先生指了指旁边的一家咖啡馆说："我们到咖啡馆谈吧！谈完后我们还要赶回波恩去。"

可见他们是为我专程而来的。

王殊从皮包里拿出一个信封交给了我。我的心都快跳出来了。我一打开信，见到母亲的手迹，泪水立即夺眶而出。亲爱的娘啊！我想死您啦！王殊先生看到我如此动情，两个眼睛也流出了泪水。原来他也是个有情之人啊！我想。

这封信的意思很明显，就是动员我回家。尤其母亲那句"等你老了，谁来照管你啊！"的话，特别打动我的心。母亲已经老了，我却不能照顾她。我情不自禁地用手抚摩着那信上的字迹，就当我是抚摩母亲的手一样，哭得像一个泪人似的。

王殊亲切地对我说："我很理解你，知道你很想家，你的家人也很想你。组织上看了你的信，经过研究决定，只要你肯回国，将功赎罪，组织上会对你既往不咎，并给你恢复原薪原职。"

他前边的那些话，我还都相信，可最后那一句话，让我心里顿生疑窦。我又不是没有国内生活过，像我这样"叛逃"过的人，回国以后，怎会可能还让我做外事工作！但我当时思家心切，立即坦率地说："我同意回国，但我还有些顾虑。"

"这个不要紧，我们可以等待。你先回去考虑一下，随时和我们联系。你如果愿意，也欢迎到波恩来看我们，既然你想回家，就是祖国的人了。你来波恩的路费我们可以报销。"王殊的话，使我心里一热，眼眶又潮湿了。

"我的家人都好吗？我的姐姐哥哥现在怎么样了，受到我的连累吗？"我急切地问道。

"当然了，不受到连累是不可能的。不过现在都恢复正常了。我临来前，不但见到你的母亲，也见到了你的姐姐敏谦。我们过去就认识。你要是回家了，他们就再不会为你背黑锅了。好！今天就谈到这里，你什么时候定下来，就告诉我们，我们会替你买回国的飞机票。"他示意那个年轻人付了咖啡钱，然后站起来和我握握手，走出了咖啡馆。

我瘫坐在椅子上，心里翻腾起来，不知怎么办是好。国内不少干部的嘴脸，我见得多了，王殊对我那么亲热和友好，真出乎我意料。也许这些年来，祖国真是变好了！我捏起了拳头对自己说：下定决心吧，回祖国去！

就在这时，我忽然感到一个人影在我身后晃动，我警惕地回头一看，是珮春。

"你！你怎么来啦？你怎么知道我在这儿？"

"我怕你出事，一直偷偷地跟着你。如果他们对你动手脚，我就会大喊大叫，警察就会来干涉他们。"她说。我听后，感动地一把就把她拥在怀里。

"他们看上去挺文气的，是不是动员你回家？"珮春问我。我点了点头。

“那么你决定了吗?”

“还没有，我答应他们，我愿意考虑。你觉得我这么决定对吗?”

“我不知道。这要你自己拿主意，你对中国应该比我了解得更清楚。现在，你应该放松一下，先不要过多地去想它，走！我们到湖边散散步去。”

42　祖国的"圈套"

阿尔斯特湖永远是那么怡人。自从我认识珮春以来，我和阿尔斯特湖疏远了。我有了另一个不但能倾听、还能替我解忧的人。和王殊见面前后，我判若两人，那股朝气一下子瘪了下来。珮春挎着我的臂肘，默默无言地沿着湖边走着，我不知道她在想什么，可我的心却是在倒海翻江。

终于我开口了："我想，也许我还是回中国好。我很喜欢汉堡，这里有你，还有我那么多好学生。可是，我在这里，没有一个长久的职位，连个国籍也没有，我的内心总是没有归属感。现在母亲在召唤我，她一定是非常想念我和需要我。"

珮春听了后开始暗暗流下眼泪。

"珮春，你怎么了？"我紧紧抱住她的双肩问。

"没，没什么！我知道你很爱你的母亲，可是我有一种预感，回去后，你不会幸福的。他们也许还会把你送到中国的西伯利亚去，你照样看不到你的母亲。"

一提到中国的西伯利亚，我就下意识地痉挛起来。我曾把我在青海的遭遇告诉过她。她因为记不住"青海"这个词，我就告诉她，青海，就像是俄国诗人普希金笔下的西伯利亚。她的这一句话一下子就勾起了我对青海那段可怕经历的回忆。愚谦啊！促使你当初离开祖国的原因之一，不就是害怕再被送回青海吗？

捧着母亲的来信，我越读越觉得奇怪，母亲信中对我一点也不问寒问暖，不问我的身体起居，不问我到德国后的经历，只说让我回去，这与她的性格完全不一样啊！我越读越觉得这封信并不是她的真心话，是在他人授意下写的。中心的目的就是要我回家。对这种做法，我并不生疏。

回到宿舍，我忽然发现一张很小的一寸半的母亲证件照，藏在信封的最底层，用很小的薄纸包起来。这引起我无限的怀疑：她是不是不愿被人发现？不然她为什么不找一张更大一点的照片，大大方方地放在信封里？

由于王殊先生答应替我转信给我的母亲，我花了两个星期的时间，给母亲写了一封动情的长长的信，向她介绍我的生活起居，和进入大学，得到了一个助理讲师的职位，等等。我在信中再三责备自己，请求母亲及全家对我宽恕。我决定把这信亲手交给王殊先生。

自从王殊先生见了我以后的那段日子里，极度的矛盾心情把我折磨得接连几夜都彻夜难眠。母亲的影子总是在我眼前萦绕，多年前儿子小新离开家时向着阳台上的我挥手的情景不断地出现在我的眼前；忽而我的思绪又跳到青海那段难挨的日子，忽而好像又听到"打倒关愚谦"的阵阵嘶喊声。

正在我心情极为矛盾、犹豫不决的一天下午，忽然一个印尼华人朋友给我打电话说："老关啊！你听到林彪乘飞机逃跑到苏联摔死在外蒙古的消息吗？"

"什么？是真的吗？"我从椅子上惊跳起来。

"现在外电都在这么报道。你是从中国出来的，你觉得这消息可靠吗？"

"这我不知道。林彪可是毛主席最亲密的战友啊！"我说。

"是啊！不过中国的事，很难说。"

电话挂断后，我立即打开半导体收音机。这时，苏联电台、美国电台、英国BBC都在播放这件重大新闻。消息是由苏联和蒙古发出来的。偏偏中国电台仍守口如瓶，既不辟谣，也不肯定，林彪也再不出来亮相。外电的报道连续了好几天，猜疑越来越多，从各种迹象看，造谣的可能性极小。

我混乱的头脑似乎一下被这个消息惊醒了。连"毛主席最亲密的战友"都公开叛逃了，这就足以证明国内的情形很乱。我回去，还能有好下场吗？王殊先生是新华社记者，他应该知道确切的消息。我鼓起勇气给他打了一个电话。

"是王殊同志吗？我是关愚谦。"

"我是王殊。怎么样？愚谦！想通了吗！顾虑打消了吗？我们这里都给你准备好了一切回国的手续。"

"王殊同志，我是真想回去，我恨不得立刻投入祖国的怀抱，可是我还是有一点顾虑。”

“有顾虑是自然的，但是你要相信党的政策嘛。这样吧，你这几天到波恩来一趟，我们再好好谈谈。”王殊说。

也不知道是怎么回事，王殊先生给我的印象不像国内的一些搞政治的党棍，他语气亲切真挚，善解人意，令人舒坦放心。而且给母亲写的这封信也要交给他，我当即同意了。

为了不让珮春替我担心，我没有把去波恩的事情告诉她。反正当天就回汉堡。但是当我坐在开往波恩的火车上时，我又有点后悔了。一旦他们把我扣住，然后把我强行押上飞机，又有谁知道？

当我按照王殊在电话里的指点来到波恩市区一个建筑物前时，一眼就看见了“中华人民共和国新华通讯社驻波恩办事处”的牌子挂在大门上。我的心里那块石头马上放下了。这样一个公开的对外机构，绝不会明目张胆地干出劫人的事来吧。

王殊先生和另外一个人已经在办公室等我，他开口第一句话就是：“怎么样？完全想通了吧？”

“王殊同志，我的顾虑很大，特别是林彪出了事以后。连一个最亲密的战友都没改造好，那么，我回去能好得了吗……”我十分艰难地道出了心中的疑问。

“关愚谦！”王殊突然沉下脸来，表现出十分气愤的样子，他很不客气地打断了我的话。我的心当时就一沉，甚至想撒腿就跑。

“我们都为你安排好了回国的一切，你还有什么可顾虑的。你母亲，你家人，都盼望你早日回家……”刚说到这里，大门外又有人按铃，是几个印度尼西亚的华人来访问。

王殊立即站起来对坐在一旁的同事说：“你在这里先陪他们聊一会，我和关愚谦到里边谈谈。”说完他站起来对我说：“你随我来。”他把我带进旁边的一间小屋子里，立即就虚掩上房门，和颜悦色地轻声说：“愚谦！你既然有顾虑，就不要着急嘛！又没人逼你。首先你要完全打消顾虑，想好了再回去。知道吗？但是在欧洲，要多做些对中国文化有益的事，不要做对不起祖国的事。听见了吗？”

这语气转换得太快，我一时摸不着头脑，刚要开口说话，却只见他迅速摆了摆手，还用眼睛的余光朝门的方向看了看。紧接着，他立刻转了话题，开始大声地问我在汉堡大学工作的情况。

我突然恍然大悟，他在暗示我：不要立即回国！

我们一问一答说了没几分钟，王殊看了看手表说："就这样吧！你不是还得赶着回汉堡吗?"他站了起来，和我握握手，让我自己离开了办事处。

在回汉堡的火车上，我仔细地回味着王殊先生前后的举动和神态语气的变化，我又不是傻子，敢肯定是他在示意我不要回去。可为什么呢? 为什么他那么做呢? 我的心里迷雾缭绕。这团迷雾直到二十七年后的 1998 年，"文化大革命"已经被钉在中国历史的耻辱柱上。为了要向王殊大使（1974 年他被委任为中华人民共和国驻联邦德国大使）表示感谢，我在北京访问了王殊大使的家，这时他已经退休了。我向他问起当年那件事，他说："实际上这是外交部长姬鹏飞的意见。不要勉强你回来。"他的夫人当即补充说："我看，这不是姬鹏飞的意见，他当时也不敢下这个决定，肯定是周总理的意见。"王殊大使点了点头表示同意。

听到我回去的消息，珮春迫不及待地来看我，当我告诉她我已打消了回国的念头时，她高兴地给我一个拥抱说："我相信，你早晚有一天会回去的。"

珮春的话，总是能应验。

几年后，中国的政治形势有了根本的变化，"四人帮"被打倒了，我终于可以自由地出入中国的大门，不再担心被特殊"照顾"了。

一个听说过我的故事但不认识我的国内官员，因公来汉堡，在一个偶然的场合遇到了我，他说："你就是那个"文革"时鼎鼎有名的关愚谦? 好像你 1972 年曾经想回国，是吗?"

我点了点头。

"好险啊！你幸亏没有回去。当时，公安局一切都准备好了，只等你一下飞机，就把你抓起来，那样你那条小命就别想要了。"

"你是怎么知道的?"我很平静地问。

"这种事怎么捂得住?"

1981 年我回国以后，有关我的传说和小道消息纷纷传到我的耳边来，有的已经成为神话了。有一点我是肯定的。一位我当时的"战友"可惜现已病故的张麟玉亲自对我说："小关，算你命大。你走后，军代表进入，我们都受到冲击，如果你在，肯定会被剥掉三层皮。"我听了以后，不寒而栗，心里在想，命运啊，命运啊！一切都是那么鬼使神差，我离国时一直在谴责自己，一失足成千古恨，现在回头想想，当时冥冥之中，认为寿命已尽，孰知，天定存亡。古书《辩命论》写道："命也者，自天之命也，定于冥兆，终然不变。"没想到，青年时苦学唯物主义，到老年反相信起宿命论来。

张麟玉最后还加上一句："幸亏你没有回来，不然你母亲反会更痛苦，她会觉得是她的那封信害了你。"

1975 年的夏天，德中友好协会组团访问中国，珮春报名参加了。我当然非常高兴，离开中国八年了，家中音信全无，我给家写的信如石沉大海。中国到底发展成什么样子了？除了断断续续看到香港报刊能获悉一点零星消息外，我得不到任何有用的消息。珮春说她可以替我去看看我的父亲和母亲，被我一口回绝了。我知道，一个金发碧眼的女子突然出现在他们面前，说是他们的"叛国"儿子的朋友，将会给他们带来政治麻烦，万一戴上"里通外国"的罪名怎么办？

珮春怎么也不能理解，我这么想家，但又不让她去看看我的家。我心里也痛苦万分。后来我发现这一决定是错误的，我为此抱憾终身，悔恨终身！因为，那时母亲还健在，珮春如果能见上她老人家一面，这个未过门的儿媳妇至少能给她以安慰，至少她能知道不孝的我在德国活得平安幸福，至少她会少带些牵挂离开这个世界。也许，见了面之后，她会有信心等我，等到我能够回去的那一天。也许是我让她老人家等得太久了，上帝不忍让她老人家受这样的煎熬，将她召到了天堂。她等了我整整十年，就在我三年后被允许返回祖国探亲时，她却与世长辞！

树欲静而风不止，子欲养而亲不待！悲歌可以当泣，远望可以当归！

43　"四人帮"被打倒了

来到欧洲，逐渐深入到德国社会，我的观点和对待问题的方法在逐渐改变中。首先我对马克思主义看法有所转变。他并不是一个圣人，只是一个了不起的哲学家而已，故而他的言论并不是放之四海而皆准的绝对真理。他生活的那个时代与我们生活的现实已经完全不同，如果还拿他那时对社会所做的具体结论来衡量当今的世界，必然会得出错误的结论。

其次，我觉得国内的教条主义者们已经把马列主义和毛泽东思想当作一个神圣不可侵犯的东西，只要有人提出质疑，就会被人扣上"反动分子"的帽子，甚至进行精神和肉体上的迫害，实在荒唐可笑。并且，无论伟人说任何话都被当作神圣经典一样膜拜信仰，这种做法与我们批判的"宗教迷信"有什么差别？

再次，我对苏联的看法也有很大的转变。1976 年夏天，欧洲汉学协会在巴黎召开年会，我去了。各国学者就自己的研究心得进行发言。只有苏联代表团的团长，某某科学院士在大会上用俄文做了政治发言，公开批评中国的忘恩负义，说苏联帮助中国那么多，举了很多实际例子来说明中国恩将仇报，想当社会主义的领袖，把共产主义带入歧途等等。另一位苏联人则把他此早已准备好的发言稿译成英文。规定的二十分钟的讲话说完后，竟没有一个人鼓掌。

我听了以后非常气愤，因为，在没有中国代表团出席这次会议的情况下，他做这样的报告，无人可反驳，这是不公平的。我再次环顾了一下整个会场，我是唯一的中国人，我实在忍不住了，就举手站起来用英文问：

"主席先生，我们这次会议到底是学术会议还是政治会议？"

台下立刻响起了热烈的掌声，实际上也是在座的人对那两个苏联人的报告的回应。我继续说，"我在北京时，当过多年的俄文翻译，就中苏的贸易情况我还是知情的。不错，苏联帮助了中国不少忙，但反过来，中国也帮助了苏联不少忙。我们中国在 1960 年到 1962 年生活最困难的时候，还照样给苏联运去大量副食品。五十年代，我们的几吨苹果和肉才换得苏联一吨钢，难道这是平等的交易？我们这里是学术研讨会，不是政治宣传会，而且只是单方面的做政治攻击，被批评一方无反驳机会，是不公正不合理的。"

我说完以后，掌声雷动，把会议推向高潮，那位苏联代表气急败坏、冷冷地说："你这中国人年纪轻轻，你懂得什么？"这一句话激起了在座许多人的反感，尤其是西欧人，他们最恨有人用年纪来轻视和压制别人，纷纷起来发言指责。我心里则暗暗好笑：苏联人怎么这么傻，怎能在这样的严肃讨论会上做这种肤浅愚蠢的报告。

那次会议以后，没想到，有好几个东欧的汉学家偷偷跑来向我祝贺，愿和我交朋友，但是又不愿让"老大哥"知道。但是我回到旅馆后，并不对这次发言感到满意。我觉得这是我的一时感情用事，实际上中国自己本身对许多事情要负责的。

次日早上，我继续去开会，迎面遇到德国波鸿大学的格林教授。他第一句话就说："你知道吗？毛泽东死了。"

"什么？……不可能，我不相信。按西方报纸的报道，他已经死过好几次了。"我说。

"不过，这次一定是真的，是法国最严肃的报纸之一《世界报》发的消息。此消息又是从中国可靠方面传出来的。"

他说完以后我忽然大笑起来，笑得弯了腰，几乎不能控制自己，眼眶上还挂着几滴泪水。格林教授看得莫名其妙，他大概以为，我这泪水是因为笑神经刺激出来的。他哪里知道，这几滴眼泪包含了多少内容，如果把这眼泪拿到显微镜下去分析，就可知道，这里面多么复杂，有高兴，有悲伤，有酸甜，有苦辣。造就我这个人的是我的父母，促使我上进的是我的母亲和老师，而决定我这一生命运起伏的，则是毛泽东这个人。他像一尊神，翻手为云，覆手为雨，在中国掀起了巨浪，我和我一代的中国知识分子在波浪之中徒劳挣扎，最后一个恶浪把我推向大海，差点遭受灭顶之灾。我总感到，在我的身后有一个神秘的力量在庇佑保护我，如果我还相信上帝的话，那必然是神在保佑我，使我化险为夷。后来有一位信佛教的朋友对我说，这是因为你母亲这一生做了很多好事，得了善报应在她爱儿的身上。

当天晚上，我和一批欧洲教授坐在一起吃饭，当大家谈到毛泽东的生平功过时，我忽然语惊四座地谈到我的预感："江青和她的那批追随者日子可能不会太长久了。"在座的所有人对我这一说法大不以为然。

回到汉堡不久，果不其然，"四人帮"被打倒了。汉堡大学的爱泼斯坦教授和亚洲研究所的刘仁凯博士，专门打电话来，佩服我的眼力，并问我是怎么看出来的。我说："我人虽然在国外，然而，我的心没有一天不系在祖国的前途上。江青那批人倒行逆施，是不得人心的。他们在中国没有干过好事，保护伞一倒，什么都完了。"

"四人帮"的倒台，点燃起了我回祖国的一线希望。我几乎两三天没有好好睡觉。一闭眼睛就看见我的老母亲和我的爱儿，算算她已经是八十岁，儿子也十九岁了。仁慈的上帝，让我回去看她老人家一眼吧！但是，华国锋上台后，马上提出"你办事，我放心"宣布继承过去的极"左"政策，使我刚刚燃起的一点希望又消逝了。

可是我又想，难道"四人帮"的政策与毛泽东没关系？一种新的预感又在我脑内产生：看样子，华国锋长不了。从"四人帮"被抓后、老百姓到处放鞭炮、全国的酒一抢而光来看，华国锋还要坚持毛泽东的那一套，一定不得人心。而且，他毫无建树，在党内又没威信，能领导这个国家吗？

来到欧洲，逐渐深入到德国社会，我的观点和对待问题的认识方法在逐渐改变中。首先我觉得民主对一个国家来说实在太重要了。在德国自从二战后，实行民主政治，国家面貌有了很大的改变，允许有各种不同的声音，人民享受到充分的自由，国家欣欣向荣。只要你是德国人，不论你的观点与执政党有何不同，只要你不是想颠覆社会或违犯法律，你可以进出德国，来去自由，而不是由一个人或一个党来决定你有没有回家的权利。

有了豪华汽车，有了整修如新的房子，有了妻子，有了终身教职，那是我最意气风发的一段日子。可越是这种时候，我越想家。我想念我的老母亲和我年幼的儿子，想念我的哥哥姐姐。眼看国内形势起着翻天覆地的变化，很多冤假错案都得了平反。而我的问题，却一直没有动静。

从小道传来消息说，中国驻德国大使馆对解决我的问题有两种意见。一种意见认为，关愚谦是在"文化大革命"的非常时期离国，出来后，没有发现他有叛国活动，应该允许他回国探亲。另一种意见则认为关愚谦问题性质严重，他犯的是叛国罪，给祖国脸上抹灰，这种人坚决不能平反。听了这些话，我极为愤怒。某次，我见到从中国北京来的一个官员，我愤怒地对他说：你们不想想，一个人敢冒生命的危险逃离祖国，难道没有原因？那个法制与道德沦丧、社会大乱的年代，你们难道忘了吗？我在国内没有干任何伤害祖国、伤害他人的罪行，我不偷不抢不犯法，在国外的成就你们有目共睹，你们凭什么就掌握着生杀大权，我连一个简简单单的与家人联系的愿望都不能实现，这种做法哪有一点人性？他听了默不作声，只拍了拍我的肩膀。

1978 年夏天的一个深夜，我忽然在梦中听到母亲的呼叫，声音似乎从很远处传来，但却清清楚楚："愚谦！我走了！""愚谦！再见！""愚谦！我走了！愚谦！再见！"母亲的声音由大转弱，逐渐地消逝了。我隐隐约约看到了母亲的影子，她披着头发，张开了双臂，好像要和我告别。我立刻大喊大叫起来："娘！娘！娘啊！"这时候珮春在我的身边用力推着我："愚谦，愚谦，醒醒！你怎么了？"

原来我是在梦境中与母亲相见！我在梦中看到了母亲，听到了她的声音。难道真是母亲托梦给我？莫非，莫非，母亲已离开人世？莫非她是万里托梦来向我告别的？我再也不能控制自己，顿时泪如雨下，心里在呼喊："娘啊！娘啊！苦命的娘啊！你可千万要等着我，我一定会回去看你的啊！"

我再也睡不着了。梦中母亲的形象历历在目，母亲的眼睛是那么炯炯有神，她那高高的鼻梁，薄薄的嘴唇，一下子全部浮现在我的脑海里，尽管珮春如何劝说，我还是离开了卧室，走到我的书桌旁，翻阅我在抽屉底层存放的王殊先生带给我的母亲亲笔来信和她藏在信封底层的那张一寸半的照片。这张照片是那么的不起眼、效果那么差，但是，这是我唯一的一张纪念啊！不！我要亲自画一张。

我从珮春的抽屉里拿起了她平时爱作画的画纸和画笔，凭着我梦中的记忆和这张小照片的轮廓，用了三个小时的时间，画了一张母亲的肖像。它是那么的惟妙惟肖，使我大为惊讶。多少年我没有作画了。中学时代俄罗斯绘画老师教的速写技巧竟然还没完全忘记。

几个月以后，正巧南京大学的张家懋老教授来汉堡大学讲学，他毕生研究《易经》、解放前曾留德学习过。因缘际会，到我的"芳草庐"的家做客，于是为我说命，详细经过，我在《浪》一书中曾有记载，他将我的前半生说得一丝不差，以至于我一度以为他是派来刺探我的间谍。

张教授忽然看到客厅墙壁上挂了一张肖像素描。他问：这张肖像是谁？

"是我的母亲，是我忽然出现灵感时画的。"我就把这个做梦的故事讲给他听。

"你把她老人家的灵魂画出来了，我就通过这张画谈谈她的一生吧。"

他简直太神了。他不但把我过去的经历说得八九不离十，甚至只通过我母亲的画像，就说出了我母亲既平凡又伟大的一生。他问我知不知道母亲现在的情况，我说不知，他也没再说什么。我估计他算到了，只是不想直说而已。

1978 年秋天，由著名京剧艺术家李玉茹率领的上海京剧团到德国汉堡演出。汉堡大学汉学系的爱泼斯坦博士是专门研究中国戏曲的专家，他邀我一道拜访中国艺术家们。当时，中国刚刚开放，来访的中国客人不多，演出团体更少之又少，能有机会和祖国来的人接触，我当然求之不得。

我一直提心吊胆，生怕德国人看不懂京剧而冷场。谁知，大大出乎意料，当晚全场爆满，观众反应热烈，喝彩之声此起彼落，演出结束后，演员谢场数次，最后还加演了片段。我为德国观众深厚的艺术修养而折服，也被他们友好情谊而感动，连夜写了一篇富有感情的文章寄到香港，香港《大公报》连续六天刊载了我的那篇长文报道。北京《参考消息》也用半版的篇幅，分三期转载。这一转载，等于为我的存在做了广告。因为文章署名下面，标明了作者的身份。我在国内的亲朋好友都知道了我的下落，知道关愚谦在德国汉堡大学执教。

我开始陆陆续续地接到一些老友的来信，有的来自青海，有的来自上海和北京。他们敢和我联系，尤其是和我这样一个戴着"中右分子"和"叛国"双重帽子还侨居"军国主义"德国的人通信，说明国内的政治宽松许多。信封上，有的只写着"德国汉堡大学关愚谦收"，还有一封信只写了"汉堡关愚谦收"，我竟然都收到了。原来汉堡的邮政局不懂中文，很自然就把看不懂的信转到我们系里来。写信的老朋友们都为我高兴，因我仍热爱和怀念祖国而感到欣慰。可是，偏偏家里亲人仍旧音信全无，使我特别着急。难道，他们都因为我出了大事……我再也不敢想下去了。

1978 年 12 月 18 日至 22 日，中国共产党的十一届三中全会召开了，它好像一颗原子弹，在中国的心脏爆炸了。在这次大会上，中国共产党公开否定了"文化大革命"，说它是"十年浩劫"，公开批评了毛泽东晚年的重大错误。在政治上拨乱反正，平反了大量冤假错案，包括为1957 年的右派分子平反，正式提出对外开放政策。

当我从收音机中听到这个消息以后，心花怒放，立即跑到厨房，把正在做晚饭的珮春从后面抱起，把她吓了一跳。我当晚兴奋得再也控制不了自己，一整夜就坐在短波收音机旁，拼命寻找各国的电台，想知道世界各国对此一惊人消息的反应。

1979 年的秋天，我的朋友爱泼斯坦教授又打来电话，请我参加一个宴会，客人是刚从北京来的中国社会科学院代表团，其中有著名的诗人冯至。这也是北京来的第一个学术文化交流方面的官方代表团。我的心情立刻紧张起来，这里面会不会有我认识的人？北京虽大，但是知识圈子就是那么一些人。不管是外交界、新闻界、文化界，总能碰到朋友熟人。尤其是上海解放前那批进步的知识分子，在中央各个部门都有，多多少少都与我父亲、姐姐、哥哥有些关系。

　　果不其然，当天晚上坐了一桌子人，全是社科院各部委的，领队竟然是我父亲的老战友、社科院的秘书长杜干全。他看见我，笑得很开心的样子，我则好像老鼠见了猫。在整个代表团里，有三个认识我和我家里人，一半以上的人都知道我的事。当我向他们问起我的家人可好时？我的泪水好像决了堤的黄河，怎么也挡不住。我哭得那么伤心，一顿饭下来，几乎很少有人动筷子。大家只好都劝我，要向前看，要相信党的政策。

　　杜秘书长是个有心人，第二天晚上他就把我叫到他旅馆去谈话。他说："你的情况我在国内也略有所闻，知道你不但没有出卖祖国的利益，还在宣传祖国文化上做了一些好事。你父亲年纪也不小了，你应该回去看看！我一定尽力促成此事。"

　　"什么？回去看看！我能回中国去看看？"我忍不住又流下了眼泪。

　　"两天以后我们去波恩，我将向中国大使馆反映你的情况，不管怎样，对你的事应该有个了断。我回北京后再继续做工作。"

　　三天后，我真的接到杜干全秘书长由波恩打来的电话，要我马上去旅馆见他。我匆匆忙忙跳上了火车，路上我总觉得火车跑得太慢，我想尽快到达波恩，好知道是有好消息还是坏消息。

　　到他那里已经是晚饭时间，杜秘书长在房间里等我，旁边还有中国大使馆的一位参赞。杜秘书长和我寒暄了几句就严肃地对我说："关愚谦，大使馆党组就你的问题进行了严肃的讨论，我也参加了，现在我们两个人共同代表使馆党组和你见面。我们共同的意见是：你关愚谦，私自离国出走，是一个严重的错误。但你在国外的表现不错，为祖国文化传播做了些好事。我们决定把你的情况汇报到国内，并建议国内同意你返国探亲。"他站起来跟我握握手，说："关愚谦！你都听明白了吧？我现在还有事，你回去吧！"

　　"听明白了！"

　　一上火车，我的神经才放松下来，发现自己浑身上下都被汗水湿透了。我知道杜伯伯不想让别人看出我们之间有一层深的私人关系，所以对我那么严肃。但那个场面，就好像经历了一场法院审判。我等待了十一年，总算有了出头之日。我总算有了回祖国的机会了！想到这里，我忽然打了一个冷战：家里的人还承认我吗？他们为了我一定受到了很多的苦吧？为什么他们不来信呢？

　　杜干全秘书长一行回北京不久，我开始收到来自家人的信。第一封信是姐姐的儿子朱锋寄来的。从信中我才得知，母亲已经去世了，姐姐和哥哥都曾因为我的出走受到严重的牵连，哥哥竟莫名其妙地坐了六年监牢，我感到万分对不起他们。接着还有父亲的、妹妹的、外甥女的，每收到一封，我的心就宽慰许多。但是，最让我想念的是我的儿子小新，我多次写信向我的亲友询问他的下落，但是毫无消息。我在心里不停地呼喊着：儿子啊，你在哪里？

　　1980 年 4 月 5 日，系秘书送来我的一沓信，其中一封是美国寄来的，还相当厚，打开一看，我的全身顿时战栗起来。最上面的一张薄纸条上这样写道：

关先生：

　　我是美珍的二姐。去年五月间，我回大陆探亲，才看到了离别三十年的老母和大姐、三妹和小新，才知道三妹美珍的生活遭遇了严重的变故。她坐牢六年，小新一直由大姐照顾。现在孩子也大了，长得非常漂亮聪明，也很懂事，我很喜欢他。我决心把他们母子接到美国来，我已经为小新申请了 Bradon English School，入学证书已寄去，不知美国大使馆能不能批准？看他的运气了。

　　昨天小新给我的信中附上了给你的信，让我转寄给你。

　　祝好！

徐美玲
1980 年 3 月 24 日

　　我迫不及待地打开了下一封信，当第一行字"爸爸"一进入我的眼帘，泪水就一下子奔涌而出。

我到德国来以后，已经不像从前那么脆弱和冲动，动不动就泪洒衫襟。我学着锻炼自己具备一副铁石心肠。除了想到我的家人而暗自伤心外，我再也不会为什么而激动流泪。如今见到这一句"爸爸"，唤起了我所有牵挂，眼泪顿时如倾盆大雨。

爸爸：

　　你好！

　　我听说你现在在汉堡大学执教，一切都很顺利。但是当你偶尔沉思的时候，你一定还会记得，在遥远的大陆上，还有你的一个亲生儿子。

　　你在 1968 年 2 月 24 日出走后，带给我们的灾难，我想你会有所闻，并能想象出来的。我当时只有十岁，既失去父亲，也见不到母亲，因为她受株连被关进了监狱，房子也被封了。我无家可归，一度流落街头。幸亏慈爱的外婆和善良的姨妈，冒着很大的风险收留和抚养了我这个"反革命的后代"。在他们的供养下，我念完了小学中学，可是在"四人帮"横行的日子，我是不能上大学的。1975 年毕业后，我被分配到北京第二清洁车辆场当一名清洁工人，当然好工作是别想有的。

　　去年我的一位从未见过的姨妈从美国回来探亲，她非常同情我的遭遇，认为我应该学习深造。出于怜爱，她在旧金山一个大学英文补习班为我报了名，并寄来了入学通知书。这对我是一个难得的机会。你是我血缘关系最亲近的人，所以我写这封信给你，不知你能支持我吗？

小新

1980 年 3 月 12 日

小新的来信，使我的心久久不能平静。在阳台下向我招手再见的时候，他才十岁呀，一晃十二年了，他现在已经长大成人，不知道长成什么样子了？他能写出那么一手秀丽的字来，应该是个读书的好材料。我不仅害了美珍，也害了儿子。

"我当然支持你，我的儿子，这还用问吗！"我在心里默默地对小新说。可是我知道，在美国念大学的费用是很高的，单靠我现在的大学工资，养一个留美的大学生，是很困难的。我愿意节衣缩食供养儿子，可珮春会怎么想？我该怎么和珮春说呢？她能同意吗？我知道珮春是一个极明白事理的人，可是，小新毕竟不是她的亲骨肉，她能接受吗？她会不会伤心不快？

我在办公室里孤独地坐着，想着，回忆着，小新童年时的景象历历在目，我好像又听见了他的笑声和那清脆地喊"爸爸"的声音。

电话铃响了，把我从回忆中又拉回到了现实里。是珮春的电话："你怎么还不回家啊！已经六点半了！饭我已经煮好了！"

"哦！哦！我马上回来。今天的卷子特别多，快改完了。"我撒谎说。

回到家里，饭菜已经放在桌子上了，四菜一汤，纯粹的中国菜。珮春从台湾回来以后，有两个大变化。

一是她的中文大有长进。有一天我家里来了几个中国朋友，珮春一反以往的腼腆，竟然流利地和他们说起中国话来，把我吓了一大跳。我们两个人平时已经习惯用德文对话，她从台湾回来后，她一张口，字正腔圆的国语，把我高兴坏了。二是她在台湾学得一手好中国菜的烹调技艺。有一次，从欧洲各大学来了好几个中国学者，我请他们到家来吃饭，珮春一直在厨房里没露头，我也没对他们说她是德国人。这些教授们边吃边赞不绝口，夸我的太太做得一手好菜。

"你们猜猜她是什么地方人？"

"上海人？"

"浙江人？"

"从做菜的味道来看，肯定不是广东人，也不会是北方人。"

"大概是江浙一带的人。"

最后，我把珮春拉出来，大家全都愣住了。我那种得意劲就甭提了。

坐在饭桌前，我一脸的心事，珮春立刻察觉到了。我这个人，永远隐瞒不了自己，就好像是电视屏幕似的，心里想什么，脸上就显示什么。眼看着一桌子香喷喷的饭菜，我一点食欲都没有。我的脑子里一直在盘算着，怎么和珮春说儿子小新的事呢？

"愚谦，出了什么事吗？刚刚我给你去电话，就听出了你的反常。

快告诉我。"

我知道这种大事，是隐瞒不了的，早晚都得告诉她，我拿出了小新的信递给她。她最怕读中国人用手写的字，就说："你读给我听听吧！"我只好把手缩了回来，一字一字慢慢地读给她听。

我刚念了几句，珮春的眼里已出现了泪花。

"愚谦，我们银行里还有多少钱？"我刚把信念完，她立刻就问道。

"不清楚，还有几千马克吧！"

"明天都拿出来寄给小新。"珮春抹着眼泪，坚定地说。

"这么说你同意支持他上美国念大学？"

"你就有这么一个儿子，他受了这么大的苦，你不支持他，谁支持他？"

"可是美国的学费是很贵的，一年上万美元，我的工资有限啊！"

"那怕什么，我下个月就出去工作，正好有一个公司刚成立，邀我去帮忙，我们两人的工资加起来，足够供他的学费。这事你就别管了，以后由我定时给他寄钱。"

我心里一块石头落了地。她怎么那么像我的母亲，永远是先考虑别人，然后才是自己。我的胃口忽然好起来，风卷残云似的把四菜一汤全部吞下肚去。

饭后，我立刻提笔给儿子回信：

亲爱的儿子小新：

接到你的来信，我几乎不敢相信自己的眼睛，眼泪夺眶而出。我曾多次想给你动笔写信，但苦不知你在何处？我在国外最怀念的两个人，一个是你的奶奶，一个是你。你奶奶现已仙逝，我甚至不能看她最后一面，这对我来说是多么大的打击啊！

现在我终于又和你联系上了。我不知多少次梦见过你那可爱的小脸和那淘气的眼神。某次我还梦见我们在一起玩扑克牌，黑桃皇后拱猪呢！醒了，小新不见了，一切都成为幻境。你真是太像我了，耍起小聪明来和我一样，我过去在教育你的时候，还打过你的屁股，可你知道吗？我心里则疼你疼得要死。

现在，突然看见一封字迹秀丽、落笔有力的信，竟是出自你那小淘气之手，不能不让我悲叹时光的残酷飞逝。你很懂事，你没有直接责备爸爸，很给我面子。但爸爸明白，我欠你们太多太多。

新儿，去美的旅费和学费，当然由我出，生活费我也会按月给你寄去，直到你能养活自己为止。快点办。办好即打电话给我。钱寄到哪儿？盼告。你到了美国以后，我会去看你。你先在美学习，如果你以后想来德念书，到时我再给你办理。

父 愚字

1980 年 4 月 8 日

我和儿子小新保持密切的联系，很快他赴美签证就办下来了。他到达美国的第二天，我就从德国赶到美国和他见面。父子重逢的喜悦可想而知。小新一晃已经成为一个风度翩翩的英俊少年。两个眼珠还和过去一样，滴溜溜地转，聪明外露。虽然我们分开那么多年，但他的神态和走路姿势都跟我一样。

他当时还不太会说英文，像一个小猫似的跟着我，我带他到学校去报名，他怕校长问话，低着头躲在我的身后。校长看看我问："您是他的什么人？""我是他的父亲。"我回答说。

"很有意思。我们这里最近来了很多中国学生，他们的家长大部分不会说英文，而您的英文这么好，儿子反而不会说英文。"

"因为我出来得比较早，现在在德国大学里任教。"我递给了她一张我的名片。"我很快要回到德国去。希望您多费心照顾我的孩子。"

"当然，当然！"她看了看我的名片说，"我们会的。我向您保证。"

报完名，我带着小新回到旅馆，父子相对。在我们之间，横亘着十三年的漫长岁月。我与十三年没有见面的唯一儿子，在遥远的北美大陆，彻夜不眠地长谈……

小新对当年发生的事情竟记忆犹新，那一年他正好十岁。

"那天晚上，我与妈妈回到家里的时候，一进家门，我就大声地喊着爸爸。可家里一片漆黑，妈妈在房间里到处看了几分钟之后，神情郑重地对我说：你爸爸走了。第二天，家里来了很多人，其中有几个穿警服的男女警察。当时妈妈很镇静，把她头一天晚上收拾好的一个旅行袋交给我，说：你需要的所有东西都在这里。

妈妈被警察带走以后，我打开那个包，发现那里面有我的换洗衣服，翻到最底下时，我又发现了一个小纸包，打开一看，是一枚金戒指和四百元钱，还有一个存折。

我把四百元钱全部给了咱们家的那个保姆，因为我总是听你们说她家在农村很苦，而且平时她对我很好。妈妈被警察抓走的时候，保姆她一边哭一边还紧紧地搂着我。我告诉她，你回乡下去吧。我自己就拎着那个旅行袋到姨妈家去了。可姨夫说，你还是去找你的爷爷吧。我就一个人又去了爷爷家，我对爷爷说，我爸走了，我妈被抓了，我没地方去，所以就找您来了。爷爷坚决地说，你不能住在这里，还是回去找你的姨妈吧。我还记得他给了我五毛坐车的钱，因为他知道我徒步走了一个多小时来的。

我只好又回到姨妈家。可没过几天，我闯了一个大祸。姨父是解放军报社的编辑，住在一个军区宿舍。那里正在修理房子，有一块铁皮躺在一片乱土堆之上，我就和几个邻居的小孩一起在铁皮上踩着玩，忽然有一个人发现，铁皮上隐隐约约地现出一张褪了色的毛泽东像，就大叫起来：'这是污辱我们最伟大的领袖毛主席。'接着，来了许多大人和解放军，都不知道如何处理。偏偏我不是该宿舍的孩子，他们就把责任全都栽在我的身上，善良又胆小的姨父一看我惹了祸，赶紧又让我去找奶奶。

奶奶这时住在姑父家，她想留下我，姑父朱传一说，'你们关家出了叛国投敌的人，我不能收留你'，还把我那个随身带的旅行袋从二楼窗户扔了出来。

我那时真的成了一个流浪儿，我白天就蹲在西直门的旧城墙头上与那些野孩子混，到处骗点吃的东西，晚上就睡在人家的菜窖上，冷了就把人家盖菜窖的旧帆布和破麻袋当被盖。我还经常到一些居民楼的大厨房里偷吃他们放在碗橱里的剩饭菜。

我不久前还是一个招人宠爱的小王子，却在一夜之间变成了一个处处遭人厌弃的坏小孩，那种人世间的炎凉冷暖，是十岁的我无法理解的，更是无力抗拒的。有一天，我实在忍受不了了，我非常想家，就硬着头皮来到姨妈家大院门口，我心里多希望能在那里碰到我的外婆啊。也许是我心诚吧，那天，我还真在那个有大兵把守的大院门口等到了出来买菜的外婆。因为我已经在外边流落街头好些天了，脸黑得衣服脏得和小叫花子一样，当我走到外婆面前叫她时，把她着实吓了一跳。她一下子就把我搂到怀里痛哭起来。就这样我跟着外婆回到了姨妈家。

　　第二天姨妈到他们单位，向领导汇报并请示了我的情况，一位领导很开明地对她说，孩子没有错嘛！这样姨妈才敢收留了我。

　　后来姨夫为了不让人家知道我的真实身份，让我改随了他姓赵，并让我叫他爸爸。从那时起，我被人们当成了一个部队干部的孩子，那时我似乎突然就长大了，我开始懂事地帮助姨妈做许多的家务，我想只有这样，我才能感激他们收养了我这个失去父母的孩子恩德。

　　我变得寡言少语性情孤独了。后来我随姨夫部队下到地方，到了南方的小镇，在那里上了中学，那里没有人知道我的真实情况，所以我心里的压力渐渐小了。我在那里的学校成了活跃的学生，我学习成绩很好，并开始爱好打篮球，还作为校队的主力参加过县里的比赛。可是每当我在姨妈的家里受到委屈时，我就格外地想你。半夜里我经常跑到驻地部队的侦察排和通讯排的营房里去，有谁出去站岗了，我就睡在谁的铺位上。

　　后来我又随姨夫部队的调动回到了北京。我中学毕业后被分配到一个清洁大队的基建队工作，在北京城里修建公共厕所。母亲被平反出狱后，得到了一套公寓房子。我就回到了母亲的身边……再后来就偶然地得到了你的下落……"

　　我静静地听着儿子的叙述，用手抚摸着儿子的脊背，我不敢哭，怕惹得儿子哭起来不好收场，我把泪往肚子里咽。我的心在不停地颤抖着，等儿子讲完，我一下子把他紧紧地搂在怀里。

　　儿子已经长大了，我再无法用十几年前的方式表达我对他的爱，我不知道该怎样安慰他。看着他那尚带着隐约稚气又十分成熟的面孔，我在心里默默对他说：儿子，我的儿子啊，我知道，我即使用后半生全部的心去疼你爱你，也无法补偿我给你的少年和青年时代带来的伤害啊！一直被我控制的眼泪，终于在儿子面前淌了出来。儿子走到洗手间，拿出一块热毛巾放到了我的手里……

　　珮春为了能及时给小新寄生活费，真的出去工作了，她还经常给小新打电话，关心他的生活和学习情况，每月她准时把钱寄到美国。小新聪明伶俐，很快地适应了新的环境，不到一年，他就告诉珮春，他不需要定时寄给他的生活费了。他当清洁工，有时到饭店去端盘子，挣到的钱足够养活自己。珮春常常翘指称赞说："小新将来一定是一个有出息的孩子。"

46 双喜临门

我回国探亲的事，真是几多磨难。自从杜干全秘书长 1979 年向我宣布大使馆党组织的决定以后，又过了快一年了，还是一点消息也没有。我心中刚刚燃起的一点希望火花，又熄灭了。那种滋味比我彻底无望回国更难受。

就在那一阵，我身边发生了两件大事，略微冲淡了我归国无望的绝望心情。

法兰克福市每年初秋举办世界图书展览会。书商来自五大洲，其中包括中国国际书店。一年前我就接到当时的香港三联书店萧滋总经理的来信，告知香港三联书店、商务印书馆和中华印刷厂的负责人将首次参加法兰克福国际书展，问我是否可以协助联系和组织。我一口就答应了。自从和兰真、萧滋二位先生认识后，我很钦佩他们二人的为人，尤其是萧滋先生，是一个谦谦君子，在香港给我介绍了不少朋友，现在他有求于我，我理当全力相助。我为他们安排来德的事宜。我和珮春专程去法兰克福，义务替他们做翻译，照料他们的衣食住行。

我陪萧滋等人来到德国一大出版社科尔哈默尔的展台，该社总编史魏克特出面接待我们，双方互相交换名片。我以翻译的身份出现，未引起他的注意。在他们谈话即将结束时，我看见了他们出版社出版的各国文化旅游指南丛书，少说也有三十多部。每部都很厚实，不同于一般肤浅的旅游介绍小册子。我搜索了两遍，未发现介绍"中国"的分册。我于是问总编："您这里怎么没有中国的？"

"我们正在找人撰写。"史总编说。

"您找到了吗？"

"还没有。我们的丛书不同于一般旅游书，侧重于文化方面的介绍，并且力求内容全面。我们的作者几乎全是大学教授。"

"我对此很感兴趣。"我说。

"您？您不是他们的翻译吗？"

“是临时帮忙的。我在汉堡大学中国语言文学系任教。”我掏出了名片。

史总编眼睛一亮，他礼貌地问等在一旁的萧滋先生：“我可以和关先生多谈一会儿吗？”

“当然，当然。”萧滋先生一行就先走了。

“关先生！您在德国出版过什么著作吗？”说也凑巧，我和学生们一起翻译的《古代民间故事》刚刚出版，就在我随身带的书包里，我把它拿了出来。

“关先生，太好了。不过我们的指南系列对德语要求很高。对不起，我是说……”

“这点您不用担心，我妻子是德国人，也是汉学家。我们可以一起写这本书。”

“好！好！我再考虑一下，我会到汉堡来拜访您的。”

我这人永远是头脑一热就行动，常欠周全考虑。珮春十分担心地说：“什么？这个出版社可是大名鼎鼎，他们出版的文化指南旅游丛书在德国家喻户晓。你要知道，写这么一本包罗万象面面俱到的书，哪里去找那么多的资料？最糟糕的是你不能回中国现场勘察和搜集材料。”

我的心一下凉了半截。那时中国刚刚对外开放，名胜古迹在“文革”时被破坏了很多，如果去中国旅行的德国人拿着我们凭旧资料写的书按图索骥，也许很多东西实际上已不复存在，那岂不是太坑人了，这本书的权威性也无从说起呀。

就在这紧急关头，我见到了一位从中国来的相当有身份的客人，他告诉我，中国外交部已经正式批准我回国探亲。我立即就给中国驻波恩大使馆去信询问，使馆领事部很快回了一封短函：

关愚谦先生：

  关于你回国探亲的问题，我们未收到有关方面的通知，恕不能办理。

领事部
1980 年 10 月 22 日

　　读完信后，我的心彻底凉了。那消息是空穴来风？我这么多年的努力就白费了？我难道注定不能回到我母亲所在的土地上吗？

　　过了几天，我忽然又接到中国大使馆的来信。奇怪，前一个礼拜刚刚判了我"死刑"，这封信会有什么好事？我已经不指望了，把原封不动的信随手丢在了桌子上。到了晚上，珮春发现了那封信，就问我："你为什么不打开看看？"

　　"还会有什么好事？只会让我更加失望甚至绝望。"

　　"那我替你打开，你同意吗？"我们从来不拆开对方的书信，这已成了习惯。我点点头。

　　"愚谦，大使馆同意让你去中国了！"她突然激动地大叫起来。

　　我一把抢过信。同样的笔迹，同样一张巴掌大小的便笺，但是内容完全不同，如果说那封信是"死刑"审判书，这封信就像是天堂的通行证：

关先生：

　　　　近接国内有关方面通知，同意发给你去中国签证。今寄上表格两张，请你和夫人填好后，连同护照寄来我馆办理手续。

领事部
1980 年 10 月 30 日

　　那封信我至少看了十遍，几乎不敢相信是真的。我坐在沙发上，一动也不动，一句话也没有，心里一片空白。足足有十几分钟，我才发觉，热泪正慢慢地布满我的脸颊。

　　我等了多少个春夏秋冬，等白了我的少年头，终于等来了这张薄薄的决定我命运的小纸条。

　　珮春则高兴得像个第一次远行的孩子，开始盘算起什么时候启程，带什么礼物给中国的亲戚，并把好消息告诉了她的父母和姐姐。

　　学校的师生知道我在离开祖国十三年后，终于可以回去，纷纷向我表示祝贺。就在这个时候，科尔哈默尔出版社总编辑从其总部斯图加特市打来电话。

　　"关博士，我明日去汉堡，可以到大学来拜访你们吗？"

“当然可以。欢迎您来!”我的情绪高涨起来。怎么那么巧,早不来,晚不来,好事总是成双结对!“我希望您到我家来做客,见见此书的合作者,我的妻子。顺便看看我的藏书。”我热情地邀请他。

“不!不!我们还是先在大学见面吧!我怎么找您呢?”

“哲学大楼七楼,701室。”

“为什么他一定要到大学来找我呢?”晚上我纳闷地问珮春。

“大概他想证实一下,你是不是在大学教书。给这个出版社写指南的,就我所知,几乎全是大学的教授。”珮春说。

第二天下午,科尔哈默尔出版社总编辑史魏克特博士准时来了。正像珮春所说,他是来证实我自荐的情况是否属实的。我们只坐了几分钟,他就问:“您的家离大学远吗?”

“不远,开汽车就两分钟。”

“那太好了,我们走吧!”

史魏克特总编对我们很满意,当他知道,大学一放假,我们就要启程到中国去,可以收集许多新资料,他更是十分高兴。他要求我们在三个星期内拿出写作大纲,然后就和我们签合同。珮春和我高兴得拥抱起来。

“我决定辞去公司工作,专心写书,你认为怎么样?”珮春说。

“行吗?你刚刚才上班不久。”

“当然可以。我们只签了三个月的试用合同,现在正好快到期了。这个公司真没意思,天天就是打字,给老板做秘书,而且这个老板做事太乱,不会做生意。”

“我同意。如果我们真写成这本书,至少要写三年,一定会很紧张的。”

“好!就这样!等合同一签下来,我就辞职。”

我们整整忙了两个星期,到书店里买了许多本介绍其他国家的参考书,又到大学图书馆去找有关的中国资料,终于把提纲写出来了。没两天,出版社寄来了一式两份签约的合同,史魏克特还写了一封措辞非常客气的信,并说:“我们出版社决定补助你们去中国的旅费三千马克。”

这简直是雪中送炭啊!回国的旅费和买礼物的花销,将是一个大数目。这笔补助款正好帮我们解决了不少。

47 天涯浪子终还乡

宋朝诗人苏轼曾写道：乐莫乐于归故乡，难莫难于全大节。离返乡的日子越来越近了，我的心情却变得越来越复杂。起初我很担心自己的错误是否真的被原谅了？但我扪心自问，离国十三年，除了"文革"时偷用他人护照是一个错误外，我没有做出什么对不起国家和人民的事情来，因而我问心无愧。学校的师生也感到了我那"花迎喜气皆知笑，鸟识欢心亦解歌"的愉快心情。

一过新年，我们开始紧锣密鼓地为我的第一次返国作准备。要考虑的事情太多了，签证办理、交通路线、行程安排、信件通知，等等，全部需要一件一件完成。但这都不是麻烦事，最让我心神不宁的，则是我要在思想上给自己做充足的准备工作。

从报纸和电台新闻中，我知道国内的政策已经有了很大的变化，但是人们的思想观念、进步和开放到什么程度，我心里一点谱也没有。胡耀邦书记提出了平反冤假错案，但人们的思想观念并不能一下子就改变。我回去是否会受到各种冷遇、奚落，以至批斗攻击。其次，是写书的任务。我们不能只留在北京，要想收集资料就得多走些地方，需要事先安排好行程。第三，准备礼物。我列了一个清单，把我的关家近亲加起来，就有二三十人。还有母亲方面的亲戚呢！他们过去都对我那么关心，我不能空着手去看他们。这是我们中国人的礼节。

怎么去中国呢！也让我们绞尽了脑筋。那时从德国到北京还没有直飞的航线，我们只能在其他国家转机，又贵又麻烦。坐火车吧，来回路上就要十几天。

"你看我们从香港走如何？"珮春提议说，"这样有很多礼物可以在香港买。"

"太好了！这样飞机也不会超重。"我立即表示同意。

正好赶上那年中国的春节前夕，我们到了香港，借住在香港朋友索菲亚的家里。索菲亚的父母住在美国，在香港旺角有一套相当大的公寓房子。她知道我是十三年来第一次回国，也替我高兴。一连好几天，她陪我们到香港的许多街头巷尾去寻找物美价廉的东西。我们见到喜爱合适的东西就买，最后打包，竟然有八大件。最贵重的礼品则是我给哥哥迪谦买的电视机。他因为我无辜坐了六年牢，我心里当然知道再贵重的东西也抵消不了我给他造成的痛苦。

春节从香港回内地探亲的人把香港火车站挤得水泄不通。在朋友们的帮助下，我们"过关斩将"，总算把我们那八大件行李装上了火车。我们终于安稳地坐上了由广州直达北京的快车。

中国的火车这么多年了，依然如故。软卧车厢的样子一点也没有改变。还是东德的老产品，一个包厢，上下四个铺位。我依然记得，过去陪苏联专家到处考察和报告时，就经常坐这样的车厢，连服务员送暖壶、冲茶的姿势都没有变，看起来格外亲切。

一路上，我几乎是目不转睛地、贪婪欣赏着车窗外的田野风光。还记得十三年前，我心惊胆战地坐在从上海飞往广州的巴基斯坦的客机上时，曾泪眼模糊地从飞机的舷窗鸟瞰祖国大地，心里哀伤无比地想，不知道今生今世是否还会看到这一片大好河山。现在终于回来了。

"万里经年别"啊，我的祖国，我的家乡，现在我真的是又回来了吗？一路上，我和珮春没说多少话，大部分时间都沉醉于无限的回忆之中。十三年的时光岁月对我来说，简直就像是一夜长梦。而如今已是梦醒时分，我竟犹在梦境之中！我实在不敢相信这是真的，眼前的广阔田野和碧蓝天空，都是真实存在的。

"近乡情更怯"，我们乘坐的列车离北京越来越近了。我变得焦躁不安，心跳得也越来越慌乱起来。当年乘着飞机离开北京，也曾在万里高空中俯瞰大地，被泪水掩埋的心中充满了绝望，我当时明白自己这一走，便是断绝了回头的机会，也不曾料到自己能够再次回来。十三年来存在于我心头和梦里的亲人面容，即将出现在我的眼前，我要如何面对他们？会有人到火车站来接我们吗？我的出走给亲人们造成那么恶劣的影响，一直让我觉得我是整个家族的罪人。亲人们怎样冷落我、怨恨我、惩罚我，我都觉得不过分。尤其是一想到我的哥哥因为我而断送了他的事业、家破人散，经受了六年的牢狱之灾，我就恨不得在他面前长跪不起，请求他狠狠地鞭笞我。

我看了一下我的妻子珮春，她好像比我还紧张，我把她紧紧地拉到我的身边问："我们快到了。你的感觉怎么样？"

她看看我，把身子往我身上紧靠，露出迷茫和恐慌的样子，摇摇头，缩缩肩，不说一句话。我完全能理解她，她最害怕的是我们的家族不接受她。

"各位旅客！列车即将进入终点站——北京车站，请您整理好所携带的行李，准备下车。"这广播真是一点也没变，还是那个声调。我迫不及待地冲出了我们的小包厢，颤抖着拉下了站台那面的车窗，火车徐徐地减慢速度进了月台，我把头伸了出去，只见站台上黑压压的一片人群。

忽然，我听到一声清脆的大喊："小舅！"紧接着就是一片如潮水回响般的声音："愚谦！愚谦！"

我寻声望过去，车下，一片森林般的手臂在向我摇动和召唤！我定睛一看，不仅是我的兄弟姐妹和他们的孩子，连所有的叔伯姐妹都带着孩子来了。一股热泪顿时决堤般地冲出了我的眼眶，我在心里对他们呼喊着："亲人们啊，我这个浪子回来了！"

　　第一个跑进车厢的是我的外甥小锋，他紧张万分，不知该如何跟珮春打招呼是好。他从窗户探头出去一招呼，立刻上来了几个魁梧结实的小伙子，我也不知道他们是谁的孩子，他们开始从窗户往下卸行李，一件又一件，下面的人看着那情形拍手大笑起来。

　　行李总算卸完了，珮春跟在我后头像只小猫似的下了车，她望着这一大家子人，不知所措。

　　家里忽然冒出来了一个洋媳妇，当然成了焦点，珮春立即被我那些小辈们包围起来，他们如众星捧月似的把她带出车站，我们则跟在后头。我的妹妹沂谦，俨然成了总指挥，她有条不紊地安排车辆，告诉大家路线地点。大家你一言我一语地向我问这问那，我也不知该和谁说话为好。我只觉被一片浓浓的亲情包围了，心里感到幸福异常。中国真的变了，我一路上的顾虑完全被打消了。

　　刚刚开放的中国，要部出租汽车是难以想象的。也不知沂谦妹妹从哪里调来了一部面包车和几部小车，把我们一直拉到西直门外的国务院招待所。我们夫妇二人被安排住进了一个套间，里面是卧室，外面还有一间会客室，在那个时代是非常奢侈了。沂谦告诉我说，这全是爸爸自己给联系和安排的。

　　“我们什么时候可以看见爸爸呢？”我急忙问道。

　　“大家先吃饭。我已经在这里给大家安排了晚饭，爸爸晚上七点钟在家里接见你们。”

　　虽然沂谦是我的同父异母的妹妹，但是我们的关系一直很好。当年我在北京工作时，最喜欢接我这个小妹妹到办公室里玩，她幼时长得非常漂亮可人，由于家里很宠她，养成了好要小脾气的习惯，只要她不称心如意，就爱撅一个小嘴，显得特别天真，我的同事们都喜欢她，有这么一个小妹妹，我也很骄傲。但是，我们之间还是有一定隔阂的，同父异母，我的母亲还在世上，她也知道。我真想把妹妹带回家去，让我的母亲看看，我的母亲一定会喜欢她的。但是，我怕被沂谦的母亲知道。她会生气，不让我们再联系。

一个小小的会客室挤进了二十多人，热闹非常。他们开始一个一个给我介绍谁是谁的孩子。我们这个大家庭，由于父亲和叔叔的亲密关系，再加上小时候逃难上海，我们叔伯兄弟姐妹又住在一起，往来非常密切。直到1957年，毛泽东发起反右运动，我们这些"谦"字辈，几乎全是大学毕业的知识分子，或多或少都被冲击，大家的联系就少多了。现在他们的孩子都长大成人了！

等到我们梳洗完毕，换上干净衣服，沂谦催着我们去吃晚饭了。我发现珮春好像还是有些紧张，就悄声问她为什么，她才用德文告诉我说，她最紧张的是，一会儿见到我父亲怎么办？

原来，我们在德国时，有一个德国朋友曾对珮春说："你第一次见到愚谦的爸爸时，必须要给他下跪磕头。这是中国的老规矩。"当时珮春就转过头来问我。我也笑着点点头，事后我也就把这段事给忘了。珮春有些将信将疑。谁知到了香港，看到一个中国朋友，他也对珮春开玩笑地说："你见到你的公公是要磕头的。"这就使她更信以为真，非常着急，因而从火车临近北京，她就开始紧张了。

晚上七点整，"谦"字辈的兄弟姐妹都来到了爸爸的家。他在国务院任参事，算是部一级的干部，国家分配给他一套五个房间的公寓。我和珮春先被让了进去。我按西方礼仪习俗让女士优先，她则拼命推我先走。这时，父亲从客厅迎出来了，看见我之后，他张开双臂，紧紧地拥抱了我一下，然后走到珮春面前，用英文说了一声"How are you?"然后搂住珮春肩膀在她左颊和右颊上亲了一下。见面的礼节到此结束。珮春如释重负，高兴地笑了起来。

进到屋里，父亲一个劲地和她说英文，可见他事先做了一些准备。而珮春回答的全是中文。这样对了好几句话，我父亲才发觉珮春用的是中文，高兴得大笑起来说："你能说中文？说得还真不错啊？"我这时才发觉，家里忽然来一个洋媳妇，连父亲也紧张万分呢。

珮春紧张的情绪完全打消了，她开始用中文和大家聊起天来。大家谁也没有想到，珮春的中文那么流利，立刻把彼此的距离拉进了很多，再加上珮春那么可爱，说话不多，但每说一句话总是很幽默，而且一直微笑着，她一下子就变成了全家的宠儿。大家对她有说有笑。

在我回国前，老实说，也曾经担心过，家里人是不是能接受一个洋媳妇。别看我们关家大部分家庭成员都是喝洋水长大的，但是洋人在我们心目中的印象并不佳。何况这几十年的爱国教育，熟悉了这一百多年来受外人欺负的历史，对外国人总是心有余恨。真没想到半个小时后，她已经完全被家庭所接受，名副其实地成为家中的一员了。

热闹的会见场面结束了，父亲问起我在德国的情况，我简单地说了我选择到大学读书的动机和在大学找到了工作的喜悦。妹妹沂谦插话说："愚谦哥哥，幸亏你选择这条道路，不然你现在也别想回来。"

"为什么？"哥哥似乎有点不同意这句话。

"这就是中国国情。你在国外，有了一定身份，国家就欢迎你回来，如果你现在还在饭店打工，你想回来？没门儿！"真是典型的妹妹口气，脾气还是没改。

"那不一定。"哥哥总是护着政策。

我简单谈完我自己，又该找话题了。谁都不愿意最先开始提到最不愿意提到的事，就是我出走后，家里发生了什么事？聪明的珮春，见到这形势，就开始发话了："愚谦走了以后，你们受苦了吧！"这一问，引起了全场的叹气声。

"我们倒还算好，就是你哥哥迪谦，苦可受大了。"父亲转过脸来对着我说。

"这我已经听说了。"我最怕大家提起这可怕的事情，再把美珍的事情拉进去，那今晚就再不会有笑容了。

就在这时，沂谦的母亲反驳我的爸爸说："我们也好不到哪儿去。你走后，我们提心吊胆，随时等着红卫兵来抄家。只要外面有点什么风吹草动，我们家里就心惊肉跳。家里凡是可烧的与'四旧'有点关系的东西，全烧了。幸亏，你爸爸在国务院参事室工作，那里所有的老人都被周总理保护起来。再加上你爸爸和周总理还有一层年轻时的关系，所以没动他。"

"看样子，我的出走，当时还是一件很轰动的事件！"我说。

"岂止轰动？"姐姐提起嗓门说，"是件政治大事。北京的所有外事单位立即传开了。那时你在北京联系面广，认识人又多，把你的出走编得更离了谱。有的说你去了美国，又有的说你去了苏联，有的说你化装日本人走的，有的说你是在外国大使馆帮助下走的。"

"也有人说你已被逮捕归案，正受审查；还有的说你，乘的飞机出事摔死了。"外甥加油添醋地说。

"我们知道你走了，把我们吓死了。就怕有人查到我们家来。我们在外面也不敢透露一点风声，说你是我们的亲戚。"慧姐说。

"这点我完全能理解，在当时那种情况下，最好家里没有我这么一个人。"我忍住心酸，笑着说，"我还听说，有人说我带走了大批机密文件，实际上，我唯一带走的就是毛泽东选集。"

大家都跟着笑了起来。你一言，我一语，气氛又活泼起来。父亲已经八十四岁了。人一老，就希望看到全家团圆，和和气气。我的母亲已在两年前辞世，叔婶则早在"文革"前后逝去，关家老一辈里就剩下父亲一个人。他一见"谦"字辈的几乎全来了，心情特别好。按理说，像我父亲那一辈的人，都受过三纲五常的影响，如果儿子从国外带回来一个洋媳妇，不定怎么闹翻天呢！不过父亲到底在国外喝了洋墨水，见到珮春，特别满意，不断地向她问长问短，偶尔也蹦几句英文出来。大概，看到珮春，触景生情，他又想起了他在美国读书时的女友吧。他最后说了几句语重心长的话："据我所知，周总理知道你逃跑的事，很是生气，后来他弄清了你是谁，又了解了当时你在和大的处境，也查清你没有带出什么机密文件，就没再追究下去。"

珮春一来到北京，家家户户对她都很热情，争先恐后地邀请她去家里做客。慧姐是和我们从小在上海一起长大的，在叔伯姐妹里，我们最亲，甚至于亲过我的同父异母的弟弟和妹妹。她后来成了纺织工业部的高级工程师；还有堂哥慎谦，从小就能弹一手好钢琴，在交通部海运局做主任工程师；堂姐智谦，解放后曾在航空学院读书，后来改做行政工作，改名江智；堂弟崇谦，为了我特地从天津赶来；"谦"字辈年纪最小的达谦，在部队里当过军官，现在是北京汽车公司的技术员。

我们去的第一家，就是慧姐家。慧姐的丈夫是一个高级土木工程师，曾在日本帝国大学留学。他们有三个女儿，后来都先后送到日本留学。他们盛情邀请我们第二天就到他们家去做客，连哥哥姐姐都一起请来了。

当晚人少好谈话，我就把我为什么、又如何逃离北京的前后经过，和盘拖出，一谈到伤心处，尤其是谈到我看到可怜的母亲的背影，我声泪俱下，大家都跟着擦眼泪。姐姐说："母亲的骨灰盒，我们还留在家里，就等你回来一起下葬呢！"

姐姐的儿子小锋说："我找到一块好地方，是西郊八宝山后面的一块荒山，没有人管，那里已经有很多石碑，我看那里风水很好。"小锋是我姐姐的第二个儿子，是个热心肠的年轻人。他入小学的时候正赶上"文革"，什么书都没念成，就这么稀里糊涂地混过来了。他的哥哥大铁，"文革"时被下放到东北干苦力活，结果得了败血病，如此年轻鲜活的生命就夭折了。姐姐说："好吧！就把大铁和他外婆葬到一起。也了却我的一桩心事。"我再三叮嘱小锋，不管花多少钱，一定要给我们的母亲做一块石碑，写上我们三个人的名字。

49　天津省亲

　　我母亲的原籍虽然是江苏常熟，但外公年轻时就移居天津。我父亲原籍通县，但年轻时在天津读书，因而我们和天津的渊源较深。我平时也会甩几句天津话，我管母亲叫"娘"，就是天津的风俗。

　　姐姐早已和天津的舅舅家联系好，我们决定正月初二去看母亲家的亲人。天津离北京近在咫尺，可是传统风俗习惯保持得比北京的多得多。正月初二，正是"走娘家"的日子。住婆家的媳妇，要头戴红花，脚穿红绣花鞋，身穿一身红，领着丈夫回家给爹娘拜年。我们虽不算是走娘家，但也确实是来到了"娘"的娘家。

　　我从小就喜欢到外公外婆的家去。回想起，还是我在北平的时候，我才五岁多，母亲带我到天津去外婆家，那里永远热闹非常，所有的大人对我尤其宠爱，给我吃不完的东西。有一次，母亲带我回娘家，由于我太顽皮，舅舅把我绑在铁床床头上，直到外婆发现，我才解脱，舅舅也被外婆训了一顿。

　　一晃已经四十多年了。解放以后念大学，逢年过节，我也时常去天津。由于外公一家都在工厂里就职，不是知识分子成堆的地方，政治气氛相对比较淡薄，更在意一家人的和谐快乐，无形中，那里成了我的一个避风港，是一个可以让我喘息的地方。我因而更喜欢去天津。但是，这次去天津回"娘家"，而娘却已不在人间，我的心里有说不出的难受。

　　到天津火车站接我们的是我的表弟们。一见到我，他们就说："二表哥，你看，你回来的多巧啊！今天是你五十岁的生日。"

　　"什么？今天是我的生日？五十岁？"我诧异极了。

　　"大年初二，这个日子好记。我们每逢大年初二就吃面条，已经成习惯了，就因为是你的生日。"

　　我感动得真不知该说什么是好，连我自己都忘了，今天是我五十岁生日，在母亲的家中度过，如同回到母亲身边。

　　一到舅舅家，和刚到北京一样，吓了我一跳。舅舅、舅母、四姨、四个表弟和四个弟媳，再加上他们的孩子们，整整挤满了一屋子，他们热情地欢迎我，对珮春尤其亲切。天津不像北京，1981 年时外宾还不多，现在家里骤然冒出来一个洋亲戚，简直太新鲜了。尤其是我那几个表侄子、表侄女，整个晚上，就守着珮春看，两个眼珠总是瞪得大大的。

我母亲这一家，大部分都是平民百姓，舅舅、四姨在天津纺纱厂做了一辈子的职员。他们，包括孩子们，都为人坦率、诚恳，心里有什么就说什么，特别重视亲情。

跟我们一起去天津的还有姐姐。她是在全国妇女联合会工作，中国的妇联是一个很庞大的机关，担任妇联主席的不是国家领导人的夫人，就是革命队伍里的元老级人物。像邓颖超、康克清、蔡畅等。在这样的女强人领导下，那里的干部一个比一个革命。我的姐姐也属于女强人这一类。她不太会管家，饭也做不好，但是，她的工作能力，还有她的外文，在中国是一流的。作为中国妇联国际部部长，她曾多次被派往联合国开会，一度担任联合国妇女委员会副主任。她对革命和工作的热情是永无衰减的。

解放前，姐姐曾经是一个虔诚的基督徒，后来在大学接触了革命，参加了地下党。从此，她一直是忠实的共产党员。"文化大革命"时期，她在两派斗争中，被那些嫉妒她的人打成"反革命"，几乎要了她的命，照理，平反以后她会体验到人间的世态炎凉。但是她不然，依然忠于革命忠于党。当年她得知我逃离国外的事情，曾对人说："如果我见到我的弟弟，而且我手里有枪，我一定会当场把他打死。"我知道她绝对说的是真话。大义灭亲，她是绝对做得到的。

在天津舅舅家里的一个晚上，不知因为什么引发了一场争论。姐姐为一方，我的表兄弟为另一方。表兄弟们都是工人，说话爽快太多没有遮拦和顾及，他们批评当前的国家政策。姐姐开始辩护，每一句话里，总带上一句，"我们是有错误，但我们不是正在改进吗？我们的国家现在不是又好起来了吗？"我看到了姐姐对党的忠心耿耿，也看到了表兄弟们的冷静理性，心中又酸又甜。从那天的谈话中，我看到了中国的希望。说明人民敢起来说话了。一个国家，就是不应该害怕矛盾，矛盾才是推动社会前进的动力。

珮春来中国这次已经是第三次了。前两次都是跟旅游团来的，走马看花，浮光掠影，只有表面印象。现在能够这么深入社会，一直看到中国人的日常生活，她高兴极了。她开始和我的几个表弟妹交朋友，他们也都喜欢这个从另外一片天空下面来的人。

与母亲的家人们在一起，我真是悲喜交集。大家都知道我对母亲的情感特别深，因而老是避免谈到她，但又不可能不谈到她。我含泪地向他们叙述母亲给我托梦的事，说到伤心处，我几乎泣不成声。姐姐又像安慰又像谴责地告诉我说："娘在最后两年，得了痴呆症，她常对人说：'我到底有几个儿子啊？怎么我已经记不得啦！'"

舅舅立刻反驳说："姐姐什么事情都会忘记，但是，愚谦，她是永远不会忘记的。在北京那样的政治环境里，她怎么敢提到愚谦的名字，可是一到天津来，说到愚谦她就老泪纵横。我劝她说，愚谦早就命里注定，浪迹天涯。她问我，你怎么知道？我就把郭老给愚谦写的诗背给她听：'灵峰有奇石，入夜化为鹰，势欲抟风去，苍茫万里征。'这首诗，是我到北京愚谦家，在他卧室的墙上看到的，印象特别深，现在看来，郭老真是大师，一语成谶。我对她说，愚谦大难不死，必有后福。"

"娘是怎么回答的？"我问。

"你娘说：'但愿如此，我就是担心他的晚年，只身在外，有谁照料他啊！'我就说，天无绝人之路，也许比在中国还好呢！这句话给我说中了吧。可惜的是，你娘早死了两年，不然，她现在该多幸福啊！"说完，舅舅的眼眶也红了起来。

"如果没有我的事，娘一定还可以多活很久。"我唏嘘地说。

"按理说，像你娘活到八十二岁，算是够长寿的了。她这一辈子真是太苦了，一直到死也没有过过好日子，唉！"四姨接着叹惜说。四姨是母亲的妹妹，为人正直善良，她一辈子没结婚，和舅舅一家同住，把舅舅的孩子们视若己出，悉心照顾。

回到北京多天，竟然没有能抽出时间和哥哥面对面交谈，当我和珮春决定往四川和华东旅行，邀我姐姐、哥哥、嫂嫂同行，他们很快应允了，我感到格外的高兴。这样我们有足够的时间倾诉别离之情。因我坐了六年牢的哥哥迪谦，是和我从小一起长大，除了母亲以外最亲近的人。他为人厚道，耿直，从小爱读书，受儒家文化影响较深，做什么事，总是先为他人着想，母亲常在我们面前重复宋朝范仲淹的一句话：先天下之忧而忧，后天下之乐而乐。它已经无形中成为我哥哥的座右铭了。姐姐敏谦，是圣约翰大学的高材生，解放前就加入了地下党，从事革命工作。作为长姐，她为我和哥哥的成长树立了优秀的表率。

我们姐弟三人在半个世纪之前，曾与母亲一起从北京到青岛旅行过，后来又一起和母亲逃难到上海。如今，我们已是三个两鬓飘霜的人了。我们并肩坐在奔驰的列车上，回想着童年的事情，追忆着亲爱的母亲，唱着小时候一起唱过的歌，真是感慨万千，往事不堪回首。

当列车进入夜间行驶时，姐姐、珮春和嫂嫂先睡了。我们兄弟二人在另外一个软卧包厢里抽着烟，面对面地坐着，除了车外的车轮忽强忽弱有节奏地摩擦着铁轨外，再也没有人打扰我们。

"哥哥，骂骂我吧！你出出气我心里也好过些。"我终于吐出我心里早想说的话。

我早已从家里其他人那里知道哥哥和姐姐因为我的出走而遭受的苦难。并且，我的亲嫂子李鸣善和我的亲姐夫朱传一，两个人都是党员，竟然利用哥哥无辜坐牢、姐姐莫名其妙地被打成"反革命"之际，干起伤天害理的乱伦勾当。最狠心的是，在我哥哥获准出狱时，李鸣善竟然以没有地方让我哥哥居住为由，又让他在监狱里多待了几个月。出狱后，她又让我哥哥在大寒天像个乞丐一样流离在户外，更不让他和自己的亲生女儿畅述父女之情。我哥哥这一生，从来没有伤害过一个人，眼见妻子这么无情无义，一度伤心过度，痛不欲生，但他还是不让亲友们去和她理论，怕伤了女儿的心。

朱传一更是心狠手辣。在 1979 年胡耀邦推出"拨乱反正"政策后，姐姐的单位要给她平反，朱传一则百般阻挠，咬定我姐姐是反革命。他主要是害怕姐姐一旦平反，他们狼狈为奸互相勾结的丑事将会曝光于天下。按理，罪莫大于无道，怨莫深于无德，我的兄姐在平反后，完全可以把他们告上公堂。但是，他们自小受到儒家宽厚善良品格的言传身教，并未与他们计较，只是静悄悄离婚了事。可是，李鸣善和朱传一毫无悔改之念，想方设法阻挠哥哥与女儿的团聚。

我知道，这一切的不幸，都与我的出走脱不开关系。我从心里多么想听哥哥亲口责备我一回啊。我恨不得向哥哥跪下，恳求他的宽恕。可是，哥哥只是沉静地说：

"一切都过去了。我现在不是很好吗！"

"哥哥，我真对不起你，因为我，你受了这么大的苦。"我话一出口，就感觉它是多么的苍白无力。可我面对着我敬重和心爱的哥哥，真不知道用什么样的语言才能表达出我的心情。

"这也难说，咱们中国有一句老话：因祸得福。当时社会上乱哄哄的，如果我在外边，说不定还让人给打死了呢！"哥哥说。

我这个才比我大两岁的哥哥，和我的性格迥异，他从小就好读圣贤书，为人耿直厚道，脾气倔，但从不伤人。

"总不能让我一直在街上过夜啊！最后李鸣善让我进了家门，但是只让我睡在过道的地上，架上一块木板，我从来没想过一个人自私起来，心肠会这么狠毒。我和她结婚后，总是百般体量照顾她，从来没有和她翻过脸，本来是她做了对不起我和女儿的事情，结果她反而这么无情。"

说到这里哥哥再也说不下去了。我忽然想起水浒传里的潘金莲，我看那本书时，总以为这只是一部文学小说而已，人间哪有这么狠毒的。没想到，我家里竟也出了一个潘金莲和西门庆式的人物。

"我就有这么一个女儿立立，一直是我的掌上明珠，她小时候不知给我带来多少快乐。李鸣善想尽一切办法不让我接近她。孩子离开爸爸的时候，才五六岁，太小不懂事，李鸣善一手把她带大，立立当然不能因为我，跟自己妈妈反目，与我疏远这也是可以理解的。但是不让我们父女往来，就太过分了。不知道李鸣善采取了什么手段，她就是不太敢和我接触，顶多给我写封信，让我少抽点烟。"说着说着，他的声音又哽塞了。

"出狱后，隔了一段时间，组织上恢复了我的党籍，恢复了我的工作，又给我分配了一套新房子，还提升我负责出版一个刊物，当总编辑。有一次，我到天津去探亲，舅舅、四姨看我一个人，年纪也不小了，说我没有一个老伴总不是事，于是把张云湘同志介绍给我，就是你现在的嫂子。她人很好，大学电机系毕业，就是身体不太好，有时候脾气容易急。"

"你烟抽得太多了，要少抽一点。"我说。

"在监狱里几年，没烟抽也过来了。一出来，我办的第一件事，就是买包烟抽抽。我在监狱里，跟别的犯人不一样，我心里没事，因为我没犯法，监狱里从上到下都知道我是老好人，总找点轻活给我干干，让我带头读读报，领头开个会。有一次，我在狱长面前发牢骚说，为什么还不放我出去？他回答说，在这儿多好，现在人人都下放'五七干校'劳动，比这儿辛苦多了。我说，可是这儿是监狱。"说罢，他也笑了起来。

"敏姐呢！她的情况怎样？"

"她比我更惨。文化大革命开始，妇联分成两派。她的那一派保护一个妇联的副主席，可是这个副主席被江青打成反革命，于是把敏谦也陪了进去，说她也是反革命。那个时候，两派斗红了眼睛，管什么谁是谁非。大家一起到'五七干校'去劳动，仍是把她隔离审查，让她承认错误，她死不承认，然后就车轮斗她，她实在受不了了，就试着用刀片割动脉自杀，结果被人发现，说她畏罪自杀，于是晚上把灯开得亮亮的，白天晚上，不让她睡觉，至今还落下一个夜间失眠症。有一个时期，北京情况松动一些了，她被批准回北京探亲。她的三个孩子，都由娘一个人管，怎么受得了。她想现在回北京该好些了吧，谁知，回到家第二天，她单位的造反派又把她抓到单位去斗，把她关到牛棚里。总之，文化大革命这些年，她没有得到一点安宁。文化大革命总算挨过去了，丈夫朱传一，怕敏谦被平反，于是一再告状说敏谦是现行反革命。接着，大儿子小铁在东北得败血病回北京，一病不起，娘又得了老年痴呆症，必须有人日夜伺候。这些压力全都加在她一人的头上，能够正常活下来，没发疯就算不错了。因而，以后她说话带刺、急躁，你都应该原谅她。"

“我的出走对她没有影响吗？当然有一些，不过，没有直接的影响。”我心里想，如果那个时候也把姐姐投入监狱，也许她受的罪可能会少一些吧！

“娘真是够苦的。”我继续说，“解放前她把我们扶养成人，解放后刚刚有点甜头，退休来京养老，结果，一个儿子跑了，一个儿子被送进监狱，大女儿则被打成反革命。她老人家还要左手牵一个外孙，右手牵一个外孙女，提着饭盒到郊外监狱给儿子送饭。这是什么一幅景象啊？”

“是啊！”迪谦叹了一口长气。

“可是我有一点不理解，你们受了那么多苦，也都是在毛泽东的思想指导下带来的，可是你们到现在还是一直维护着毛泽东，这是怎么回事啊！”

迪谦睁大了眼睛若有所思地看着我，停了一会儿问：

“你希望不希望中国强大起来？”

“当然希望。可是文化大革命……”

“对，文化大革命使中国走了一段弯路。可是，中国共产党已经发现了这一错误，不是自己也提出了批评，进行改革了吗？”

“不过这个代价太大了。”

“的确。我们的党在建设这么一个庞大的国家，没有经验，再加上毛泽东晚年过于自信，犯了主观主义的错误，但是我们必须相信，中国的广大党员确实希望把中国带入一个理想的、和平的、平等的社会。如果我们现在不要这个党，谁能代替她呢！唯一的出路，就是我们一起帮助这个党，接受过去的教训，总结经验，把中国建设得更好。”

“可是中国共产党没有任何监督，唯我独大，一切都在她的领导下，难免还要犯错误。”

“但多党制也不见得能使国家发展得更好。印度就是一个很好的例子。中国不像西方国家，民主制度已有三百年的经验，中国还没有民主的基础和条件。我们必须相信我们党的现代领导人可以把中国带出贫困。”

“但愿如此。”

在暗暗的灯光下，看着我的哥哥坐在对面，两鬓飘霜，老成持重，和善可亲，我知道，我这个调皮捣蛋的弟弟，是很难说服他的，而且我自己本身对这问题也并没有进行很好的研究。但是有一点我是肯定的，一个政党领导这么一个国家，没有监督是非常危险的。

　　从外地访问回到北京的第二天，我去拜访了文学家兼剧作家曹禺先生和他的夫人李玉茹。1975年的时候，上海京剧团到德国汉堡访问演出，引起了巨大的轰动，领衔的就是李玉茹大姐。当时我写了报道文章发到香港《大公报》，还被《参考消息》转载了。

　　李大姐一见面就经过对我说："关先生，您写的那篇上海京剧团访德记，影响太大了。我们还就此进行了座谈。太谢谢您了。"

　　曹禺先生是我一直敬仰的前辈，我记得在我少年时代，当时住在上海那个所谓的孤岛上，就被曹禺的《雷雨》、《原野》、《蜕变》所打动，尤其是《雷雨》，能以那么精巧的方式表现当时社会错综复杂的爱情、血缘和贫富之间的关系，让我当时幼稚单纯的头脑，开始朦朦胧胧地思考了许多问题。当他老人家得知珮春正准备研究中国三十年代的女作家卢隐，并把它当作博士论文题目时，他立刻拿起电话打给北京图书馆，希望该馆多多帮助查找有关资料。

　　曹老又问我这次旅行的感受，我就给他讲了一点感想："我们坐船自重庆沿长江而下，在三峡附近的奉节县停留。我忽然看见河对面的山上，白压压一片，我就问陪我们的县长，对面是什么山？他回答说是石灰山。我又问，怎么没人开采啊？他回答说，采下来卖不出去，工人都停工了。我说目前沿长江一带的各大城市，房屋建筑里里外外都需要整修和刷新，我在重庆街上已经看到给私人家装修的个体工人了，这说明石灰是多么重要。如果允许私人包工，我立即设法把长江上下游的小船都动员起来，专门来运石灰，拿到重庆、宜昌、武汉，甚至到南京、上海去卖，这样国家得益，劳动者增加收入，还可为国家交税。"

　　我说完以后，曹老说："这想法真好，你拿的是什么护照？"

　　"德国护照！"

　　"写！把这精彩想法写出来。"

　　曹老那几句简单的话使我很震动。他为什么先问我拿的是什么护照？为什么要我来写？这些现实素材不是比"雷雨"更能尖锐地揭露当时社会的弊病吗！作为那么一个著名的剧作家，解放以后他却几乎再也没有拿出一本像《日出》、《雷雨》那样的作品来，我一直很不理解，现在终于找出了答案。

回到德国后，我为他申请了在德国汉堡大学任教半年的经费，可就在他决定来德之前，心脏出现了问题，只好作罢。

访问曹禺前辈当晚返回旅馆以后，我忽然感到气氛有些不对。姐姐和哥哥急得像热锅上的蚂蚁一样在旅馆的大堂里等着我。

姐姐见我劈头就问："你到哪里去了？到处找也找不到你。"

"我去拜访曹禺去了。"

"拜访他干吗啊！他与你有什么关系？以后就在旅馆里待着，不要走动。"她生气地说着。我一听她的口气就知道发生了什么事。在这方面，她和我的性格一样，只要有点事，就藏不到心里去，一准儿全在脸上挂着。

"到底是怎么回事？惹你这么生气？"

"我们回房间再谈。"哥哥看起来愁容满面。

"愚谦，你已经回来不少天了，在各地也都转了转，我看，你们还是早点回德国吧！"回到房间里，哥哥很平静地说。

"是，是，珮春也想家了。我还有几个约会，再待两三天就去香港。"我忙接着话说，心中却对哥哥姐姐态度的骤变十分不解。

"你还要和谁见面？"哥哥问。

"一些熟人。比如说和萧三，我们约好了明天见面。他妻子也是德国人。"

"萧三？你还想连累萧三？把这个约会退掉。"姐姐敏谦厉声地说。

"到底发生了什么事，你们这么紧张。我是你们的弟弟，应该告诉我真话。"

"没有什么！没有什么！"哥哥忙对我解释说，"我们听说，你在'和大'的一些老同事知道你回来了，要找你的麻烦。但你只要在旅馆里待着，就不会有什么事。你们就在旅馆里休息吧！不要再出去乱走。我们先回去了，我们会再来看你们的。"他制止住姐姐的急躁，说完他们就匆匆走了。我立刻感觉到一定发生了什么事，而且是件大事，不然，我的哥哥姐姐不会那么紧张、失态。尤其是姐姐，表现最突出。

姐姐哥哥刚走不多一会儿，电话铃响了，是旅馆接待处打来的，说楼下有人找我，是我的老同事，请我下去一趟。

我的老同事？我的心马上揪了起来。我刚从外地回来，搬了一个旅馆，除了我的家人外，没有人知道我的住处啊！怎会有老同事找我？我忽然记起多年前我刚到开罗的那一幕，就是因为楼下有人找我，我才开始监狱之旅的。现在是不是历史在重演啊！这里可不是开罗，我对这里的情况太了解了，说不定这次被抓，就永难重见天日。

珮春虽然不熟悉中国的情况，但对过去盖世太保的黑夜抓人，她是有所闻的。

她看见我拿着话筒发愣，立刻小心地问："是谁来找你？"我耸了耸肩。

"我下去看一看。"珮春说完，还没有等我回答，她已经离开了房间。

隔了不多时，只听到几个人的脚步声来到我房间的门口，第一个走进来的是珮春，她神情很紧张，看见我后立即用德文说："我还没有下去，他们就上来了，他们说自己是你们和平委员会的人。"

珮春的声音刚落，就走进来两个魁梧的大汉。我定睛一看，不由得激动地大喊起来："姚宗，冯仁兴，原来是你们呀。你们怎么知道我住在这里的？"他们两个人笑着走向我，我们紧紧地握手。

"不但我们知道你住在这儿，全'和大'的人都知道了。"他们说。

"这是怎么回事？"

"你的死对头孟大个儿知道你回来，说要抓你回去批斗，看来情况对你不妙。"姚宗说。

"他们想抓我到哪儿去？"

"先抓你回原机关批斗，然后捆起来送公安局，所以我们赶快来通报一声，让你有个思想准备。"

"可是，我是按照正当手续回来的。"

"那十年闹得最凶的时候，谁管你正当不正当啊？不过我认为他们绝不敢在旅馆里动你。但是，为了保险起见，我看你还是早点回德国吧！这里不是你的国家，你再爱国，别人也不会领情。"

姚宗和冯仁兴是我在"和大"的老朋友，冯仁兴是上海人，我们平时很合得来。姚宗是我的邻居，由于他的出身"不好"，平时又喜欢说些牢骚话，虽然英文一流，就是得不到重用。我心里当然清楚，他们来给我通风报信，是冒着多人的风险啊。

"太谢谢你们来看我了，我多想知道我们单位的情况，可是你们在这儿多待，对你们也不利。还是早点走吧！"我立刻担心起来。

"现在的形势与过去不同了，大家也敢多说话了，'和大'变化很大，很多人都纷纷调离工作，我也不在'和大'工作了。"冯仁兴说。

"姚宗你呢？"

"我正在想办法出国，也许以后找你帮忙呢！"

"放心吧，我会尽我所能帮助你！我一直想知道，我出走以后，'和大'发生了什么事情？"

"你一走，部队就进驻了，形势变得特别紧张，和你关系好的一些人都纷纷被关了起来，隔离审查，我也是其中之一。后来查不出什么，就不了了之。'四人帮'被打倒，'文革'被否定后，大家对你的看法有了很大的变化。大部分人认为你也是受害者，但有一小部分人还是对你成见很深。像孟大个这样肚子里没什么玩意儿又最会记仇的人，嚣张又吵闹，仍有一些人附和他。"

把他们送走以后，我坐在那里开始仔细地分析起来。

既然他们还敢送信给我，这说明问题还没有那么严重。而且，我又不是偷渡回来的，是中国大使馆和社会科学院秘书长主动为我申请回国的。我拿的是德国护照，护照上盖着中国大使馆的戳子。如果他们对我有什么举动，立刻会酿成一次国际大事件。为我这么一个小人物闹出国际事件，划得来吗？肯定是后面有人在捣鬼，但他能掀起大浪吗？想到这里，我的心便踏实下来。那天晚上我睡得相当好，因为我对中国太了解了。

可是可怜的珮春，哪里经过这样惊心动魄的场面，她急得要死。为了保护我，她一夜也没有安睡，她一直警觉地注意着房门外的动静。后来她告诉我，那天晚上她想好了，一旦我被抓走，她立刻到天安门前举着"还我丈夫"的牌子绝食。

第二天一早，我打电话想和我有约会的人退约，谁知他们都得到了消息，还没有等我开口，就表示抱歉不能赴约，唯一的一个表示遗憾的是萧三和他的夫人，他们已经为我们准备了丰盛的午餐。

回国时的那一腔热情，就像烟云一般被冷风吹得无影无踪了。我打算离开，但在离开之前，我还有件事情必须完成。

母亲的墓碑做好了。一块磨得又光又亮的青石碑已经被我们树立在八宝山后山之上。上款是"公元一八九七——一九七八年"，中间端端正正地刻着："先母言忠芸之墓"七个大字。下款写着我们姐弟三人的名字。解放后，人死了，找一个墓地比登天还难，除非你是有名有姓的高级干部。这八宝山后山虽是一个荒山秃岭，但风水不错，居高临下，坐北朝南。山坡上已经石碑林立。

我心中十分感激姐姐和哥哥，他们能历尽艰辛把母亲的骨灰盒保存下来，直到我回来一起安葬。当我们姐弟三人一锹一锹、一镐一镐、默默无声地掘着冻土时，我的肝肠就好像被这铁锹寸寸截断。此时此刻，母亲在世时所经历的一个个画面，如同电影回放一般，出现在我的脑海中。母亲一手抱着我，一手拉着哥哥，后面跟着姐姐，从广州回到北平；母亲在日本人统治的上海沦陷区独立抚养着三个儿女，白天去教学，晚上一边做着针线活，一边督促我们做功课。她无时无刻地教育我们，好好念书，将来为国尽忠。不管自己再如何穷困潦倒，也要永远挺起胸膛做人，不能忘掉自己的国家，不能忘记自己是中华儿女，绝对不能出卖自己的灵魂。我永远不会忘记，母亲是如何把我们一个个送去参加革命，只是料想不到，另一场"革命"，毁了母亲这一生最珍贵的一切。

母亲一直教育我们，要分辨善恶，要与人为善，要责人宽、责己严，自私自利是最可耻的。一个人活在世上，不是为了金钱，不是为了权欲，要永远做一个正直的人、善良的人、助人为乐的人。

但是上天啊！你太无情了，你怎么忍心让世界上这么善良的、道德高尚的母亲一辈子受苦受难，连晚年都不让她愉快地度过，连最后和爱儿见面的机会都给剥夺了。姐姐告诉我，母亲想子心切，临终前，她已经完全糊涂，老是像鲁迅笔下的祥林嫂那样问："我到底有几个儿子啊？我到底有几个儿子啊？"

当我们姐弟三人把母亲的骨灰盒埋在地下时，我真恨不得举起手中的铲子，在旁边也为自己掘一个坟墓，永远陪伴着世界上我最爱和最最爱我的人——我的母亲。我默默地跪在碑旁，暗暗地呼叫着母亲：

"亲爱的娘啊！我有千言万语想和你倾诉，为什么你不能再等上一两年呢！亲爱的娘啊，我们母子虽然分离了十三年，但是你的声音，你的影子一直在我身边萦绕，我能孤身一人来到德国，在无依无靠、无亲无友、无钱无势的条件下，没有自暴自弃地生存下去，能够立足，能够有所作为，并且敢于面向国人，这不都是与母亲您从小对我的教育和培养分不开吗！……"

娘您知道吗？我在德国之所以不怕与困难搏斗，正是娘的坚强意志给我树立了榜样，它暗暗地在鞭策着我，做一个正直的人，有利于社会的人；我之所以努力做人，其中一个目的也是让娘知道，您的儿子没有给您丢脸，让您可以微笑地、安详地辞别世界。

我们姐弟收拾工具下山时，太阳已经西斜了。我回头又望了一眼坟地，默默地向母亲告别：安息吧！亲爱的母亲，我还会再来看您的。

晚上，我彻夜无眠，写了一首五言诗：

萧萧北风劲，
空空山土平。
洒泪肠寸断，
悲天太绝情。

———————————

悲哀的是，当数年之后，我们姐弟再一次买了鲜花再次登上八宝山后山时，这里所有的私人墓碑全部不翼而飞。这一幕犹如晴天霹雳！我们茫然地在山上寻找了很久，才问到当地的一位五十来岁的居民，"这是怎么回事？"

他摇摇头说："我的父母的灵碑也被他们铲除了，也不通知我们一声。八宝山墓需要扩建，是官家的，我们是私人的，就这么莫名其妙地把人家的墓给扒了。你至少也应该在报上通知一下吧？"

我抱着花束，站在山坡之巅，敞开大衣，让那凛冽的北风撕裂我的胸膛。亲爱的母亲啊！我怎么那么傻，会把您的骨灰埋葬在这个风水恶劣的地方。我对您的思念，从此只能让这风传达………

　　第二天晚上我们只和哥哥姐姐道了别，就悄悄地坐上火车离开了"可怕的"北京。

　　当火车在夜色中慢慢驶出北京站的站台时，我忽然狂笑起来！"这就是我的祖国啊！"我笑的是如此疯狂，珮春着急得生怕我会发心脏病。在火车上，我一言不发，我的脑子已经僵硬了，僵硬得我已经不会再去思考什么，在我的耳边老是回旋着一句话："愚谦！这里已经不是你的国家，你赶快走吧！"

　　到了广州，我们想立即转下班火车去香港，可惜前一班刚刚开走，我们还需等一个小时，海关边防警那里正好没什么人办出境手续，我们于是走了过去。当边防警看到我的护照以后，就拿着它走进一个房间。不一会儿走出来穿着制服的四男四女，他们开始友好地、面带笑容地检查起我们的行李来，把我所买的书和收集的旅游资料，一页一页地翻，一片碎纸也不放过。结果真的找出来一份"内部资料"，是关于"庆祝鲁迅诞辰一百周年"的。他拿此文件一转身又回到小屋。

　　我一看这阵势，心中早已明白了几分。大概是北京方面已经来通知了，我成了特别防备和重点审查的人物。我自信没有做任何亏心事，但欲加之罪何患无辞呢！

　　那份资料是别人拿给我看的，所讲内容并无机密之处，我打包行李的时候顺手放进去了。现在看这阵势，心中不由得恐慌起来，那个边防警又走出来笑笑说："内部资料就不要带出去了。"他把该资料往旁边一放，又和别的人仔细地查起来，几乎把箱子翻了一个底透，就差用显微镜来一点一点扫描分析了。然后他再检查我身上所有的口袋，连我钱夹里的任何小纸块都拿了出来。珮春的箱子和手提包里的东西也不能幸免。我担心她没遇到过这种情况，会不会惊慌？但是她反而显得比我还平静，面带微笑地在一旁看着。

　　忽然，一个女警看到一条丝袜子里面放着几块方方的白纸包的东西，她的眼睛立即大了起来。她掏出那些纸包问珮春，这是什么东西？

"这是汤。"珮春回答说。珮春的中文发音一般是非常好的，可是有几个字音调不对，譬如说，"糖"字她总是说成"汤"。

"汤？什么汤？"

"天津起士林商店买的'汤'，你不信可以打开一块来吃吃。"

"喔！你说的是糖，糖为什么放在袜子里？"那个女警察恍然大悟，周围的人都笑了起来。

"我怕它在飞机上化开来，所以放在袜子里。"珮春回答得非常符合逻辑。于是，警察们都笑了，又把那些糖装回到丝袜里。

在我们所有的物品中，最有意义的是郭沫若给我写的那幅"灵峰有奇石，入夜化为鹰"的字。在我出走以后、红卫兵来抄家之前，我机灵的儿子小新知道我最爱的就是郭老给我写的两幅字，他于是就在红卫兵抄家前偷偷地把字取下来藏起来，后来交给了他的一个好朋友珍藏至今。这次回国，小新把它们捧到我的面前，包得严严实实，我不知道是什么。他卖关子地说，你打开看看就知道了。当我把破报纸一点点撕开，露出了两个黑色木轴，还想不出这是什么。等到全部展开后，我一眼就认出了这两幅郭沫若亲笔所写的字，高兴得把小新紧紧地拥抱起来。

这两件珍宝，尤其是郭老为我写的这首诗，我特别喜爱。现在失而复得，我当场激动地问小新："你是怎么会想起藏起它们来的？"他说："你在家时，最喜欢的珍藏，就是这两幅字，我就把它藏在一个没什么贵重物品的长木箱里，红卫兵来抄家，也没发现。等到我们被赶出家门时，我专门把这两幅字画抱走了。"他说到此，我几乎要哭出来：我的出走连累了他，他却一点也不记恨我，他那么小就那么懂事，还想着要保护我最珍视的字画。我这个做父亲的，太对不起自己的孩子了。

珮春知道它对于我的特殊意义，就把它和另一幅裱好的普通字画单独拿出来，挂在手臂上，由于天上正下着毛毛雨，她在上面还搭上了她的风雨衣。她一见箱子都已被扫地毯似的查个遍，身上一定也难以幸免，就大大方方地把那两卷字画拿出来放在了长台上。

还是那个翻袜子的女警察问珮春："这是什么？"

"字画。"

"可以打开看看吗？"

“当然可以。”

于是她打开了第一幅。这一幅只不过是市面上卖的山水画，新近的作品。她看了看又卷了起来，开始打开第二幅。我不禁紧张起来，据说郭沫若辞世后，他的字被认为是国宝，“国宝”怎么会被允许带出国？还是我这样需要重点防范的对象？虽然那上面有郭沫若给我个人的题字，可是，遇见较劲认死理的人，不让你拿，你就是没办法。当女海关检查员把第二张一点点打开的时候，我的心已经跳到嗓子眼了。当她打开一半时，珮春忽然说了一句：“这是新……裱的。”她的“裱”这一个词汇还没有想出来，那个女警就说：“喔！也是新的。”然后又把它卷了回去。

一场虚惊结束了我们第一次返中国之行。当我们坐上广州开往香港的火车以后，我问珮春：“你怎么会那么冷静啊！”

珮春只淡淡地说了一句：“希特勒法西斯时代那一套，我自己虽然没有经历，但是，从父母口中知道很多。你看，如果北京方面真的想抓你，何必放你到广州？在北京就可动手了。依我看，最有可能就是你过去单位的人，向广东警方打了举报电话，说你夹带违禁品出国。如果真查出什么，那你就别想出去了。可是我知道，除了郭沫若的这张书法外，什么违禁品也不会有。你们的国家真可怕啊！”

“让你受惊了，我真没想到会有这样的结局。”

———————————

当火车在粤港线上疾驶时，我把头抵在冰冷的车窗上，眼睛看到那绿油油的土地，回想起了十三年前我在巴航的飞机上痛苦的情形：“愚谦！你这一辈子再也不能看到你的祖国了。”

而现在，我又一次几乎是被迫离开祖国，我问自己：“愚谦！这样的国家，你还会再留恋吗？”这个问题在我脑海中翻腾了不知多少遍，我却始终回答不上来。望着车窗外如此广阔的土地，天苍苍，野茫茫，春风起时翻绿浪。我的同胞在这里勤劳地作息，一如五千年来的祖先们。曾有宫殿楼榭随着落花流水去，曾有刀光剑影伴着英魂烈魄亡，一代一代生生不息，延续着祖先的理想。这就是我矢志不渝地热爱着的祖国，这是我灵魂的出生地和将来的安息之乡。我怎么能割舍掉呢！但我却一次一次被刺伤，如此失望。

我的眼泪又忍不住地掉了下来。一块白色的手帕慢慢地递到我的眼前，我接过以后，那只洁白的手又紧紧地握住我的左手。但我心中一直有一个解不开的扣，几年前，邓小平、胡耀邦不是提出平反冤假错案吗？为什么还会发生这样的事？

"愚谦，你心里在想什么？"

"这样的国家，真是太可怕了！我不愿意再看到她。她让我太伤心了。"

"但是，我不相信，现在的中国领导人都抱这样的态度。不然他们不会让你回来！你再看看，你这次回来，家里人都欢迎你，你有那么多同事，过去中央财政部的，现在和平委员会的，请你到他们家吃饭，这说明他们对你没有否定！曾经习惯的东西不会突然就转变，你要相信时间。"珮春轻轻地说。

十三年里日思夜想的归乡之行，在极度的兴奋中开始，却在怅然的失望中结束。回到德国后，我的情绪降到了冰点。你空怀一腔爱国激情，可人家却不那么看你，这不是典型的"剃头挑子一头热"吗！

回到汉堡，珮春回娘家探望她的父母去了。我像一头受了重伤的野兽，匍匐在阿尔斯特湖畔的野丛中，看着那些优哉游哉的白天鹅，在湖上和同伴们戏水，没有人来打扰它们。能够像它们那样自由自在活着、展现着它们的美姿该多好啊！什么中国、什么世界、什么文化交流，不过是你自作多情罢了，杞人忧天，自寻烦恼！我带回国的两项写书和编杂志的计划再也提不起情绪去完成它们了。本来真心实意想搭个中德文化交流之桥，没想到，桥未筑成，架子都快被人拆掉了。

我的失望一直写在脸上，珮春见我垂头丧气的样子就批评我说："难道你做这些事，就是为那几个共产党干部吗？"

"怎么会是为那几个共产党干部呢？我是为了中国古老的文化。"我反驳道。

"既然你不是为他们才做这些工作，就应该把你要做的事继续做下去。中国是你的出生地，是你的祖国，她是不会消亡的。中国人里面有很多人有保守思想，是因为他们不知道国外发生了什么大事。中国有许多东西要改变，但不是一朝一夕改变得了的。这次能让你回去就是一个很大的变化。你这次回中国，没有足够的思想准备，因而你很失望。仔细想想，这有什么了不起，没有损伤你一根毫毛，你还见到了家人，也见到了新的气象。你应该振作起精神来，该做什么，还是应该做什么，而且做得更好。下一次，带着功绩回去，给那些反对你的人看看。中国的大门已经打开了，再想关就不那么容易了。"

珮春，这个当年一脸稚气的小姑娘，十年前我初次遇到她，她才二十岁，单纯可爱。后来进入大学学汉学，我是她的老师。十年过去，她是陪伴我还乡的爱人。这十年来，我这个被中国的政治运动扭曲再扭曲的头脑在她的爱护下已经转回正常，但一回到中国，又迷糊起来。而她的头脑却一直保持冷静。

她的这句话给我很大启发，也使我很惭愧。次日清早，我们一起来到阿尔斯特湖畔散步，忽而，看到一对大雁，自由飞翔在天空，无忧无虑，悠然自得。我心里一亮，珮春和我，我们既不仰靠什么人，也不要报答什么人。为什么不能像那两只大雁，自由飞翔于天地之间，做自己愿做的事。古语云：善盈而后福，恶盈而后祸。只要我们行善，待人以诚，又有何求？好好静下心来，把课教好，把书写好，把杂志办好，任凭他人如何对待你，你也问心无愧。

想到这里，我心里瞬间泰然若明镜。仔细回想一下，这次回去，亲人朋友那么真诚热情的欢迎和款待我们，愿意和我联系的人越来越多，听说我们要写有关中国的书，那么多人都愿为我们的书提供帮助，答应帮助我们收集资料。静下心来回忆在北京和各地旅游的时候所看到的一切，从表面上看令我失望，但比起十三年前的情况，已经是难以想象了。我在潜意识中不自觉地拿自己生活的德国与刚刚从历劫之后的疲惫中觉醒过来的祖国对比，容易看到它的各种不足，但是回忆起这次旅途中遇到的人们，我惊异和欣喜于他们对新知识和新世界的渴望，对新事物的大胆探索和冒险。他们所表现出的那股不服输的精神劲儿，跟我的血液产生着强烈的共鸣。至于说，有个别人想搞小动作，他们的螳臂，已经挡不住时代滚滚向前的大车了。

再想想，尽管我在北京最后两天遇到了风浪，但这次旅行的收获还是很大的。首先我感到在国内回旋着一阵清风，各个地方都在变化。一个社会最怕的是一潭死水，静止不动，我发现明智的开路者们已经开始将一些清流引入了死水之中。凡是和我见面的人，都是如饥如渴地想了解国外的情况，希望我能给他们寄一些国外的杂志、资料。另一方面，德国学生们学习中文的热情有增无减，德国出版社热切地希望我尽快写书，也是要对这个古老又崭新的国家进行深入的了解。就像珮春说的，大门已经打开了，我相信会有新的道路出现。而我，既然选择了建筑中德文化交流之桥，就不要惧怕挫折和阻碍，做下去吧，也许我的工作，会成为一种新道路的一块垫脚石呢。

也许，我正好站在了交界处，文化的交界处，时代的交界处，历史的交界处，我人生的交界处。孔子说"五十而知天命"，经历了中国和德国两种生活、正值知天命之年的我，已经不是那个三十八岁一无所有地站在陌生世界的迷茫落魄者了。我的前半生总是被外来的浪推着向前走，没有驾驭自己命运的能力和机会，可是，经历了德国生活洗礼的五十岁的我，可以自信地说，我已经完成了自我的救赎，生命中新世界的大门已经为我打开，我有什么理由放弃奋斗呢？

在我生命的前五十年，我都学到了什么？我在母亲的教导下，熟读中华传统经典，懂得中华美德和礼仪；我在上海的教会学校学会了流利的英语，受到了完整的现代学校教育，体验了西方文化；在上海自由开放的氛围中，我喜欢唱歌跳舞，交游；我在大学里学会了俄语，喜欢上了俄罗斯文化，还接受了社会主义政治教育；在青海恶劣的气候下，我学会了忍耐和生存技巧；在埃及的监狱里，我学会了与不同民族不同文化的人们沟通交流，理解最最底层的生存和苦难；来到德国，我见识了民主和法制保障着社会良好运转，人们自由生活；在大学中，我教外国人学汉语，传授中国文化……我在不同的地方以各种方式学习着，我的人生走得曲折又精彩，学到了很多技能，积累了这么多匪夷所思的记忆和阅历，现在我要停下来思考一下，学到的这一切，对我来讲意味着什么？我能拿它们来做什么？

它们就是我的力量之源。我在德国所经历的种种，如同命运的特意安排，将我送到了一个我过去无法想象的崭新天地之中，而我已经褪去不成熟的冲动，以理性思辨的态度对待各种事情，心境变得明澈平和。获得了新的力量的我，将紧握自己的命运，踏上这新的生命征途。

　　自我第一次返国到今日，已经三十余年了。

　　在我的知天命之年，我有幸回到阔别十三年的祖国。我在德国经历了种种洗礼，自信已经获得了救赎和蜕变，回国就好像是一种考验，考验我是否真的做到了。

　　现在的祖国，人们出入其他国家已经是非常方便和频繁，所以大约不太能体会我当年得知自己可以回国探亲时那如蒙大赦的心情。我曾经站在香港的边界上，隔着铁丝网眺望对面的土地，但我却不能走过这短短的几步路。我多想跟老母亲打个电话写个信件报个平安，但这是不可能的。这种迫于现实政治和社会状况而造成的骨肉分离，给我心中带来了至今无法愈合的伤痛。

　　很多人都说苦难是一笔财富，不过这财富不是即存即用的，不经过心灵的净化和意志的锤炼，苦难依旧是苦难。

　　初到德国，尤其是初到汉堡和刚进入大学那一段时间，房租和吃饭，如同沉重的两座大山一样压在当时的我身上。我最欣慰的是，每当这两个讨厌的催债鬼出现在我面前，我想到的总是想方设法挣钱，而不是去跳阿尔斯特湖。去码头扛包裹、去工厂打零工、去饭店端盘子、给报纸投稿，用自己的体力和智力挣微薄的报酬，我感到非常自在和痛快，即使我心中充满了回忆过去的痛苦和顾虑未来的迷茫。身体的疲惫让我感到自己还活着的感觉真好。前半生的人生足迹，紧紧地盘旋在我脑海中，既会让我痛苦低落，又充满让我幸福振奋的力量。那些人和那些事，离我越来越远，在变得越来越小，成为一颗一颗的星星，在我沉沦在黑暗冰冷的内心世界中点点闪烁。

因为有了那么多温暖的记忆，我坚持着走下去。我渴望自由，热爱生命，这是与生俱来的天性，谁都无法夺走。面对周围不停变动的世界，我不允许自己踌躇和失落太久，生命多么短暂又宝贵，我要用这仅有一次的生命去体验万物的精彩。

我虽然从小在上海接受了不少西方文化的熏陶，但无论从外表还是从内心来看，我都是一个典型的传统中国男人。修身齐家治国平天下的情怀始终扎根在我的骨子里。每当做了一些事情，我总是想到我的祖国，我的同胞。在取得了德国国籍之后，我更强烈地感受到自己体内文化基因的巨大作用。双重的文化熏陶，让我既能以典型中国人的心理去理解世界，也兼具了西方的视角。这项特殊的优势让我得益不少，也成就了我后半生的另一种生活。人生在不停地继续，我和珮春像两只飞雁，自由飞翔、旋转在这个精彩的世界上。我发现中国大变了，世界大变了。这本书中所讲述的故事，还只是我生命历程中的一个阶段，更精彩的后半生还在等待我记录下去。评书艺人们不是常常说"欲知后事如何，且听下回分解"吗，我的下回故事，也请诸君期待。人生越活越精彩，因为认真，所以充满了收获。

图书在版编目（CIP）数据

情：德国情话／（德）关愚谦 著. —北京：东方出版社，2013.11
ISBN 978 -7 -5060 -7042 -3

Ⅰ. ①情…　Ⅱ. ①关…　Ⅲ. ①自传体小说—中国—当代　Ⅳ. ①I247. 5

中国版本图书馆 CIP 数据核字（2013）第 282337 号

本书中文简体字版专有权属东方出版社
著作权合同登记号　图字：01 -2013 -8394 号

情：德国情话
（QING：DEGUO QINGHUA）

作　　者：［德］关愚谦
责任编辑：栗河冰
出　　版：东方出版社
发　　行：人民东方出版传媒有限公司
地　　址：北京市东城区朝阳门内大街 166 号
邮政编码：100706
印　　刷：北京京都六环印刷厂
版　　次：2014 年 1 月第 1 版
印　　次：2014 年 1 月第 1 次印刷
印　　数：1—6 000 册
开　　本：710 毫米×1000 毫米　1/16
印　　张：21
字　　数：210 千字
书　　号：ISBN 978 -7 -5060 -7042 -3

发行电话：（010）65210056　65210060　65210062　65210063